数字经济系列教材

总 主 编 杨 星
总副主编 梅林海 李 彬

大数据
在国际贸易中的应用

主　编　陈笑映
副主编　徐　枫　黄亮雄
参　编　王业雯　王嘉雯　龚梦颖
　　　　张凌霜　方　洪

华南理工大学出版社
SOUTH CHINA UNIVERSITY OF TECHNOLOGY PRESS
·广州·

图书在版编目（CIP）数据

大数据在国际贸易中的应用/陈笑映主编．—广州：华南理工大学出版社，2024.2
（数字经济系列教材/杨星总主编）
ISBN 978-7-5623-7556-2

Ⅰ.①大… Ⅱ.①陈… Ⅲ.①数据处理-应用-国际贸易-教材 Ⅳ.①F74-39

中国国家版本馆 CIP 数据核字（2024）第 001613 号

Dashuju Zai Guoji Maoyi Zhong De Yingyong
大数据在国际贸易中的应用

陈笑映　主　编

出 版 人：柯　宁
出版发行：华南理工大学出版社
　　　　　（广州五山华南理工大学17号楼，邮编510640）
　　　　　http//hg.cb.scut.edu.cu　E-mai：scutc13@scut.edu.cn
　　　　　营销部电话：020-87113487　87111048（传真）
策划编辑：袁　泽　刘　锋
责任编辑：刘　锋
责任校对：李　桢
印 刷 者：广州小明数码印刷有限公司
开　　本：787 mm×1092 mm　1/16　印张：15.5　字数：337 千
版　　次：2024年2月第1版　印次：2024年2月第1次印刷
定　　价：49.80 元

版权所有　盗版必究　　印装差错　负责调换

前　言

世界著名管理顾问公司麦肯锡在 2011 年的报告中指出："大数据已成为当今竞争、创新、生产效率提升的关键基础",大数据在网络信息时代显得尤为重要。数据加速膨胀,大数据成为第四次科技革命的核心要素之一,已经对包括国际贸易活动等各个领域产生了极为重大的影响。在开展国际经济贸易的过程中,融入大数据应用技术,是当前科技经济发展的必然趋势。在当前大数据时代的背景下,想要科学、合理、有效地进行国际贸易,就必须首先改变自身的思维模式,构建现代化的国际贸易大数据平台,运用大数据手段进行国际贸易。研究大数据在国际货物贸易和服务贸易中的应用意义重大。

一直以来人们对大数据的研究只是从概念、类型、特点等角度进行单一分析,对于大数据与国际贸易的结合研究较少。微机技术、通信技术、信息技术的普及发展预示着大数据时代的到来,国际贸易方式变得更为灵活多样。国际贸易如何在大数据时代获得更为长远的发展已成为商业社会热点议题,目前关于大数据时代的国际贸易研究主要集中在数据挖掘技术研究,就其广度、深度而言还有待进一步拓展。

基于大数据国际贸易发展应用和贸易实现的核心环节,结合前人的研究成果以及市场调研结果,我们精心组织编写了这本《大数据在国际贸易中的应用》。全书分为四篇,共 14 章。第一篇为大数据基础知识与国际贸易应用概述,分为第 1 章绪论、第 2 章大数据技术基础。第二篇为大数据在国际货物贸易中的应用,包括第 3 章大数据在货物贸易选品与备货中的应用、第 4 章大数据在货物贸易物流运输中的应用、第 5 章大数据在国际货物贸易融资与保险中的应用、第 6 章大数据在国际货物贸易支付与结算中的应用、第 7 章大数据在国际货物贸易报关与通关中的应用。第三篇为大数据在国际服务贸易行业中的应用,包括第 8 章教育行业服务贸易大数据应用、第 9 章医疗行业服务贸易大数据应用、第 10 章交通行业服务贸易大数据应用、第 11 章通信行业服务贸易大数据应用、第 12 章旅游行业服务贸易大数据应用。第四篇为大数据在国际贸易应用中的规制和展望,分为第 13 章大数据在国际贸易应用中的法律规范、第 14 章大数据在国际贸易应用中的发展与展望。本书在每一章节设置"学习目标"环节,希望以此协助读者进一步增强学习内容选择的针对性和目标感。全书着重介绍了大数据在国际货物贸易和国际服务贸易中的应用,并且介绍了很多实际应用场景和案例,旨在让读者通过学习,能够对大数据在国际贸易领域中的应用有一个全面、清楚的认识和理解,并能熟练掌握国际贸易大数据的基础知识。

作为对大数据国际贸易应用推广的一种尝试,本书具有前沿性。大数据商科应用在 21 世纪刚刚兴起,它是一个融合信息学、计算机学、社会学和经济管理学领域的全新交叉学科,系统的学科整合才刚刚开始。本书的研究目标主要集中在两个方面：第一，在理论研究上，如何充分考虑大数据在国际货物贸易各环节和国际服务贸易各行业的应用的主要问题，从而构建出大数据国际贸易应用战略的理论研究，以完成对国际贸易数据化发展的探讨；第二，在实践中，如何全面看待国际贸易大数据应用发展和制定有效战略，以及对所制定的国际贸易数据化发展战略进行可行性和有效性的探索。本书在拓宽知识面的同时，旨在培养读者运用大数据技术来解决国际贸易实际问题的能力。希望尽可能贴近贸易大数据过程对基本专业知识的需要，不负读者学以致用的盼望。

  本书汇集了多位学者的心血与努力。具体分工如下：第 1 章由陈笑映编写，第 2 章、第 4 章、第 13 章由王嘉雯编写，第 3 章、第 8 章、第 9 章由龚梦颖编写，第 5 章、第 6 章由徐枫编写，第 7 章由黄亮雄、陈笑映共同编写，第 10 章、第 11 章、第 12 章由王业雯、张凌霜、方洪、司徒炜麒、段亚琳共同编写，第 14 章由黄亮雄编写。全书由陈笑映拟定提纲并总撰、统稿，华南理工大学徐枫教授和黄亮雄教授负责统筹等副主编工作。本书在编写过程中，也得到了钟晓韵的支持与帮助。囿于当前商业应用的大数据技术仍在更新迭代中，案例材料的搜集存在较大的边界约束，我们就以教学过程的认知逻辑拟定了大纲，将大数据在国际贸易领域的应用情况中的成形新理论、商业惯例、法律法规以及大数据技术促成的贸易模式创新等融合形成较为完整的国际贸易大数据认识框架。本书的编写得到了数字经济系列丛书总主编杨星教授、经济学院王仁曾教授、副总主编梅林海教授和李彬教授、国贸教研室黄瑞新教授及学校领导的大力支持与帮助，在此表示诚挚谢意。与此同时，在编写过程中，我们参考了同类教材、著作及期刊等，对相关作者表示感谢！

  本书编写还得到了多名专家学者的指导和支持，他们分别是中山大学邹建华教授，华南师范大学经济与管理学院彭壁玉教授，威莱集团左大维董事长、赵克曼副总经理，广州城市理工学院管理学院大数据管理与应用系陈志轩教授，广发证券股份有限公司总经理助理巫粤敏先生，广东外语外贸大学广东战略研究院韩永辉教授，英国西英格兰大学商法学院罗晓君老师，奥林巴斯贸易有限公司郑林生工程师等。他们对本书的学术观点、技术方向以及内容组织都提供了极具价值的意见和建议。在此对各位专家表示深深的敬意和感谢。华南理工大学出版社的全力支持与悉心编校，让这本书的付梓成为可能，感谢他们的辛勤工作。

  本书可作为经济管理类本科生了解大数据基本内涵与应用的学习教材，也可作为大数据产业相关从业者了解大数据在国际贸易领域中应用的参考资料，以及作为大数据相关方面的爱好者了解其商业化路径的学习和培训材料。如果读者读完之后，能增加大数据在国际贸易领域应用的认识，将是对我们编写此书的初心的最大认可。大数据是一个新兴领域，与多领域、多学科结合，处于飞速发展的阶段，且有很大发展空间。由于编者水平有限，书中难免存在错漏与不妥之处，还谨望广大读者不吝斧正。

编　者
2024 年 1 月 22 日

目录

第一篇 大数据基础知识与国际贸易应用概述 …………………………… 1

第1章 绪论 …………………………………………………………………… 2
1.1 大数据的概念界定与特征 ………………………………………… 2
1.2 大数据的背景、结构分类 ………………………………………… 5
1.3 大数据与云计算、人工智能的关系 ……………………………… 9
1.4 大数据在国际贸易应用中的概况 ………………………………… 14
本章小结 …………………………………………………………………… 18

第2章 大数据技术基础 …………………………………………………… 19
2.1 大数据处理平台——Hadoop ……………………………………… 19
2.2 大数据关键技术 …………………………………………………… 21
2.3 大数据处理常用工具 ……………………………………………… 25
2.4 大数据技术发展趋势 ……………………………………………… 29
本章小结 …………………………………………………………………… 30

第二篇 大数据在国际货物贸易中的应用 ……………………………… 33

第3章 大数据在货物贸易选品与备货中的应用 ……………………… 34
3.1 传统货物贸易选品与备货 ………………………………………… 34
3.2 大数据在选品与备货中的应用现状 ……………………………… 36
3.3 大数据在选品与备货中的使用案例 ……………………………… 46
3.4 大数据在选品与备货中的发展趋势 ……………………………… 51
本章小结 …………………………………………………………………… 52

第 4 章 　大数据在货物贸易物流运输中的应用　　54

4.1　传统货物贸易物流运输　　54

4.2　大数据在物流运输中的应用现状　　58

4.3　大数据在物流运输中的使用案例　　68

4.4　大数据在物流运输中的发展趋势　　71

本章小结　　72

第 5 章 　大数据在国际货物贸易融资与保险中的应用　　74

5.1　传统国际货物贸易融资与保险　　74

5.2　大数据在融资与保险中的应用现状　　77

5.3　大数据在融资与保险中的使用案例　　78

5.4　大数据在融资与保险中的发展趋势　　83

本章小结　　84

第 6 章 　大数据在国际货物贸易支付与结算中的应用　　86

6.1　传统国际货物贸易支付与结算　　86

6.2　大数据在支付与结算中的应用现状　　89

6.3　大数据在支付与结算中的使用案例　　91

6.4　大数据在支付与结算中的发展趋势　　94

本章小结　　95

第 7 章 　大数据在国际货物贸易报关与通关中的应用　　96

7.1　传统货物贸易报关与通关　　96

7.2　大数据在报关与通关中的应用现状　　98

7.3　大数据在报关与通关应用中的使用案例　　103

7.4　大数据在报关与通关中的发展趋势　　109

本章小结　　111

第三篇　大数据在国际服务贸易行业中的应用　　113

第8章　教育行业服务贸易大数据应用　　114
- 8.1　国际教育服务贸易概况　　114
- 8.2　大数据在国际教育服务贸易中的应用现状　　117
- 8.3　大数据在国际教育服务贸易中的应用案例　　131
- 8.4　大数据在国际教育服务贸易中的发展趋势　　137
- 本章小结　　138

第9章　医疗行业服务贸易大数据应用　　141
- 9.1　国际医疗服务贸易概况　　141
- 9.2　大数据在国际医疗服务贸易中的应用现状　　146
- 9.3　大数据在国际医疗服务贸易中的应用案例　　158
- 9.4　大数据在国际医疗服务贸易中的发展趋势　　164
- 本章小结　　165

第10章　交通行业服务贸易大数据应用　　167
- 10.1　中国对外交通运输服务贸易概况　　167
- 10.2　大数据在交通服务行业的应用现状　　169
- 10.3　大数据在交通运输服务贸易行业的应用案例　　171
- 10.4　大数据在国际交通运输服务贸易中的发展趋势　　175
- 本章小结　　176

第11章　通信行业服务贸易大数据应用　　179
- 11.1　中国国际通信服务贸易概况　　179
- 11.2　大数据在国际通信服务贸易的应用现状　　182

11.3　国际通信服务贸易大数据的应用案例　　189

　　11.4　大数据在国际通信服务贸易中的发展趋势　　192

　　本章小结　　193

第 12 章　旅游行业服务贸易大数据应用　　195

　　12.1　国际旅游服务贸易概况　　195

　　12.2　大数据在国际旅游服务贸易中的应用　　197

　　12.3　国际旅游大数据的应用案例　　200

　　12.4　大数据在国际旅游服务贸易中的发展方向　　204

　　本章小结　　206

第四篇　大数据在国际贸易应用中的规制和展望　　207

第 13 章　大数据在国际贸易应用中的法律规范　　208

　　13.1　大数据时代下的信息安全问题　　208

　　13.2　大数据的法律法规　　212

　　13.3　大数据时代下面临的道德困境　　224

　　本章小结　　225

第 14 章　大数据在国际贸易应用中的发展与展望　　228

　　14.1　在全球贸易活动中使用大数据的实际价值和面临的挑战　　228

　　14.2　大数据国际贸易的风险监管和转型升级　　233

　　14.3　大数据在国际贸易应用中的发展前景展望　　235

　　本章小结　　236

第一篇

大数据基础知识与国际贸易应用概述

第1章

绪 论

学习目标

(1) 掌握大数据的特征、产生的历史背景和结构分类。
(2) 了解大数据和云计算、人工智能的关系。
(3) 了解大数据在国际贸易应用中的概况。

1.1 大数据的概念界定与特征

1.1.1 大数据的界定

"大数据"并非一个新概念,而是一个与人类社会紧密联系在一起的词汇。不管是苹果、谷歌、阿里巴巴、腾讯还是其他高科技企业,都在研究大数据方面下了很大功夫。大数据是什么?不同的研究学者有着不同的解读。大数据又称巨量数据、海量数据,是指用传统数据处理应用软件不足以处理它们大或复杂的数据集的术语。

麦肯锡国际研究院是世界上最早提出"大数据时代"概念并收集和分析大数据的公司。这是一家世界著名的管理顾问公司,他们认为,大数据是一种数据集,其规模之大,在获取、存储、管理、分析等方面远远超过了传统数据库软件的能力,它具有数据规模庞大、数据流转迅速、数据类型多样、数据价值密度较低等四个特点。而这个观点是被广泛接受的。

Gartner是一家从事资讯科技研究与分析的公司,它认为,只有拥有新的资讯处理方式,大数据才能拥有更好的决策力、洞察力和过程优化能力,以适应海量、高成长速度和多元化资讯资产。他们把大数据界定为数据量非常大、种类繁多、无法用常规分类方法进行计算的数据整合,其容量通常超出了传统的软件的能力。

事实上,大数据最本质的意义,并不在于大量的数据,而在于对大量数据进行特殊的加工。如果把大数据比作一个生产车间,那么其核心就是生产效率,而大数据的核心,则是将"加工能力"提高,"深加工",让数据"增值"。

在大数据时代,信息的传播非常迅速。麦肯锡国际研究院估计,美国每秒都有543 TB的资料,总共约相当于1300万册莎士比亚作品的体量。与传统行业比较,跨国界的信息交流带来了更大的效益。这也是美国科技公司和金融巨头不遗余力地使用大数据资源的一个重要原因。

数据可以预测大众的偏好，同时也与企业息息相关，高速的数据流也会给一个国家的GDP带来巨大的改变，各种技术的进步在与日俱增，可以说，跨越国境的信息交换，收益远大于运输食品和生活物资。这是一笔无法估量的巨大财富。

大数据的分析与应用已经渗透到我们日常生活当中，比如我们最爱看的是哪种新闻，我们经常骑着共享单车去哪儿，这些都是由大数据分析出来的。就比如共享单车，在GPS和物联网的精细管理下，每个人的骑行次数、轨迹、时长、频率等，都会被记录下来，通过云计算等技术，可以收集、筛选、分析出更有价值的信息，哪些区域的人最需要共享单车，哪些地区的人最少，哪个时段人最多等等。此外，一些网络公司还可以通过搜索关键字来预测禽流感疫情，统计家内特·西尔弗也曾经使用大数据来预测过美国大选。以上这些只是大数据强大应用的冰山一角。

1.1.2 大数据的特征

大数据的本质特点可以归纳为4V：Volume、Variety、Value和Velocity，即数据体量巨大、数据类型繁多、价值密度低、处理速度快。

（1）数据体量巨大。

大数据又称为海量数据，数据时代需要大量的数据采集、处理、传输，数据的规模决定了数据价值和潜在信息。从最小的资料储存单元比特（也就是二进制比特）开始，依次为Byte（字节），KB（千字节），MB（兆字节），GB（吉字节或10亿字节），TB（TB或Gbit，太字节或万亿字节），PB（拍字节或千万亿字节），EB（艾字节，百亿亿字节），ZB（泽字节，十万亿亿字节），YB（尧字节，一亿亿亿字节）。我们可以看看以下有关测量数据的一些公式。

$1B = 8$ bit

$1KB = 1024$ Bytes ≈ 1000 byte

$1MB = 1024$ KB $\approx 1\,000\,000$ byte

$1GB = 1024 MB \approx 1\,000\,000\,000$ byte

$1TB = 1024$ GB $\approx 1\,000\,000\,000\,000$ byte

$1PB = 1024$ TB $\approx 1\,000\,000\,000\,000\,000$ byte

$1EB = 1024$ PB $\approx 1\,000\,000\,000\,000\,000\,000$ byte

$1ZB = 1024$ EB $\approx 1\,000\,000\,000\,000\,000\,000\,000$ byte

$1YB = 1024$ ZB $\approx 1000\,000000\,000\,000\,000\,000\,000$ byte

例如《红楼梦》中的八十八万字符（包括标点符号），每一个字为2个字节，一个汉字就是2B，也就是说，1EB相当于6626亿部红楼梦。美国国会图书馆截至2011年就拥有大约1.5亿本的图书，包含235TB的数据。到现在为止，人类制造的所有印刷资料的信息量达到了几百PB。

(2) 数据类型繁多。

大数据类型繁多是指在大数据面对的应用场景中，数据种类多。一方面，针对一类情况下的海量数据可以覆盖结构化、非结构化、半结构化的数据（具体见1.2.2大数据结构分类）；另一方面也反映出类似数据结构的复杂性和多样性。与以前易于储存的文字资料相比，网络日志、音视频、图片、地理位置等非结构性资料的数量也在不断增加。在社交网络、物联网、电子商务等领域，都有大量的非结构性数据。比如，一个应用程序可以处理城市的交通流量数据，它所涵盖的数据类型可以包括车辆登记数据、驾驶人信息、城市道路信息、路口监控数据以及各种半结构性文件数据。不同的数据类型会造成不同的数据结构，从而使数据的处理更加复杂，同时也需要更高的数据处理能力。

(3) 价值密度低。

随着物联网的普及，人们对信息的感知变得越来越普遍。海量无关的信息没有经过加工就没有任何价值，而挖掘大数据就像是在沙子里淘金。数据的低价值密度恰恰反映了大量的无效信息。它的价值密度和总的数据量成反比例，总的数据量越大，多余的数据就会越多，价值密度就越低。在计算和实际应用方面需要考量，数据的价值密度如何衡量，如何在实际应用中迅速挖掘出有价值的数据。

(4) 处理速度快。

大数据与传统数据挖掘相比，其最突出的特点就是处理速度快。在大数据时代，数据获取的速度大大加快，对数据采集、处理和输出的要求也越来越高。比如某些电子商务数据，若不及时处理，将会对业务决策产生直接影响。大数据的处理要起到立竿见影的作用，要做到即时获得所需的信息，1秒都是关键，这也就意味着，许多大型的实时应用程序，都要在1秒之内完成，否则就会变得陈旧、低效。这就是大数据与传统数据挖掘的区别。

大数据大致可分为三类：

(1) 传统企业数据。包括CRM Systems（客户关系管理系统）的消费者数据、传统的ERP（企业资源计划）数据、库存数据以及账目数据等。

(2) 机器和传感器数据。包括呼叫记录、智能仪表数据、工业设备传感器数据、设备日志、交易数据等。

(3) 社交数据。包括用户行为记录、反馈数据等。如人们在微博、抖音、微信等社交平台留下的数据。

在此基础上，还有一些学者在大数据的"4V"特征基础上增加了其他提法，形成大数据的"5V"特征。IBM就从获取的数据质量的角度，将真实性或准确性（Veracity）作为大数据的特征，着重说明大数据面临的数据质量挑战。从互联网或传感器获得的关于真实世界和人类行为的数据中，可能存在各类噪声、误差，甚至是虚假、错误的数据，有些情况下也会有数据缺失。数据的真实性，则强调数据的质量是大数据价值发挥的关键。

其实，无论是"4V"还是"5V"，都是从定性的角度刻画数据集本身的一些特征。这些特征对发现事实、揭示规律并预测未来提出了新的挑战，并对已有计算模式、理论和方法产生深远的影响。

1.2 大数据的背景、结构分类

1.2.1 大数据产生和发展的历史背景

近年来，随着互联网技术的发展及移动互联网、物联网等技术的广泛应用，人、机、物三元世界开始深度融合，各种数据与人类活动密切相关，其规模以指数级增长，且呈高度复杂化趋势。换言之，人们进入了一个数据爆炸的大数据时代。

数据为主时代，网络公司对数据的需求不断增加。2010 年以后，网络社会化，大量的视频、图片、文字、短信和社会之间关系信息的分析需要应运而生。如何更好地为庞大用户群体提供方便快捷的服务，是目前各大网站面临的一个难题。这些问题包括访问量大、并发性高，以及大量的数据存储和处理。传统上通过分散的商业方式来解决，将不相干的业务分离开来，并在不同的电脑上进行配置，这样就形成一个庞大的、分散的系统。

随着大量非结构化、半结构化的数据不断涌现，传统的软件无法完成对数据的存储、管理和处理。《自然》杂志于 2008 年发行"大数据"专辑，引起了业界的极大兴趣。人类将数据视为科学研究的目标和手段，在数据的基础上进行思考、设计和实施。数据不仅是科研成果，更是科研工作的基石。"大数据"在 2009 年已经成为网络科技产业的一个流行词。

麦肯锡公司发现大量的个人数据在不同网络平台上有巨大商业价值，因此投入大量人力物力进行调查，并于 2011 年 6 月发表了一份有关大数据的报告，详细分析了大数据的影响、关键技术和应用范围。

随着数据量的快速增长，为了保证大量的数据被高效利用，需要对其进行处理。另外，在获取数据时，数据价值也不是一成不变的，会随着互联网的变化而变化，价值也会随着时间的推移而下降。在一定时间下，如果不能对数据进行有效的处理，就会失去其应用价值。

对于大数据处理方法，其实早在 1890 年就已经出现了。1890 年，美国的统计学家赫尔曼·霍尔瑞斯开发了一种机器记录和存储信息的方法——穿孔卡（punch cards），用于美国人口普查。使用这种仪器，美国只花了一年的时间，就完成了一项原本要历时八年的人口普查工作，这在全世界掀开了一个新时代。

1961 年，美国国家安全局（NSA）才刚刚建立 9 年，它的情报组织就有了 12 000 多位密码专家，在冷战时期，为了应付大量的数据，他们开始利用电脑来收集、处理数据，并把存储在仓库里的模拟磁盘数据进行了数字化。

美国政府在2009年5月启动了data.gov,这是一个包含44 500多个数据的政府公开数据项目的一项倡议。这一举动促使各国政府纷纷采取了相似的措施。英国《自然》在2011年发表了一篇文章,认为如果大数据可以被更高效的组织和利用,那么人类就可以充分利用科技极大地促进社会发展。2012年3月,美国政府报告要求每个联邦机构都要有一个"大数据"的策略。之后,美国政府宣布将投资2亿美元用于大数据领域。

2015年,中国共产党十八届五中全会通过了"十三五"规划,将大数据作为国家战略。

据国际数据公司(International Data Corporation,IDC)统计和预测,人类产生并存储下来的数据在2009年已达到0.8ZB,2013年就已突破4.4ZB。这一数据总量仍在以更快的速度增长。按照这个趋势,预计到2025年,这一数字可能达到163ZB。

数据迅猛增长的推动因素之一,是大量资讯感应装置的涌现,以及迅速发展的物联网技术与应用,让人们可以获得和储存许多真实世界的状况资料。比如,在民航客机上使用新一代数据采集和传输装置后,2011年,A350的监测参数已达400 000个,波音787飞机的监测参数达150 000个,机载和引擎的监测性能得到了显著提高。如今,随着我国城市化进程的加快,交通、治安摄像头被安装在城市中,所汇集的信息量将会更大。

数据增长的另一个重要的推动力量来自快速发展的互联网和移动互联网。互联网上汇聚了数十亿网民,用户产生的数据量很大;移动互联网使用户更紧密地融入网络世界中。2017年的统计显示,中国全部用户平均每天花费在各类移动应用上的时间达到了31亿小时,产生了大量行为数据和内容数据。以社交网络应用微博为例,2017年,我国微博月活跃用户就达到3.92亿,每天发布微博超过2亿条(据新浪微博的2017年财报),其中图片和小视频的数量达到2000万。按每条微博170B,每张图片或小视频1MB计算,仅微博类应用一天产生的数据就高达19TB。互联网搜索类业务需要检索互联网的网站内容,平均每天需要扫描处理的数据量甚至达到了100PB量级。

在这些数据的基础上,当研究一个现象或问题时,就有了一个基于数据形成的对现实世界的理解。与传统的统计学类似,通常需要通过精心设计的传感器或各类移动互联网应用去对现实世界进行抽样。但与传统统计学不同的是,人们有可能通过获得更接近于全样本的抽样,形成一个客观世界的实体和现象在计算机能够处理的信息世界中的一个数字映像。因此,如何利用已经获得和汇聚的数据,以及如何精巧地设计新的数据获取方式,构建一个能够精确反映客观世界的实体、现象和行为特征的数字映像,进而对客观世界进行推演,是许多实际应用领域数据增长的内生动力。

然而,随着数据总量的快速增长,以及越来越多数据分析任务的出现,针对大数据的获取、存储、传输、处理等能力都面临新的技术挑战,如果数据不能存储下来，并及时分析处理，大数据就无法产生具有时效性的价值。因此，拥有真实数据以及对数据的实时处理能力，才能从大量无序的数据中获取价值，这成为大数据时代的核心竞争力。

1.2.2 大数据结构分类

从电脑科学的观点来看，数据资料是指能输入电脑并由电脑程式加工的符号的总和，是数字、字母、符号和模拟的总称。电脑原本是为了处理资料而设计的，但是电脑必须以0到1的二进制格式来表示资料，以一或几个字节为单位，一字节为8个二进制比特，每一比特代表0或1。所以，在进行数据处理时，必须先对数据进行表示和编码，才能产生不同的数据类型。

对于数字，可以编码成二进制形式。例如，十进制数的10，在计算机中会用二进制表示为1010。同样，对于负数、小数，在计算机内部也会有不同的编码方式。

对于文本数据，通常计算机会采用ASCII码将其编码为一个整数。如字符A就会编码为整数32；同样地，对于汉字或其他特殊符号，也对应有不同的编码体系，如《信息交换用汉字编码字符集》（GB 2312—1980），会将一个汉字编码为连续的两个字节。有的时候，可能需要用更加复杂的数据结构（如向量、矩阵）来表示一个复杂的状态。例如，表示地图上的位置信息，就需要用到二维坐标。

表示一个实体的不同方面，会用到不同的数据。例如，描述一个学生，可能会包括姓名、性别、年龄等多种属性，每种属性都需要相应类型的数据来刻画。如果连续观察一个实体在一段时间的状态变化，就可以得到一个时间序列数据，例如用于检测城市空气质量中细颗粒物（PM2.5）含量的传感器，每隔5分钟会汇报一个监测数据，这些数据就形成了一个PM2.5随时间的变化情况。

根据数据描述的过程、状态和结果的特征，可以将数据分为多种类型。根据数据结构类型的不同，数据可以分为结构数据、半结构数据和非结构数据。在数据处理时，会根据数据的种类，采用不同的数据管理方式和技术。

今天，世界上储存的数据数目迅速增加，形成海量数据。2000年，全世界的数据存储量为800 000 PB。仅仅Twitter一天就能产生7 TB以上的数据，Facebook 10 TB，有些公司一年中每天每小时都要处理好几TB的数据。对于传统IT公司而言，它的结构性和非结构性的数据增长速度同样令人吃惊。2005年，公司储存了4个亿的组织数据，2015年达到29个亿，每年的复合增长率超过20%。无组织的资料发展得更快。在2005年，这个数字是22个亿，2015年，这个数字达到1600个亿，这个数字以60%左右的速度，比摩尔定律要快得多。IDC的一项调查表明，半结构化、非结构化的数据迅速增加，80%~90%的企业数据为半结构化、非结构化的，并且以年均60%的速度递增。

大数据结构分类分为以下三种类型：结构化数据、半结构化数据和非结构化数据。

1. 结构化数据

结构化数据又称为量化数据，它严格按照数据格式和长度的规定，能够用二维表结构（例如学生成绩表）进行逻辑表示的数据，它主要由关系数据库进行存储和管理。结构化数据的基本特征是：以行为单元的形式存在，一条数据线代表一种具有同一性质的数据，如表 1-1 所示，但是它的可伸缩性很差。

表 1-1 结构化数据例子

编号	名字	年龄	性别
1	小王	15	女
2	小张	17	男
3	小郑	18	男

结构化数据通常以表格的形式保存在数据库中，数据格式统一，呈现大众化、标准化的特点。结构化数据主要应用于如下例子中：企业资源计划（Enterprise Resource Planning，ERP）系统、财务系统、医院信息系统、教育一卡通系统等。

2. 半结构化数据

半结构化数据是一种在结构化和非结构化数据之间的弱化数据，例如 XML 文档、HTML 文档、电子邮件等。由于半结构化数据通常都是自我描述，数据结构与内容混杂。目前，NoSQL 数据库是半结构化数据的主要来源。但是，NoSQL 数据库的开发还在进行中。比如，XML 是一种具有可扩展的标记语言的文本格式，它可以用 XML 代码段来描述，如下面半结构化数据的例子。

```
<person>
    <id>1</id>
    <name>小王</name>
    <age>15</age>
    <gender>女</gender>
</person>
```

3. 非结构化数据

非结构化数据不能用数据库的二维表来表示，它被保存在一个非关联的资料库里。它不符合预先定义的模式，可以是文字，也可以是无文字，或者人工制造。非结构数据不具有数据结构的统一性质，通常是以二进制数据形式存在，例如：办公文件（Word、PPT）、文本、日志、图片、音频、视频、地图等。

需要指出的是，结构化数据与非结构化数据之间最大的不同之处在于它的可用性，而不在是否储存在关系型数据库中。目前，已有大量的结构化数据分析工具，而非结构性数据的挖掘还处在起步和发展的阶段。

另外，在结构数据的定义上，常常会忽视某些特殊情况下的具体情况，这些数据经过提取后，会以表格的形式存在于数据库中。但是，在获得信息时，非结构化的数据会获得细节，分析时直接使用原始的资料，从而大大简化取样、抽象等过程。但是，这种方法的弊端在于，在进行分析时，会出现很多无意义的、不正确的信息。因而，非结构化数据常具有更低的价值密度。就拿行车记录仪录像而言，长达几个小时的录像，在持续不停的监测下，可以储存很多资料，但是大多数是没用的，需要特殊关注的情况可能是几秒钟时间。

总体上，非结构性数据的成长速率要高于结构性数据，但这绝不表示结构性数据会被淘汰。在数据处理过程中，要充分利用各种数据类型，所有类型的数据都是有价值的。

1.3 大数据与云计算、人工智能的关系

1.3.1 大数据与云计算的关系

新时代的到来使得许多新技术得到了广泛应用，大数据技术和云计算技术便是其中之一。大数据技术则是从各类数据中迅速获取有用信息的技术、手段和方法。从整体上看，分为数据存储、数据处理、数据分析三个层次。数据处理层提供了强大的并行运算和分布运算能力，保证了分析的准确性；三个层次的合作，让大数据的价值得以实现。

（1）数据存储层。数据可以分为结构化、半结构化和非结构化，也可以分为元数据、主数据、业务数据、GIS 数据、视频数据、文件数据、语音数据和业务数据。传统的结构化数据库不能适应数据的多样化，于是就出现了 HDFS、NoSQL 之类的存储系统，这些数据可以用来进行非结构化、结构化、半结构化的数据文件存储。

（2）数据处理层。数据处理层的关键问题是，随着数据量的增加，存储空间的分散，会给数据的处理带来更高的复杂性和时间效率要求。一般情况下，基于传统的与云计算有关的技术体系结构，结合了 Hive、Hadoop-MapReduce 等相关的技术，来构建大型数据处理层。

（3）数据分析层。在分析层面，主要关注于如何发掘大数据的价值。随着大数据的不断发展，越来越多的数据模型被用于更高效的描述和解释。深度学习是通过分层结构来学习物体的各个层面，解决更为复杂、抽象的问题。知识计算是对海量数据进行分析，提取有价值的知识，并将其构造成知识库，支持查询、分析、计算。可视化技术是一种动态的、大规模的展示技术，让使用者对分析的结果有较好的了解，从而为人们分析大规模、高维度、多来源、动态演化的资讯提供支持。

业内普遍认为，云计算是一种将计算任务分散到由大量计算机组成的资源池中，使得不同应用系统获取计算力、存储空间和服务，是一种能够根据需求进行动态扩

展的计算服务。云计算具有五个主要特点：服务需求、可访问性、资源集中、可扩展性、服务可量化。在云计算中，资源的供应是"云"。"云"中的资源在用户眼中可以无限延伸，可在任何时候被访问、需要、扩展和使用。这个功能通常被称作对 IT 基础结构的利用，就像水力发电。这就意味着，计算能力也可以成为一种可以自由使用的物品。最大的区别是，这是在因特网上进行的。

美国国家标准与技术研究所在"云计算"的定义中有 3 个具体的业务模型，分别是 PaaS（平台即服务）、SaaS（软件即服务）和 IaaS（基础设施即服务）。IaaS 是指由云供应商管理的云计算基础架构（服务器、存储等），用户可以利用诸如处理能力、存储空间、网络部件或中间件等"基本计算资源"。用户可以控制操作系统，存储空间，部署的应用和网络部件（例如防火墙、负载均衡等），但是不能控制云计算的基础结构。而 SaaS 是指托管在云中并由 SaaS 供应商维护的完整应用程序。如果 SaaS 客户想租房子，那么 PaaS 客户就能租用快速建房所需的所有重型设备和电动工具，而这些设备和工具由所有者持续维护和修理。

此外，常见的服务模式还有公用计算（utility computing），即建立虚拟的数据中心，使其能够把内存、I/O 设备、存储和计算能力集中起来成为一个虚拟的资源池来为整个网络提供服务。

从发展角度来看，云计算是并行计算（parallel computing）、分布式计算（distributed computing）和网格计算（grid computing）的演化，或者说是这些计算机科学概念的商业实现，同时也是虚拟化（virtualization）、公用计算（utility computing）、基础设施即服务（IaaS）、平台即服务（PaaS）、软件即服务（SaaS）等概念混合与演化的结果。

云计算在云政务、云教育、云物联、云安全、云存储等领域都有成功的应用。这些日益涌现的云技术应用融合了并行处理、智能感知、普适计算、网络互连、海量存储等新兴技术，通过分布在各领域的客户端对互联网中的事件进行监测、获取、处理、反馈，为各应用部门提供最为便捷和成本低廉的解决方案。

大数据是巨大的数据集，其获取、存储、管理和分析都远超传统数据库软件的能力。云计算是新兴的商业计算模式，规模大，可根据业务量动态伸缩，其本质是服务，属于互联网产业发展到一定阶段的必然产物。我们正处在大数据时代，对于应用的可靠性、并发性的需求不断增加，面对新的变化，传统 IT 企业很难满足这一需求。对此，Google 公司提出新的概念，将数据分布存储在不同的机器上，再把计算、网络、存储等硬件资源组成资源池，通过互联网访问，按照用户的需求，以付费的方式方便、快捷地分配给用户使用。在技术领域，随着分布式计算、虚拟化等技术的发展，企业资源利用率低、能耗高等问题得以解决。

云计算的核心是数据处理技术，侧重于存储、计算、云服务、云应用。然而，云计算并不具备对数据资产进行有效利用、有效地挖掘和进行前瞻性分析的能力，从而为国家治理、企业决策乃至个人生活提供服务。云计算是一个基本的体系结构，大数据是一个思维的方式，它可以帮助人类从海量、高度复杂的数据中挖掘信息，并从中挖掘出价值，并对未来的发展趋势做出预测。

大数据与云计算息息相关。以大数据/云计算为基础，为数据资产提供存储、访问和计算支持；通过以数据处理为核心的应用模型盘活数据资源，服务于国家治理，服务于企业决策，服务于个人生活，是大数据的重心和未来的发展趋势。云计算是一种以数据处理为核心的应用模型，为数据资产提供存储、访问和计算支持。大数据与云计算的平台非常相似，有时候还会共享相同的平台。大数据与云计算平台是实现大数据分析与云计算的基础。

据观察分析，大数据和云计算有逐渐合并的趋势。在云环境上对大数据进行分析对消费者来说是一个很好的选择。基于云的大数据分析处理可以最大化体现企业的数据价值。大数据和云计算扮演了对彼此互补的角色，不管是大数据还是云计算都以最大化的方式驱动对方的发展，并且从对方的发展中得到自身的最大化提升。通常企业的做法是把核心敏感的商业数据保存在自己的信息技术环境里，做最严格的保护。而把更多大量的次要敏感的数据或者外部第三方服务商提供的数据放在云生产环境中。大数据的处理需要大量的数据作为基础，进而分析得到更深入的发现。云环境为大数据的分析处理提供了必要的灵活性以及访问数据的便利性，可以更高效地帮助大数据处理分析数据。云环境的使用更加适配了大数据的快速增长以及多样性的要求，可以动态提供需要的计算资源以及数据存储空间。

除此之外，大数据与云计算的关系还可以从侧重点、技术、结果三个维度进行说明。

从侧重点看，大数据与云计算的侧重点不同。大数据的侧重点是以数据为中心，广泛、深入挖掘巨量数据，发现数据中的价值。而云计算集中于"计算"，主要通过互联网广泛获取、扩展和管理计算及存储资源和能力，其侧重点是IT资源、处理能力和各种应用，以提升数据的准确性，并将其用于实际操作中。

从技术上讲，大数据依靠的是云计算。在进行大数据处理时，单台电脑不能完成，必须采用分布式架构。而数据则是利用云计算中的核心技术实现的。当数据被放入"云"中的时候，它就会打破以往的数据分散，变得更加方便。

从结果看，大数据与云计算带来不同的变化。大数据对社会经济带来的变化是巨大的，涉及各个领域。大数据已经与资本、人力一起作为生产的主要因素影响着社会经济的发展。数据创造价值，而挖掘数据价值、利用数据的"推动力"就是云计算。云计算将信息存储、分享和挖掘能力极大地提高，更经济高效地将巨量、高速、多变的终端数据存储下来，并随时进行计算与分析。通过云计算对大数据进行分析、总结与预测，释放出更多大数据的内在价值，有助于人们做出可靠的决策。

云计算和大数据技术已经广泛应用于电子政务、网络通信、医疗卫生、能源气象、金融零售等各个行业。跨国公司、本地企业以及政府已经开始越来越关注大数据与云计算的发展。比如IBM在中国创建了数据中心用来开发其大数据和云计算的最新技术，并应用在 IBM 最新的产品或服务之中。微软、Salesforce 等跨国公司也已经制定并且开展了在中国的大数据和云计算的发展战略。基于云技术的风险投资和其他金融机构也开始把资本注入这个领域。更多的中国本地公司更是把自己的主要精力放在了大数据和云计算领域，同政府机构一起协同发展本地市场。整体看来，目前大数据和云计算的结合应用出现在许多领域，包括"天文学、生物医学和气候学等领域，现已扩展到公共问题领域"。

1.3.2 大数据与人工智能的关系

人工智能是计算机科学或者智能科学领域涉及研究、设计和应用智能机器的一个分支，是通过计算机来模拟人的某些思维过程和智能行为（如学习、推理、思考、规划等）。

1. 人工智能的技术类型

人工智能是一种现代科技，它能够利用特定的功能，使计算机模拟人的思想。目前，人工智能在医药、机械等诸多行业中都有应用。它既能满足人们的日常需要，又能满足高技术含量的工作。这项技术已成为全球科技发展的基石，极大地促进计算机网络技术的发展。人工智能的主要技术类型包括以下几个方面：

（1）图像功能。这一功能在日常生活中非常常见，如人脸识别、语音识别等。此功能应用可进一步提高日常生活的便利性和安全性。

（2）网络系统。在日常生活中使用相对较少，但广泛地应用于企业的存货管理等方面，它的使用不但能够改善存货管理效率，还能确保公司的经济效益。

（3）智能识别。这个特性最常用的应用领域是智能可佩戴装置。其广泛应用可以让人们的生活智能化、科技化、人性化。

2. 人工智能的应用优势

（1）处理能力。模糊逻辑是人工智能应用中的一种处理方式。该方法无需再构造新的模型，即可精确地刻画该模型。另外，由于计算机网络具有很多的模糊性和不确定性。有了人工智能，这些问题就迎刃而解。利用新的应用模式，人工智能能够提高对网络数据的运算和处理能力。

（2）协调能力。随着应用的需要和规模的增长，要保障全面的网络安全，必须从现有的管理模式向分级管理转变，同时，它还需要更高层次的上下级协作。如果这种能力达不到要求，将极大地影响到计算机的网络管理。人工智能可以通过自己的协作和分布式思想来确保网络的各个环节的协调，提高网络的管理和协作能力，并在网络中构建多层次的自行协调管理关系。

（3）学习能力。通过模仿人的思想，人工智能显示出强大的学习能力。在计算机网络中，经常会出现大量具有高内部价值的、种类繁多的信息。利用人工智能的特殊作用，非线性问题可以得到合理的求解。它也是对信息进行推理与分析的基础，使其能够充分地发掘价值信息的内涵。

3. 大数据时代人工智能在计算机网络技术中的具体应用

（1）构建智能防火墙。防火墙是网络安全防护的重要屏障。人工智能的应用可以更好地防范各种网络风险。通过人工智能，实现大规模数据分析，同时处理离线信息和模糊信息，完全提升网络空间的安全功能。在实际工作中，如果防火墙受到攻击，人们可以通过数据挖掘和创建来检测未知的威胁。通过对先进数据的分析和比较，可以得出威胁方案的具体情况，及时发现恶意攻击的来源，全面保护网络空间。此外，借助智能防火墙系统构建，人工智能技术更好地进行"学习托管应用的行为"。在这个过程中，网络空间可以得到合理的释放。改进未知威胁的检查程序，确保计算机用户在日益复杂的网络环境中的信息安全。

（2）数据信息管理中的应用。在大数据时代，人们对信息技术提出了更高要求。这必须要将人工智能和大数据结合起来。人工智能完成对数据的识别与分析，并依据数据状况进行智能化管理，从而增强信息的处理能力，改善数据的管理水平。其次，对问题数据进行分析，能够在处理时准确地诊断出真实的数据。利用仿真技术和学科知识的研究，有效地解决有关问题。未来的人工智能市场具有很大的发展空间，其产生的原因与其信息处理能力有很大关系。

（3）人工免疫与数据融合。在应用人工免疫时，主要采用计算机软件的仿真与分析。人工免疫的研究内容包括基因库、负选择和无性选择三部分。在基因库中，有些基因片段可以被采集并储存。不过，在变异之后，会有特殊的情况发生。仿真系统可以利用这个机会来确认病毒，并利用多个传感器的信息进行网络安全数据融合，使系统具有更大的优越性。它还可以修正相似的约束，从而保证应用能够和其他技术相结合。

近年来，随着大数据技术的快速发展，计算能力、数据处理能力和处理速度得到了大幅提升，人工智能的价值得以展现，对数据的处理也成为可能。这使得一些直接依赖于数据的人工智能方法（如统计学习、深度学习等）取得了巨大的突破，成为近年来人工智能研究掀起新热潮的主要推动力。媒体报道了各类比拼眼力、智商的"人机大战"，如2015年图像对象识别ImageNet竞赛中计算机算法以95.16%的准确率超越人眼的辨识能力，2016年AlphaGo战胜人类棋手，2017年CMU的Libratus在美国德州扑克大赛中战胜人类玩家，以及智能工业系统通过数据分析对工业系统优良率的提升、成本的降低等，其中所展现的强大"机器智能"都与数据及数据分析密切相关。

由此可知，人工智能与大数据相辅相成。一方面，人工智能需要大量的数据作为"思考"和"决策"的基础。爆炸性增长的数据推动着大数据技术的发展，也为人工智能技术提供了肥沃的数据土壤。以无人驾驶为例，要实现无人驾驶技术，需要大量采集路况信息，根据采集到的数据由人工智能判断应该停车、减速还是继续驾驶，并及时做出操作。

另一方面，大数据也需要人工智能技术进行数据价值化操作。在运算能力倍数增长以及高价值数据的驱动下,以人工智能为核心的智能化正在不断延伸技术应用广度、突破技术深度。仍以交通为例,大数据与人工智能技术相结合,能够通过基于大量交通数据开发的智能交通流量预测、智能交通疏导等人工智能应用,实现对整体交通网络的智能控制。

可以说,目前人工智能发展已进入一个新阶段,特别是在移动互联网、大数据、超级计算等新理论新技术以及经济社会发展强烈需求的共同驱动下,人工智能快速发展,呈现出深度学习、跨界融合、人机协同、群智开放、自主操控等新特征。大数据驱动知识学习作为其中一个发展重点,为人工智能特别是"机器智能"的产生提供了重要支撑。通过对大规模领域知识和相关数据建立关联知识的内在表示,进而形成大量关联关系,体现对事物的复杂认知,支持实时预测和决策,这也是催生机器智能的关键。拥有大规模实时运行数据,及其有效的分析处理能力,是人工智能应用的核心竞争力。

4. 人工智能技术的大数据分析方法使用中容易出现的问题

在运用人工智能技术进行大数据分析时,必须严格地测试大数据的分析方法,以确保所采用的算法符合实际要求,降低在使用过程中出现的卡顿现象。在大数据时代,由于信息的快速更新和快速生成,在这种情况下,需要使用大量的数据分析方法来提高运算精度和速度。比如,在大数据关联分析中,FP-Growth算法的选取是一种更具前瞻性的方法。在商用领域,由于人工智能产品的寿命因素,厂商在选择算法时,应选用运算能力较强的算法。

1.4 大数据在国际贸易应用中的概况

1.4.1 大数据在国际贸易中的发展现状与相关研究

科学技术的进步将世界紧密联系在一起,渗透到政治、经济、文化、人们生活等各个方面。国际贸易也在大数据的加持下朝着更快速、智能的方向发展,使得全球价值链的分工与协作更具效率。事实上,大数据应用是各行各业发展的必然趋势。目前正是"信息爆炸"的时代,数据流通方式越来越多样化、复杂化。大数据在国际贸易领域的应用,已有相关领域的专家学者从不同角度进行了较为深入的研究,例如大数据挖掘技术、大数据规模以及大数据的应用等。大数据及其衍生名词,如区块链、数字经济等已渗透到国际贸易的方方面面,相关文献也数不胜数。

"一带一路"建设是国际贸易中的一个重要部分,而"数字丝绸之路"是在"一带一路"大数据建设下的内容与方向。2021年8月,第五届中国—阿拉伯国家博览会举行开幕式,博览会以共建"一带一路"为主题,设置"数字经济"的展览活动,吸引国内数百家500强企业参会。中国参会企业提出与国内外伙伴携起手来,共同把握数字化、网络化、智能化发展机遇,努力探索新技术、新业态、新模式,共同建设数字丝绸之路、创新丝绸之路,共同推动数字经济发展,共创更加繁荣美好的未来。关于"一带一路"与大数据相结合的研究大同小异,中心主题都表达着大数据助力"一带一路"前进的愿景。这对推动"一带一路"乃至国际贸易的发展都起着十分重要的作用。

物流是国际贸易发展的重要工具,大数据在国际贸易物流领域的应用必然是大势所趋。2021年8月,中国—上海合作组织数字经济产业论坛"智慧物流暨数字通道发展"分论坛在重庆召开,会议围绕"数智赋能——提升智慧物流及数字通道发展能力"主题,从深度参与数字经济国际合作、建设智慧物流平台、打造物流数字通道、推动国际物流高质量发展等方面进行了精彩的论述。

很多学者从不同角度分析了大数据在国际贸易各环节的应用。张莎、陈波(2021)提出数字智慧物流的发展,推动着国际贸易的变革,使得各个环节更加便利化和高效性。智慧物流的重要性毋庸置疑,但其中的矛盾问题也不可忽视。李佳、靳向宇(2019)分析总结目前智慧物流在国际贸易中仍存在信息不对称、信息交换标准缺失、贸易过程数据共享率低等亟待解决的问题,提出充分利用大数据、云计算、AI、物联网等信息技术构建全新的智慧物流平台方案,以达到规范贸易主体、协同贸易订单、预测贸易趋势等目的,进一步促进国际贸易一体化和贸易体系标准化。夏志方(2020)在思考国际贸易"单一窗口"时指出,大数据、人工智能、区块链等信息技术快速发展逐渐成为贸易发展的重要动力。在未来的发展中,考虑到形势需要以及业务快速发展需求,亟须大数据等新兴技术为支撑,打造智慧化的国际贸易口岸服务,这是大数据在国际贸易应用的重要体现。唐铎(2016)从微观企业角度出发,梳理国际贸易融资业务和大数据分析技术的发展情况,并通过调查问卷的方式获取数据,分析大数据能否应用至中小微型企业国际贸易融资业务的推广和管理中。该研究从微观角度出发,研究结果对实际生活中的影响深远。在人才培养中,大数据的作用也十分重要。叶茵、叶蔚(2020)认为在大数据时代,对国际贸易专业学生的培养不能仅参考从前的教学模式,容易导致实践教学的效果无法充分体现,而应该在大数据背景下重新构建适宜的实践教学体系,不断更新教学内容。

毫无疑问,当前国际贸易的各个环节都与大数据息息相关,大数据的发展为国际贸易及其衍生领域带来了新的发展方向和发展机会。

1.4.2　大数据对国际贸易企业发展的影响

1. 大数据是国际贸易企业发展的"永动机"

大数据是国际贸易应用的动力与源泉。以前的数据主要通过人工记录在册,这样的方式一方面会导致数据记录不完整,另一方面不利于数据的存储。随着信息技术的发展,对数据的读取、存储技术有了极大的改善,人们只要利用电脑、手机等电子设备或监控设备,便会创造出十亿计的海量信息,这些信息与人们的生活习惯、需求等各方面息息相关,通过对信息的掌控可以了解消费者的各项需求,进而提供相关服务、预测以及风险管控，可以说，数据成了决策者管理的动力源泉。同样地，在国际贸易中数据也起着永动机的作用。西方经济学国际贸易动力理论认为，比较优势等是国家参与国际贸易和形成不同贸易方式的主要原因。马克思提到，追逐超额利润是资本推动国际贸易发展的动力。数据属于一项重要的信息载体，企业在发展的过程中离不开数据的支撑，当企业利用获得的数据并加以分析获取重要信息，那么该企业就有别于其他同类企业的优势，进而可以追求超额利润。在不同的发展领域当中，数据信息技术既能够提高企业竞争力，还能够为企业后期的发展提供全新机遇。因此，大数据是国际贸易企业发展的永动机。

2. 大数据是国际贸易企业发展的助力器

助力器是指大数据推动双方的协作，使得国际贸易更加简单化。随着科学技术和信息网络的飞速发展，庞大的信息资料为国际贸易方式带来了全新的变化。在贸易主体方面，企业可以获取更多企业的信息进而更好地筛选合作对象。具体而言，国际贸易整个产业链涉及的企业均可以利用大数据对获取的数据和信息加以统计和整合，在时间与空间层面提供便利。这不仅对于提升贸易服务质量和工作效率有着重要的影响，而且还可以帮助贸易企业降低成本支出，提升工作质量，有效地避免外界不确定因素带来的影响。同时，这对于提升国际贸易企业形象、增强企业话语权发挥着重要的作用。在终端管理方面，利用大数据平台可以实时了解商品所处状态以及位置，最大程度减少工作人员的工作量和工作负担，让整个商品管理过程变得十分简洁高效。

3. 大数据是国际贸易企业发展的加持器

所谓加持器是指大数据丰富了国际贸易的方式。在大数据时代下，国际经济贸易的方式向着多样化与多元化方向过渡，与传统的国际经济贸易方式存在本质不同。传统的国际贸易一般通过实体店进行操作，贸易主体会要求将主要商品送到指定的地点，同时贸易双方需要耗费大量的时间在往来实体店的路途中。可见，这种交易方式、交易过程耗费时间，任务重、压力大，会不同程度增加国际贸易的投资成本以及投资风险。这仅仅只针对买卖双方需要面对的风险，实际上，传统贸易方式整个交易链条非常长且繁琐，包括生产制造商、出口商、进口商、渠道商、批发商、零售商，最终面对终端消费者。同时，传统外贸往往是大宗采购，订单集中在少数的大批发商、渠道商手中，批发商还承受着大规模生产的企业经营风险和外贸市场变化的风险，而中小型企业在资源方面不占优势，所面临的风险更大。因此，传统的国际贸易在一定程度上讲，是与当今追求效率与低消耗的社会理念相违背的。在当前的大环境下，国际经济贸易不再单纯依靠实体贸易，结合线上交易，打破传统国际贸易方式的弊端。大数据信息技术的应用不仅使得相关贸易企业可以获得更加准确有效的信息反馈，及时掌握未来贸易发展趋势，对企业的相关政策方针、生产计划做出科学的调整，而且大数据信息技术还可以全面评估企业自身的实际情况，为企业的发展目标以及具体实施步骤制定提供准确的数据支持。通过合理应用大数据技术，国际贸易不需要受时间与空间等因素的影响，电子化交易货币对实体贸易进行补充与优化，大数据也解决了传统贸易遇到的大量问题，为国际经济贸易带来便捷。在大数据时代下，数字贸易、信息贸易蓬勃发展，用发展的眼光看待市场的前瞻性，应对其进行预测，满足企业可持续发展的需求，同时实现企业的规模经济。

1.4.3 大数据在国际贸易应用中的问题

大数据贯穿了现代国际贸易发展的各个方面，然而需要注意的是，大数据在国际贸易应用过程中的数据可获得性和安全性是当今国际贸易发展亟须解决的重要难题。

1. 数据的可获得性

国际贸易反映了各国之间经济的相互依存，整个过程需要交易双方的共同参与。基于大数据的国际贸易最基本的条件就是获取充足准确的数据，但是互联网时代不同国家或地区对数据的流通规则及保护程度不同，例如从对数据保护力度更大的欧盟，向保护力度较小的地区进行数据传输，就会存在数据滥用或侵权的情况，同时，处于欧盟地区的企业为了节约成本争相将个人数据传输到境外，这将导致《通用数据保护条例》（General Data Protection Regulation，GDPR）无法发挥应有的作用。在这样的法律法规下，数据的可获得性遇到了挑战，这也导致基于大数据的国际贸易在一定条件下无法获得充足的信息，成为阻碍国际贸易发展的绊脚石。

2. 数据安全性

数据的流通会受到一定的限制，数据在传输过程中仍然面临着巨大的挑战。就个人层面来说，大数据包含个人方方面面的信息，给不法分子盗取个人信息提供了可乘之机。个人信息泄露，轻则造成财产受损，重则可能会影响到个人的身心健康和人身安全。就企业层面而言，企业的数据信息成为一个企业发展的命脉，更关乎企业的未来发展计划，信息的泄露会导致企业在公众中的威望和信任度下降，直接使他们改变原来的选择倾向。同时，信息泄密事件可能会使企业失去一大批已有的或潜在的客户。就国家而言，通过对人口健康数据、基因数据的挖掘可以得出国民身体健康的趋势，通过对移动支付的数据挖掘可以得出精准的国民消费等金融数据，通过对文化大数据分析可以得出国民的文化喜好和心理意识等，这些数据泄露会严重影响到国家各个领域的安全。近年来由于数据泄露引起的轰动事件屡见不鲜。因此，数据的安全性涉及各个层面，国际贸易中也不例外，国际贸易涉及多个贸易主体和物流信息，一旦出现数据泄露，不仅会影响卖方价格变动，还会影响买方的战略规划，甚至损害国家的贸易利益和经济利益。

3. 数据的真实性

数据在国际贸易应用中的真实性表现在数据质量方面。在国际贸易应用中数据每天出现的频率是上亿条，其中不乏重复数据、残缺数据，也有完整数据，若不加以甄别，详细分析每一条数据显然是没有效率的。同时，并不是所有数据都能提供有用的信息，部分数据只是展现结果，并不能为企业的主营业务和未来规划提供有价值的信息。因此，如何从海量数据中挑选有价值的数据成为国际贸易应用中面临的一个难题。

本章小结

本章首先介绍了大数据概念的界定，指出大数据的本质意义不在于数据信息的庞大，而在于对数据进行专业化的处理。接着介绍了大数据具有数据量大、种类多、价值密度低、处理速度快这四个特点，并对其历史背景和结构特征进行了阐述。同时提出大数据与云计算、人工智能相辅相成的关系，应当加深大数据、云计算、人工智能等技术的深度融合，促进科技与社会发展的观点。最后具体分析了大数据在国际贸易中应用的概况，如发展现状、大数据对国际贸易企业发展的影响，以及大数据在国际贸易应用中存在的问题。

参考文献

[1] 安俊秀，靳宇倡. 大数据导论［M］. 工信出版社，2020.

[2] 彭进香，张莉. 大数据处理技术与应用［M］. 北京：清华大学出版社，2020.

[3] 张尧学，胡春明. 大数据导论［M］. 机械工业出版社，2018.

[4] 秦荣生. 大数据、云计算技术对审计的影响研究［J］. 审计研究，2014（06）：23-28.

[5] 王枫楠. 大数据和云计算在中国的发展研究［D］. 对外经济贸易大学，2019. DOI：10.27015/d.cnki.gdwju.2019.000151.

[6] 马珺杰. 基于计算机的大数据和云计算技术探析［J］. 中小企业管理与科技（中旬刊），2021（08）：189-190.

[7] 姚万勤. 大数据时代人工智能的法律风险及其防范［J］. 内蒙古社会科学（汉文版），2019，40（02）：84-90.

[8] 蓝庆新，汪春雨. 数字化赋能绿色"一带一路"建设［J］. 中国经济评论，2021（08）：30-33.

[9] 张莎，陈波. 智慧物流与数字通道正重构世界贸易版图［N］. 重庆日报，2021-08-24（005）.

[10] 李佳，靳向宇. 智慧物流在我国对外贸易中的应用模式构建与展望［J］. 中国流通经济，2019，33（08）：11-21. 10.14089/j.cnki.cn11-3664/f.2019.08.002.

[11] 夏志方. 我国国际贸易"单一窗口"发展的几点思考［J］. 中国经贸导刊（中），2020（01）：37-38.

[12] 唐铎. 国际贸易融资中大数据技术应用的可行性分析［D］. 西南财经大学，2016.

[13] 叶茵，叶蔚. "大数据"时代高校国际贸易专业实践教学改革研究［J］. 文化创新比较研究，2020，4（32）：101-103.

[14] 高军行. 大数据时代合作式学习在高职课程教学中的应用——以《国际贸易理论与政策》课程为例［J］. 产业与科技论坛，2016，15（04）：184-185.

[15] 孟书霞，尚爱英. 基于"双创"视角的国际贸易专业实践教学改革研究［J］. 知识经济，2020（04）：168-169.

第 2 章

大数据技术基础

学习目标

(1) 了解大数据处理平台 Hadoop。
(2) 掌握大数据关键技术和大数据处理常用工具。
(3) 了解大数据技术发展趋势。

2.1 大数据处理平台——Hadoop

大数据处理平台是大数据处理的地基,当前最著名、使用范围最广的大数据处理平台是 Hadoop。Hadoop 被公认为行业数据标准的开源软件,在分布式环境下提供海量数据的处理能力。谷歌、雅虎、微软、淘宝等均支持 Hadoop 平台。

Hadoop 是一个开源项目,专注于开发一个使用商品硬件集群对大数据进行可靠、可扩展和分布式计算的框架。Apache Hadoop 是一个开源的、基于 Java 的软件平台,为大数据应用管理数据处理和存储。Hadoop 的工作方式是将大型数据集和分析工作分布在计算集群的各个节点上,将它们分解为可以并行运行的较小的工作负载。Hadoop 可以处理结构化和非结构化的数据,并能实现从一台服务器扩展到数千台机器。

2.1.1 Hadoop 的历史、功能与生态环境

Apache Hadoop 的诞生是为了满足处理日益增长的海量数据的需求,更快速地呈现搜索结果,试图追赶雅虎和谷歌等搜索引擎巨头。2002 年,Doug Cutting 和 Mike Cafarella 两人在进行 Apache Nutch 项目时,受到谷歌的 MapReduce(一种将应用程序分成小部分在不同节点上运行的编程模型)的启发,创办了 Hadoop。Hadoop 的命名是来自 Doug Cutting 儿子的玩具大象名字 Hadoop,并且 Hadoop 后来许多的子项目和模块的命名方式都使用这种风格。经历几年的开发研究后,Hadoop 从 Nutch 分拆出来,其中特别区分 Nutch 专注于网络爬虫元素,而 Hadoop 专注于分布式计算和处理部分。Apache 软件基金会(ASF)在 2012 年 11 月将 Hadoop 作为 Apache Hadoop 向

公众开放，Hadoop 逐渐开始被各大公司使用。Hadoop 快速的数据处理速度，迅速在市场上站稳脚跟，成为大数据时代最具有影响力的开源分布式开发平台。

Hadoop 被认为是现代云数据湖的基础。Hadoop 的出现成功实现利用免费的开源软件和便宜的现成硬件，完成海量数据的存储和计算。随着 Hadoop 的引入，企业很快就有了存储和处理大量数据的能力，增加了计算能力、容错能力、数据管理的灵活性，与数据仓库相比拥有更低的成本和更大的可扩展性。

整个 Hadoop 生态系统包括核心模块和相关的子模块。Hadoop 的核心模块包括 Hadoop 分布式文件系统（Hadoop Distributed File System，HDFS）、分布式资源调度管理框架（Yet Another Resource Negotiator，YARN）、MapReduce 和 Hadoop 公共模块。这些是典型 Hadoop 部署的基本构件。除此之外，还有 Hadoop 相关的子模块，包括 Apache Hive、Apache Impala、Apache Pig 和 Apache Zookeeper 等。这些相关的软件可以用来定制、改进或扩展核心 Hadoop 的功能。

2.1.2　Hadoop 的优点与缺点

Hadoop 因其独特的优点广受欢迎并在行业中被认为是大数据标准开源软件。虽然 Hadoop 当前在行业内得到了广泛的使用，甚至被认为是大数据技术的代名词，提到大数据技术就想到 Hadoop，但 Hadoop 仍存在不足的地方。

1. Hadoop 的优点

（1）可扩展性。与限制数据存储的传统系统不同，Hadoop 是可扩展的，因为它在分布式环境中运行，这使得数据架构师能够在 Hadoop 上构建早期数据湖，帮助了解更多关于数据湖的历史和演变。

（2）容错性。Hadoop 分布式文件系统（HDFS）能够为用户提供弹性。存储在 Hadoop 集群的任何节点上的数据也会被复制到集群的其他节点上，以应对硬件或软件故障的可能性。这种有意的冗余设计确保了容错，如果一个节点发生故障，集群中总是有一个可用的数据备份，并且能够自动将失败的任务进行重新分配。

（3）灵活性。与传统的关系型数据库管理系统不同，在使用 Hadoop 时，可以用任何格式存储数据，包括半结构化或非结构化的格式。Hadoop 使企业能够轻松地访问新的数据源，并挖掘不同类型的数据。

（4）低成本。Hadoop 使用的是便宜的计算机集群，成本较低，普通用户也能轻松使用自己的电脑搭建 Hadoop 运行环境。

2. Hadoop 的不足

（1）复杂性。Hadoop 是一个低级别的、基于 Java 的框架，对于终端用户来说可能过于复杂，难以操作。Hadoop 架构也可能需要大量的专业知识和资源来设置、维护和升级。Hadoop 中为实现一个简单的功能，也需要编写大量的代码。

（2）性能。Hadoop 使用频繁的磁盘读写来执行计算，这是很耗时和低效的。特别是与 Apache Spark 相比，Apache Spark 能够实现尽可能在内存中存储和处理数据的框架。

（3）长期的可行性。2019年起，不少的用户放弃使用Hadoop。在Hadoop领域中，也出现了一些非常引人注目的合并和收购。此外，在2020年，一家领先的Hadoop供应商将其产品集进行转移，不再以Hadoop为中心，因为Hadoop现在被认为"更多的是一种哲学而不是技术"。2021年4月，Apache软件基金会宣布10个项目从Hadoop生态系统中退休。同年6月，Cloudera同意私有化。这一决定对Hadoop用户的影响还有待观察。快速增长的数字化需求，也正在鼓励许多公司重新评估他们与Hadoop的关系。

2.2 大数据关键技术

在详细介绍大数据技术之前，首先了解大数据处理的基本流程，再了解完成大数据处理的关键技术。一般来说，大数据处理的基本流程包括数据采集及预处理、数据存储、数据分析及数据的解释。大数据的关键技术是从大数据处理的角度出发，为了完成大数据处理所需要用到的技术。

2.2.1 数据采集技术

数据采集被理解为在将数据放入数据仓库或任何其他存储解决方案之前收集、过滤和清洗数据的过程。大数据的获取最常见的是受四个V的制约：数量（volume）、速度（velocity）、多种类（variety）和价值（value）。大多数数据采集场景都假定为高容量、高速度、多种类但低价值的数据，因此，重要的是要有适应性强、时间效率高的收集、过滤和清洗算法，以确保只有高价值的数据片段才会被数据仓库进行分析与处理。

数据采集是整个大数据处理的第一步也是特别重要的一步，数据的质量决定了后面预测分析的结果，直接影响企业决策。在数据处理的领域里要注意不要出现"Garbage in Garbage out"的情况，即不正确的或质量差的输入会产生错误的输出。数据采集技术：数据采集的过程是从大量异构的数据源中获取数据（包括结构化数据、半结构化数据和非结构化数据）。常见的方法是通过RFID射频、传感器、关系数据库从社交网络交互及移动互联网爬虫公开数据、系统运行的日志数据等方式获得的各种类型的海量数据。获取数据后，还存在一个现实问题，数据的多样性和复杂性，数据中存在噪声，无法直接使用数据，需要对数据进行预处理。

2.2.2 数据预处理技术

数据预处理主要实现对数据进行变换、清洗等工作实现输出"干净"的数据。

常见的预处理方法有数据转换和数据清洗。数据转换适用于收集的数据中存在不同量纲和范围的情况，一般的解决办法有简单函数变换、数据标准化、数据归一化、数据编码及数据平滑。其中数据平滑是去掉数据的噪声波动使数据分布平滑，主要技术有分箱、回归和聚类数据平滑法。数据清洗的重点是解决数据质量问题，即缺陷数据，可以分为异常值数据、空值、错误数据、重复数据、不一致数据。常见的处理方法参考如表 2-1 所示。

表 2-1　缺陷数据具体处理方法

缺陷数据类别	处理方法
异常值数据	根据实际情况，参考空值和错误数据处理方法
空值	（1）当数据缺失较多时，可以选择直接删除； （2）缺失数据较少时，可以采用统计填充，如根据数据的属性，使用平均数、中位数、众数等进行填充：①统一填充，用一样的数据进行填充；②预测填充，利用不存在缺失值的数据预测缺失值，效果较好
错误数据	采用统计方法处理，如偏差分析
重复数据	采用基本字段匹配算法，需要根据实际情况分析，判断出现重复值的原因再做处理
不一致数据	根据数据的实际情况，对数据关系进行分析后，依照统一标准，修正不一致的数据

2.2.3　大数据存储和管理技术

大数据存储常与数据管理技术一起出现，数据管理技术指的是对数据进行分类、编码、存储、索引和查询，是大数据处理流程中的关键技术，负责数据从落地存储（写）到查询检索（读）。该项技术利用分布式文件系统（如 Hadoop）、数据仓库、关系数据库、NoSQL 数据库、云数据库等，实现对结构化、半结构化和非结构化数据的储存和管理。IBM 公司开创了关系数据库理论，关系数据库管理自提出以来，在学术及工业领域都一直持有主导地位。关系数据库是用来存储结构化数据并支持数据插入、查询、更新、删除等操作。为了高效使用数据库，研发关系数据库管理系统（relational database management system，RDBMS），使用结构化查询语言（structured query language，SQL）作为关系数据库的基本操作接口。IBM、Oracle 等著名公司独立或与开源社区的合作研发了许多关系数据库管理系统，Oracle、DB2、SQL Server 是当前商业 RDBMS 的行业巨头。NoSQL（not only SQL）数据库是对于非关系型的一类数据库系统的总称，该数据库能有效弥补关系数据库对文档、图像等管理的不足，适用于各类型的数据。

2.2.4 大数据分析技术

数据分析是整个大数据处理过程中最重要的一步，是提炼数据价值的关键所在。数据分析能帮助企业优化其业绩，实现寻求有效的经营方式和帮助降低成本，企业还可以利用数据分析做出更好的商业决策，并帮助分析客户趋势和满意度，这可以带来新的、更好的产品和服务。数据分析可以分为描述性分析、诊断性分析、预测性分析和规范性分析。数据分析方法主要包括数据统计、数据挖掘和机器学习并应用于推荐系统、信息预测和决策支持。

（1）数据统计方法：一种是数据描述性分析如方差、均值、Pearson 相关系数等，从宏观的角度观察数据的特征。一般来说，描述性分析指的是能够概括数据位置特性、分散性、关联性等数字特征，以及能够反映数据整体分布特征的分析方法。另外一种是回归分析，其是一种统计方法，用于估计因变量和一个或多个自变量之间的关系。可以利用它来评估变量之间的关系强度，并对它们之间的未来关系进行建模。

（2）数据挖掘：简单地说，数据挖掘是从大量的、不完全的、有噪声的、模糊的、随机的应用数据中，提取出潜在且有用的信息的过程。它意味着使用一个或多个软件分析大批量数据中的数据模式。数据挖掘也被称为数据中的知识发现（knowledge discover in database，KDD）数据挖掘在多个领域都有应用，如科学和研究。作为数据挖掘的一种应用，企业可以更多地了解他们的客户，并制定与各种业务功能相关的更有效的战略，进而以更优化和有洞察力的方式利用资源。这有助于企业更好地实现其商业的目标并做出更准确的商业决策。数据挖掘涉及有效的数据收集和仓储，以及计算机处理。为了分割数据和评估未来事件的概率，数据挖掘使用复杂的数学算法。数据挖掘被用于商业和研究的许多领域，包括销售和营销、产品开发、医疗保健和教育。如果使用得当，数据挖掘可以使你更多地了解客户，制定有效的营销策略，增加收入，降低成本，从而为企业提供超越竞争对手的深远优势。

数据挖掘是为了从大量的数据中提取信息，而机器学习则是教计算机如何学习和理解给定的参数并尝试优化原来的算法。数据挖掘只是一种研究方法，根据收集到的数据总量来确定一个特定的结果。机器学习，则是训练一个系统来执行复杂的任务，并使用获得的数据和经验来让算法变得更"聪明"。数据挖掘和机器学习都属于数据科学的范畴，因为它们都探索和使用数据。这两个过程都用于解决复杂的问题，因此，许多人（错误地）将这两个术语互换使用。从数据挖掘中收集的数据可以用来训练机器，而机器学习有时被用作进行数据挖掘的手段。总的来说，数据挖掘需要机器学习，但机器学习并不一定需要数据挖掘。从目前的分类来看，机器学习是人工智能的一个子集，而数据挖掘是与人工智能相交叉的领域。通过机器学习，计算机分析大型数据集，然后"学习"其规律，这将有助于它对新数据集进行预测。

除了最初的编程和可能的一些微调，计算机不需要人类互动就能从数据中学习。简单地说，机器学习就是教计算机像人类一样学习，通过解释信息并从人类的成功和失败中学习并获得经验。机器学习作为一个分析过程，它对预测结果特别有用。Netflix 根据具有类似背景资料的其他用户的观看偏好，预测用户接下来可能想看的影视作品，这就是机器学习的一个例子。另一个例子是信用卡交易的实时欺诈检测，通过机器学习训练出一个模型，能判断出交易数据是正常数据还是欺诈数据。此外，这两个过程采用相同的关键算法来发现数据规律和特征，即便它们的预期结果最终是不同的。

2.2.5 数据可视化

数据可视化是一种用图形表示信息的方式，突出数据的模式和趋势，帮助读者实现快速洞察。它也被称为"交互式视觉探索"，通过对图表图像的操作实现对数据的探索，视觉对象的颜色、亮度、大小、形状和动态变化代表了被分析数据集的各个方面。它包括一系列超越饼图、条形图和折线图的可视化选项，如热力图、树状图、地理位置图、散点图和其他特殊用途的视觉效果。人机交互技术（human-computer interaction，HCI）是数据可视化的基础，数据可视化一定程度上属于人机交互的一种类型。人机交互是一个多学科的研究领域，主要关注计算机技术的设计，特别是人（用户）和计算机之间的交互，目前人机交互已基本扩展到所有形式的信息技术设计。

在大数据时代下，数据可视化能：①实时观测、跟踪数据，可视化图表能更快识别出参数的动态变化过程，提高决策速度；②辅助推理和分析，图表形式比数值更有启发性、更容易找出数据之间的规律和特征，辅助企业进行分析推理、预测未来趋势等；③利用可视化技术能提高数据的吸引力促进信息的传播和协同，比如，在杂志及广告上运用可视化技术能够提高说服力，使用对比、置换等手段能够做出具有冲击力的图像，让读者留下深刻印象。

针对不同类型的数据，数据可视化的方法也有所不同，主要包括以下几种：

（1）标量场数据可视化方法：指的是通过图形的方式解释标量场中数据对象空间分布的内在关系。标量指的是只有大小而没有方向的量，如长度、质量、温度、密度等。标量场有二维的也有三维的，常见的二维标量场可视化方法有颜色映射法、等值线法、高度映射法和标记法。三维标量场可视化方法有直接体绘制和等值面绘制。

（2）矢量场可视化方法：矢量也称为向量，是指同时具有大小和方向的量，如力、速度等。矢量场可视化的方法有：①向量简化为标量，将复杂的向量转化为标量，对标量进行可视化；②箭头表示法等。

（3）时间序列数据可视化方法：常用的方法有条形图、折线图、散点图、星状图、日历视图、邮票图表法等。

（4）地理空间数据可视化方法：地图投影、墨卡托投影、摩尔威德投影、统计地图等方法用于呈现气象数据、GPS 导航、车辆行驶轨迹等地理空间数据。

（5）文本与文档可视化方法：词云图。

2.3 大数据处理常用工具

2.3.1 大数据采集与处理工具

国内著名数据采集与处理的产品中主要分为两类：①云网络爬虫，②数据采集器。云网络爬虫是在不需要安装下载程序的情况下，在网络页面上直接建立网络爬虫，抓取数据。这个抓取的过程也不需要过多的人员操作，能在较短的时间内抓取大量的数据，提高工作效率。而另外一种，数据采集器，其需要依赖特定程序才能进行操作，并且学习成本较高，需要有一定资质的操作人员进行操作。数据采集器相比云网络爬虫来说，操作比较繁琐。由于需要较多的人工操作，容易出现操作失误的情况而导致采集无法进行下去。以下将选取几个国内有名的数据采集及处理工具进行介绍。

（1）火车采集器是集网络数据抓取、处理、分析，挖掘功能为一体的大数据工具。火车采集器也是国内较为早期的爬虫开发者，但这个平台要求有一定编程基础的用户才能充分发挥这个平台的优势。由于其强大的功能性，如采集面广、采集速度快、采集效果稳定，火车采集器拥有较大的用户群体。

（2）集搜客（GooSeeker）是国内一家电商公司开发的大数据软件，主要实现数据采集的功能，可以采集各种网站网页的数据，如各种新闻、论坛、电商、社交网站、行业资讯、金融网站等。以跨境电商为例，GooSeeker 能采集电商某类商品的所有信息，比如价格、商品参数、图片、推广活动等。企业能够通过以上数据分析当前爆款商品信息（如标题等）、流行时装的商品描述，还可以进行简单的情感分析。

（3）八爪鱼，更适合没有编程基础并且对计算机操作不是很清楚的用户，功能比较简单，学习成本较低，缺点是采集面不够广、采集速度不够快。以跨境电商为例，可采集的数据覆盖 Amazon、AliExpress、Shopee、Lazada、eBay、Wish、Alibaba 等全球 20 多个跨境电商平台；覆盖商品类目、列表、Listing、评论、排行榜、Q&A、店铺、关键词搜索、后台关键词热度数据等全数据场景。

如今，从各网站上检索和使用多种不同类型的数据都是可以实现的。电子商务网站的网络抓取允许开发者/公司获得产品的定价数据，进行关键词研究，跟踪产品的排名，监测评论，发现新的利基和最畅销的产品等。爬虫对开拓海外市场具有更大的意义，海量数据的背后都是新的商机。如爬虫某领域产品的前 10000 名的数据，根据自身企业的规模、目标市场的需求及采集到的市场数据进行竞品分析，制定新产品的价格。对于外贸企业来说，良好的重新定价需要长期的坚实数据，抓取数据能帮助企业更精准评估定价的范围。当企业在多个网站之间进行定价比较时，价格抓取是必不可少的，因为现在有很多工具可以在不同的平台上找到最佳价格。了解客户的声音可能是当今电子商务中最重要的方面之一，通过爬虫能够采集到用户对市场上产品的评价，了解市场现有产品的缺陷和失败点很重要，这可能是企业想改进的产品，也可能是企业的竞争对手的产品，这些数据能够更好帮助企业灵活地改善自己的战略，提高自身竞争力。产品评论还有一个方面，那就是监督处理负面评价。处理消费者的负面评价是非常必要的，而且还需要快速处理。比如在亚马逊平台，亚马逊从不发送有更新评价的消息通知，于是企业可能需要时间来发现自家的产品有新的 1~2 星评论，导致负面评价处理不及时，影响客户的售后体验，实施评论监控可以极大地改善企业的客户服务。

2.3.2 数据分析工具

对于企业来说，数据分析中主要分析的四个方面有：市场、品牌、产品和客户。在大数据时代下，数据分析也发生巨大的变化，传统分析方法已经无法满足需求，便出现大数据分析这个升级领域。但是这里介绍的一些技术并非全新的技术，而是因为大数据的时代下，数据分析的方法需要得到更新，因此大多数的方法都是在传统分析方法的基础上升级衍生出来的，也可能由于分析平台升级的数据量过大，普通的分析软件无法实现大批量的建模分析。

传统分析中可以使用简单的数据分析工具如 Excel，在数据体量不大时，Excel 能发挥更好的作用，相对简单且容易上手。当前的 Excel 也在提升自己的产品，以实现更多智能化功能。大数据分析中一定要提及的分析方法是数据挖掘，数据挖掘的对象通常其数据量都非常大，Excel 无法打开这么大的文件，因此便需要用到专业的数据挖掘工具如 SAS、SPSS、MATLAB、R、Python。针对不同的领域、应用场景及数据，工具的选择也会有所不同。

（1）SAS（statistical analysis system）是世界上较为有名的统计分析系统，能够优化数据和文本挖掘，它可以提供描述性建模（帮助分类和描述客户）、预测性建模（便于预测未知结果）和解析建模（解析处理非结构化数据，如电子邮件等）。

（2）SPSS（statistical product and service solutions）是社会科学统计软件包的简称，被各种研究者用于复杂的统计数据分析。SPSS 软件包是为社会科学数据的管理和统计分析而开发的。它最初由 SPSS 公司于 1968 年推出，后来在 2009 年被 IBM 收购。官方称之为 IBM SPSS Statistics，大多数用户仍然称之为 SPSS。作为社会科学数据分析的世界标准，SPSS 因其简单明了的英语命令语言和令人印象深刻的全面用户手册而广受青睐。市场研究人员、健康研究人员、调查公司、政府实体、教育研究人员、营销组织、数据挖掘人员以及许多其他客户使用 SPSS 来处理和分析调查数据。大多数顶级研究机构使用 SPSS 分析调查数据和挖掘文本数据，以便充分利用他们的研究和调查项目。

(3) MATLAB 是一个专门为工程师和科学家设计的编程平台，MATLAB 的核心是 MATLAB 语言，这是一种基于矩阵的语言，支持数据分析、算法开发和建模。MATLAB 常应用到图像处理和计算机视觉、预测性维护、机器人、信号处理等。

(4) R 是一种用于统计计算和图形的语言和环境。R 提供多种统计（线性和非线性建模、经典统计测试、时间序列分析、分类、聚类等）和图形技术，并且具有高度可扩展性。R 的优势之一是可以轻松制作设计良好的图表，包括需要的数学符号和公式。

(5) Python 是由 Guido van Rossum 在 1989 年发明的一种面向对象的解释型高级编程语言。Python 主要特点体现在它是一种跨平台、开源的、免费的、解释型的编程语言。多年获得 IEEE Spectrum 年度编程语言排行榜的首位。Python 拥有丰富和强大的工具库，能够结合各种模块，这也是 Python 有强大可扩展性的体现。Python 是一种相对容易学习的编程语言，并且遵循统一的结构。这一点，加上它的多功能性和简单的语法，使它成为各种项目的绝佳编程语言。Python 代码使用"面向对象"的范例，这使得它非常适合编写大型项目和小型程序。Python 用于网络开发、大数据处理、人工智能、机器学习、操作系统、移动应用程序开发和视频游戏。

2.3.3 数据可视化工具

在数据分析的数据挖掘工具中，几乎都包含了基本的可视化图表，但是为了增加数据的互动性、提高数据的可读性，让数据有"storytelling"的能力，仅靠这些简单的图表是无法实现的，还需要借由专业化的可视化平台进行操作。

1. Python

Python 作为数据挖掘工具的典型代表之一在数据可视化方面也表现出色，有许多的工具库都能实现多种类型的可视化。

(1) Matplotlib 是 Python 中一个较为基础的工具库可以实现创建静态、动画和交互式可视化。其中包括的基本图像有直方图、散点图、3D 图形、甚至是图形动画等。操作人员还可以对图像的颜色、字体大小等进行改变。

(2) Seaborn 是一个基于 Matplotlib 的高级数据可视化库，它提供了一个高级界面，用于绘制吸引人且信息丰富的统计图形。Seaborn 常被认为是 Matplotlib 的补充，Seaborn 的优点在于能够用更少的代码做出具有吸引力的图，其在 Matplotlib 的基础上增加更多的可选择的图形，但 Matplotlib 中则能实现更多可定制化的部分。

(3) Plotly 是一个基于 JavaScript 的绘图库，能够实现交互信息可视化的工具库，在使用这个库之前需要先进行下载并安装才能开始可视化操作。Plotly 能够做出许多可视化的动态图像，对代码的要求也是比较高，里面参数设计的比较多。另外，Plotly 有付费版与免费版，对可视化需求比较高的大型企业会选择付费版本，一般的免费版本能够满足基本的需要。

如果要将以上三种可视化工具库进行排序的话，Matplotblib 是基础可视化工库，Seaborn 是高级可视化工具库，Plotly 则是顶级可视化工具库。

Python 的可视化工具库可以在实现海量数据处理之后再进行高级的可视化输出，但要求操作人员有代码基础才能较好使用这个工具。相比之下，Tableau 作为十分流行的可视化工具，操作简单，容易上手，能提供多种图表，甚至有更高的交互性。

2. Tableau

Tableau 广泛应用于商业智能（BI）流程。Tableau 简单的制作方式是，组合各种不同设计的图表、绘图和图形同时放置在仪表盘，以便可视化。Tableau 可以处理任何类型的数据，无论是结构化数据还是非结构化数据集，Tableau 还可以访问任何类型的编程语言，如 R、Python、SAS 等。一个没有任何技术背景的人可以很容易地在 Tableau 上工作，因为它不需要任何技术或编程知识。研究人员将 Tableau 描述为"商业用户无须编码就能轻松访问、准备和分析数据，感受其高度交互的、直观的、基于视觉的探索体验"。Tableau 有大量易于操作的功能，可以为任何复杂数据集创建高度简化的图形或图表。业务分析师可以从直观可用的数据中研究业务存在的问题、对消费行为的见解、业务流程或行业趋势，从而预测或总结业务问题并提出决策建议。

Tableau 有丰富的产品系列，主要的可视化产品包括 Tableau Desktop、Tableau Server、Tableau Online、Tableau Mobile 和 Tableau Public，产品介绍如表 2-2 所示。

表 2-2 主要的可视化产品介绍

产品名称	产品介绍
Tableau Desktop	Tableau Desktop 是一款桌面端分析工具，分为个人版和专业版，专业版的功能性更强大，几乎接受所有的文件且专业版能与 Tableau Server 相连
Tableau Server	Tableau Server 是一款商业智能应用程序，能够发布和共享 Tableau Desktop 的分析结果，同时也可以发布和管理数据源
Tableau Online	Tableau Online 建立在与 Tableau Server 相同的企业级架构上，免去硬件的安装与维护，让商业分析比以往更加快速轻松，在 Tableau Desktop 发布仪表板后，就可以随时随地在 Tableau Online 进行操作
Tableau Mobile	Tableau Mobile 是针对 iOS 和安卓平台的移动端应用程序。用户可以通过 iPad、Android 设备或移动浏览器，查看发布到 Tableau Server 或 Tableau Online 上的分析结果，并能实现简单的分析操作
Tableau Public	Tableau Public 是一款免费的服务产品，能够将创建的作品发布到 Tableau Public 上，并将其分享在网页上、博客上，或社交媒体上。浏览的用户能够和已发布的数据进行互动，能够获得公开作品的原数据并下载

除了上面主要的可视化产品，Tableau Prep 通过提供可视化和直接的方式来组合、塑造和清理数据，Tableau Prep 使分析师和业务用户更容易、更快地开始分析。

2.4 大数据技术发展趋势

2.4.1 大数据技术融入各行各业

当前大数据技术已经融入许多行业当中，如金融、交通、通信、医疗、政务、电子商务等。大数据技术的融入能够更好地给企业带来商业机会，提高运营效率，设置精准投放的广告，随着技术的普及和外界庞大数据的压力，大数据技术会融入更多的行业中。以下选取热门行业进行介绍。

1. 金融

利用大数据技术有效提高风控的成效，在降低风控成本的同时，提高风控的效率，用最快的速度最准确的定位降低不良率。当前流行的由大数据技术构建的风控系统主要通过以下几个方案实现：①数据库方案；②内存数据库方案；③分布式缓存方案。例如，金融机构（特别是金融担保机构及银行）可以通过储存公开数据的第三方数据平台（如天眼查，以企业人员关系为核心的服务平台）所提供的信息进行关系挖掘服务，机构能够以最少的时间与精力投入，获得调查企业的经营状况信息及历史违规记录，有效提高借贷资金的安全性，降低机构风险。

2. 交通

智慧交通是交通与大数据技术融合的直观体现。智慧交通的出现大大提升人们的出行体验，如高铁管家、飞鹿出行、GoFun 出行、智行公交等各类交通出行的应用程序。对于交通监管部门来说，通过大数据技术对非结构化、非行业标准的数据进行预处理用于交通数据实时分析。基于大数据技术，设计了信号控制算法用于实现路口的全自动协调联动，建立了交通多维度效果评价体系能够实时管控道路状况，通过道路的运行效率、通行状况、交通流量、路口负载、路口的交通控制评分等指标辅助指挥交通决策。

3. 教育

在线教育正是教育与大数据技术融合的结果，我国著名的在线课程平台有中国慕课（MOOC）、爱课程，其他的辅助在线教育软件如超星学习通、雨课堂等。基于大数据技术的在线教育的一大特点是学生能够定制化学习，庞大的题库实现每位学生获得不一样的卷子，完成测试后在教师的设置下能够获得即刻反馈。每位学生可以根据自身的实际情况安排学习的进度。

4. 电子商务

在电子商务领域，企业通过大数据技术实现精准营销、提升用户体验、提高运营决策的速度及改善仓储物流的运作效率。企业能够通过抓取用户在网站行为路径对其进行精准投放，包括搜索的关键词、进入网站的路径、点击的页面、每个动作停留的时间。根据"用户画像"，如用户平时的设备习惯及浏览网页的时间，以此制定精准投放的广告，提高广告的转化率。影响用户体验感的另一个因素是物流效率，利用大数据技术可以为客户提供实时的物流更新信息、AI客服等让客户在有疑问时提供解决方案。

5. 工业大数据

除了这些传统的商业之外，大数据技术还被应用于工程学科中。比如石油行业，近些年来石油和天然气行业产生及记录的数据量显著增加，大数据技术的加入可以帮助提高石油和天然气的探测效率，已成功应用于生产工程中，如电动潜水泵的性能优化和生产分配技术。大数据在炼油、油气运输、健康安全环保等领域的油气行业下游也得到成功应用。

2.4.2 大数据技术推动新技术革命

大数据技术与当下热门计算机技术的发展密不可分。这些技术之间相互辅助才能有效提高人们生活的智能化水平。云计算、大数据和物联网，代表IT领域最新的发展趋势，随着技术的发展，三者的融合度愈来愈高。大数据技术的侧重点在于对海量数据进行存储、处理与分析，云计算是整合和优化各种IT资源，通过网络服务的方式以较低的成本提供给用户，而物联网则是实现物物相连的互联网。大数据的发展需要云计算技术作为支撑，如云计算中的分布式数据存储和管理系统，而这些技术的优化与发展需要大数据作为基础场地。这些庞大的数据恰恰是依靠物联网才能成功获取，物联网为大数据提供了数据源，而大数据便是依靠云计算的技术进一步对海量的数据进行处理与分析挖掘数据背后的价值。三者的融合会推动更多的新技术革命，比如当前热门的人工智能，彼此相互渗透促进技术更新。

本章小结

本章主要介绍大数据的技术基础，包括构建大数据处理平台、大数据处理技术、大数据处理常用工具以及大数据技术的发展趋势。首先，Hadoop作为行业内公认的大数据处理标准，本章对其进行详细的介绍，包括Hadoop的发展历史、生态环境、主要组件、Hadoop的优点以及不足之处。大数据技术的介绍分为技术和工具介绍。大数据介绍主要围绕着大数据处理的过程，包括数据采集与处理、数据存储和管理、数据分析和数据可视化四个阶段进行介绍。此外，了解大数据处理的工具能够加深对技术的理解，如数据采集器（GooSeeker）、数据分析工具（Python、MATLAP、SPSS、SAS等）、数据可视化工具（Tableau、Matplotlib、Seaborn等）。本章的最后对大数据技术发展趋势进行讨论，主要体现在大数据技术将融入各行各业，加速技术全面更新，云计算、大数据及物联网相辅相成，共同提高人们生活智能化水平。

参考文献

[1] 孟小峰，慈祥．大数据管理：概念、技术与挑战［J］．计算机研究与发展，2013，50（01）：146-149．

[2] 尹廷钧，李灵慧，周蕊．大数据挖掘中的数据分类算法综述［J］．数字技术与应用，2021，39（01）：102-104．

[3] 庇古．福利经济学［M］．朱映，张胜纪，吴良健，译．北京：商务印书馆，2006．

[4] 林子雨．大数据技术原理与应用［M］．第2版．北京：人民邮电出版社，2017．

[5] 段竹，田宏．大数据基础与管理［M］．北京：清华大学出版社，2016．

[6] 黄宜华．深入理解大数据-大数据处理与编程实践［M］．北京：机械工程出版社，2014．

[7] 秦晓江．大数据研究综述［J］．科技传播，2015，7（18）：161-162．

[8] 刘鹏，黄宜华，陈卫卫．实战Hadoop［M］．北京：电子工业出版社，2011．

[9] 刘智慧，张泉灵．大数据技术研究综述［J］．浙江大学学报：工学版，2014，48（06）：957-972．

[10] 张尧学．大数据导论［M］．北京：机械工程出版社，2018．

[11] 汤羽，林迪，范爱华等．大数据分析与计算［M］．北京：清华大学出版社，2018．

[12] 王振武．大数据挖掘与应用［M］．北京：清华大学出版社，2017．

[13] 娄岩．大数据技术概论［M］．北京：清华大学出版社，2017．

[14] 王芸．物联网、大数据分析和云计算［J］．上海质量，2016，31903：49-51．

[15] 美智讯（Bizinsight）．Tableau商业分析从新手到高手［M］．北京：电子工业出版社，2018．

[16] 首席数据官联盟．赋能数字经济：大数据创新创业启示录［M］．北京：人民邮电出版社，2017．

[17] 刘汝焯，戴佳筑，何玉洁．大数据应用分析技术和方法［M］．北京：清华大学出版社，2018．

[18] MeganSquire．干净的数据-数据清洗入门与实践［M］．任政委，译．北京：人民邮电出版社，2016．

[19] Tableau白皮书

[20] 樊银亭，夏敏捷．数据可视化原理及应用［M］．北京：清华大学出版社，2019．

第二篇
大数据在国际货物贸易中的应用

第 3 章

大数据在货物贸易选品与备货中的应用

> **学习目标**
>
> (1) 了解传统国际货物贸易选品与备货概况。
> (2) 掌握大数据在选品与备货中的应用现状和场景。
> (3) 了解大数据在选品与备货中的未来发展趋势。

3.1 传统货物贸易选品与备货

选品指的是选择售卖的产品或品类,在有些特定的情况下,也能将选品理解为对产品的开发。备货(stock up),指的是准备货物的系列活动。在传统货物出口贸易中,备货指企业需要根据合同的规定按时、按量、按质,通过采购或下单到工厂生产准备好应交的货物,并对应交的货物进行清点、加工、整理、刷制运输标志并申报检验和领证等项工作,以此保证货物能按时运出。在货物准备好之后,需要经过国家出入境检验检疫局检验后报关出口。备货工作是履行出口合同的基础。

传统货物贸易中,选品备货需要经过几大步骤,分别包括对商品选择、货物筹集和货物储存。

3.1.1 商品选择

一般而言,无论是出口还是进口,外贸公司都会根据市场供需、生产能力、商品选择门槛、贸易趋势、产品适应性和贸易限制等指标来对需要进行外贸的产品进行选择。如果是生产企业,则由其自行生产产品。

(1) 市场供需。在进行商品选择时,首先需要考虑当前该产品种类的市场容量和供需情况,才能分析该商品是否具有市场竞争力,是否能够更好地服务企业的交易对象。对于目标市场来说,该国家或地区的产品生产能力和竞争情况会直接影响该市场的产品供给,而人口统计特征、政治、经济、社会、文化、市场准入和产品潜力等因素会影响该市场的需求情况。

(2) 生产能力。企业在选择产品的时候还需要考虑该国是否具备足够生产能力,并且能够采购到所需数量的产品。

（3）商品选择门槛。如果企业选择进入的商品行业需要采购人员和销售人员具备专业的技术知识，那么该商品行业的进入门槛则较高，企业将面临较小的竞争力水平和较大的市场风险。

（4）贸易趋势。企业还需要对贸易国家、商品的趋势进行分析，以出口贸易为例，则能获得在一段特定的时间内在国外市场具有潜力的产品或产品组，从而进行选择。

（5）产品适应性。目标市场的许多特征，比如物理条件、经济发展水平、文化因素、消费者偏好、技术水平等特征的区别都会直接影响选择的商品是否能够适应该目标市场，进而影响到该商品的销售潜力。

（6）贸易限制。在进出口贸易时，由于各种原因，目标国家市场或地区市场可能通过许可、数量限制等形式对从其他国家进口的产品施加限制。同时，一个国家也能通过反倾销税、反补贴税或保障税来保护其国内产业，从而对其他国家的进口产品造成影响。企业在进行商品选择时都需要将这些贸易限制考虑进去。

3.1.2 货物筹集

在产品生产结束、货物装箱完毕后，生产企业要提供装箱单给外贸公司。装箱单应包括箱子的尺寸、重量、件数、规格等信息。在有些情况下，生产企业会接受外贸公司的委托，代为货物办理商检。

货物筹集指的是订货、进货、集货和相关验货、结算的一系列活动。如果是由生产企业直接进行交易和配送，货物筹集工作则由生产企业自行完成。如果是负责配送服务的企业承担，那么该企业则会向生产企业进行订货和购货，并完成货物筹集工作。也存在另一种情况，由生产企业生产货物，并进行配送、订货和购货工作，配送企业只负责进货和集货等工作。

3.1.3 货物存储

在完成货物筹集之后，则需对筹集的货物进行存储，货物存储工作是货物筹集工作的延续。货物存储可以按照分拣和配货工序的要求，在理货场地进行少量的存储，也可以按照一定时期配送活动要求和货源的到货情况有计划进行的工作。

在备货的过程中，要确保货物的品质、规格和数量与合同一致。如有不符，应该对应交货物进行再次筛选、加工和整理，直至达到合同要求。同时，还应确保货物的包装、运输标志符合合同规定并符合运输要求。比如，在包装的明显部位，应按约定的唛头式样印制并确保包装的其他各种标志符合要求。同时，需核实包装是否适应长途运输和保护商品的要求，在必要时进行修整或调换。最后，应根据合同和信用证对装运期的规划和船期安排，做好供货工作，且按照相应规定手续进行报验。

3.2 大数据在选品与备货中的应用现状

随着互联网、信息技术、大数据和云计算等技术的发展,跨境电子商务正在以前所未有的速度发展,海外仓服务、数字交易等手段不断普及,为企业进行选品备货提供了新的契机。在进入"互联网+"时代后,企业可依托技术手段对海量数据进行挖掘、收集和分析,显著、有效地提高商业分析效率。数据研究表明,企业若以数据驱动进行决策,生产力则可提高5%~10%。

大数据技术在国际贸易的选品与备货中起到了至关重要的作用,有效地提高国际贸易的效率和质量。如图3-1所示,在外贸企业进行选品备货时,主要可以从产品选择、采购订货、库存管理三个方面来探讨大数据技术的实践应用。

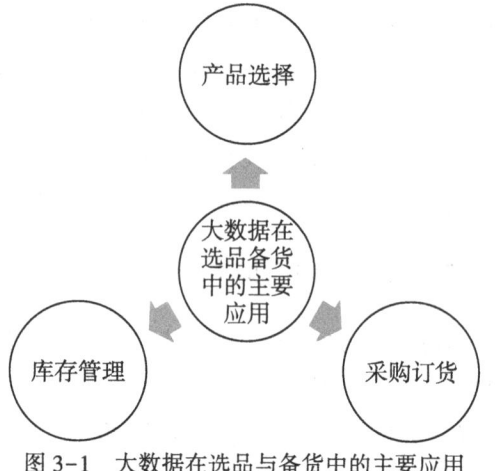

图3-1 大数据在选品与备货中的主要应用

3.2.1 选品角度

随着互联网和信息技术的发展,跨境电子商务已经成为我国外贸业务的中坚力量。在发展跨境电子商务时,对商品的选择尤为重要,当前已经成为发展跨境贸易业务的首要目标和成功的关键。商品的选择会直接影响外贸企业的市场竞争力和后期销售与经营。当前,大数据技术也被外贸企业广泛应用于进行商品选择。

1. 选品数据来源

通过大数据技术进行商品的选择能有效帮助企业从供应市场中选择与目标市场需求匹配的产品,确保企业能保持其核心竞争力。在进行选品之前,外贸企业需要根据不同的平台、区域和行业等多维度对与选品相关的潜在数据进行调查和挖掘,其数据来源主要包括以下两个方面。

1)市场数据

外贸企业尤其是跨境电商企业或平台在进行商品选择时,主要通过对来自市场的数据进行采集和分析来完成选品。市场数据包括对该产品的市场规模、市场中的产品竞争力和市场潜力等。

市场规模(market size),也叫市场容量,是对目标产品或行业的整体规模的研究,具体包括目标产品或行业在指定时间的产量、产值等。市场规模可通过在一个特定市场中潜在的购买者数量(或销售量、销售额)来计算。外贸企业需要对目标产品的市场容量进行分析和测算，确认该产品的潜在发展空间。如果该产品市场已经趋于饱和，类似的产品的销售空间则较小，该市场竞争强度太大，企业难以取得优势。

外贸企业在进行选品时，可以通过在跨境电商平台、社交网络或其他搜索工具上输入核心关键词，从而获得对应的搜索结果来对当前和未来的目标产品市场规模进行了解。例如，企业可以在主流跨境电商平台，如 Ebay、Amazon、Aliexpress 等平台上对考虑选择的产品关键词进行搜索，其搜索结果数量能帮助企业判断市场规模的大小。类似的，在社交媒体比如 Facebook、Youtube、Twitter 等平台上进行关键词搜索，搜索数据也能帮助企业获得对市场规模的了解。

产品竞争力（product competitiveness）。产品竞争力指某产品在一特定市场中的占有能力。产品竞争力会受到多种竞争力因素的影响，比如在同一个市场中，和同类产品相比较，市场占有率越高、企业规模越大、经济实力越强、该产品的竞争力则可能越大。当前很多竞争力维度数据在互联网上都能被量化，并且是可得的。因此，通过对其他竞争对手进行背景分析，获得的数据能有效帮助外贸企业更加谨慎合理地选择商品。

市场潜力（market potential）。相对于市场规模来说，市场竞争力是一个动态的指标。潜力是一个过程数据，指的是通过历史过程的增长情况对未来的增长趋势进行预测，是在某种市场环境下，对市场需求所能达到的最大数值的测算。外贸企业能够通过谷歌趋势（Google trends）、百度指数（Baidu Index）等平台的功能对核心关键词进行检索、筛选和确定。前者能显示全世界各地区的一个特定搜索项搜索量，后者以海量网民行为数据为基础，显示网民的搜索趋势、需求图谱、资讯关注和人群画像。通过对二者关键词趋势的搜索和分析，企业能获得不同产品关键词的点击量、展现量、转化率、竞争指数、目标国家以及蓝海市场等数据。因此，外贸公司可以判断某产品的市场需求潜力，并根据市场潜力进行选品。

2）客户数据

客户数据是针对某产品的目标市场的人口统计资料（包括年龄、性别、教育、收入等）地区、行为偏好、使用习惯等维度收集的数据。这些数据可以帮助外贸公司对产品选择建立清晰的认知，勾画出该产品的目标受众的人群画像。除此之外，这些数据还能帮外贸公司调整进一步的经营计划，比如调整价格、研发新产品、挖掘销售渠道等。当前，市场上存在大量客户数据挖掘信息平台，能对客户的特定时机需求进行挖掘，寻找到能满足顾客需求的产品与服务。同时，还有很多企业也建立了自己的客户关系管理系统（customer relationship management system, CRM system），通过这个对客户信息进行收集、管理、分析和利用的信息系统，企业能有效对客户的各种相关数据进行分析，并通过客户反馈，改进产品决策，提高市场份额和客户满意度。

2. 选品数据的主要问题

1) 数据孤岛

数据孤岛（data island），一方面指的是不同事业部产生和收集的大量数据没有得到充分共享，而是独立存储、独立维护，彼此间相互孤立，形成了物理上的数据孤岛；另一方面，不同事业部在进行决策时，仅仅站在自己的角度去理解和定义数据，导致相同的数据被赋予了不同的含义，无形中加大了跨部门数据合作的沟通成本。当前大数据技术在选品领域的应用存在不统一和不规范的问题，所以在企业、部门之间的数据共享不充分，形成了数据孤岛，导致各企业、各部门之间缺乏数据沟通，从而影响选品数据的采集与分析。

2) 数据收集难度大

企业在进行某一些选品数据的收集时，会发现部分数据收集难度较大的问题。比如在对目标群体进行分析时，企业需要面对的可能是不同的目标国家或地区市场。这些国家的经济发展程度、物流等基础设施条件、政治政策和信息技术发展水平各不相同，顾客的消费偏好、生活习惯、对产品的需求点等数据在某些国家或的确可能存在较难查找和收集的问题。

3) 产品同质化

产品同质化（product similarity）指的是产品的功能性利益与其竞争产品非常相似或相同，容易被竞争对手所替代。当前，在很多产品市场中，都存在产品同质化严重的问题。尤其是信息技术发展速度不断提高，跨境电子商务为跨境贸易提供了新机会和新平台。无论是 B2B 还是 B2C 市场中，现在的企业或消费者都能直接通过线上数据搜索获得产品的信息，无形中也为企业的选品带来了一定困难。比如，在速卖通、亚马逊等跨境电商平台直接搜索某一个产品关键词，可能会出现大量图片相同、描述类似的产品。外贸企业在进行选品时，必须考虑选品的差异化，而避免陷入因产品同质化问题而导致的价格战中，才能在选品阶段就获得一定竞争优势。

3. 大数据在选品方面的主要应用

大数据技术能为进出口外贸企业提供容量巨大且种类繁多的数据内容。正是由于大数据技术与信息技术的发展，促使众多传统的外贸企业纷纷转型，成为依托电子商务平台而达成交易、进行电子支付结算，并通过跨境电商物流及异地仓储送达商品的跨境电子商务企业。这些企业面对海量数据，始终需要探讨如何对数据进行收集和分析问题，进而为企业的选品决策指明方向。当前，大数据技术已经在产品选择的多个领域发挥实践作用。

1) 选品策略优化

符合市场趋势的选品策略。利用大数据技术，今天的外贸企业能充分开展线上调研，对选品需求的数据和信息进行收集、整理和分析，从而为产品选品提供可参照性依据。比如，企业可以通过访问专业的跨境电子商务或其他跨境贸易的论坛网站，从而获得最前沿的行业趋势和产品动态。除此之外，企业还能通过跨境电商平台的后台销售报告,获得特定品类的增长趋势、买方国家容量趋势、国际及国内品牌增长趋势、二三级子类目销售增长趋势、单品SKU销售趋势等信息。这些数据能为外贸企业提供市场趋势和需求等信息,从而创造产品的选择线索。基于大数据对各平台对特定产品市场需求的线上调研能有效地为外贸企业提供产品需求信息、增长信息、销售信息等,进而优化企业的选品策略。

更优质货源的选品策略。外贸企业可以通过对供应链上游的供货方,或聚集买卖双方的跨境电子商务平台上的数据信息进行收集和分析,从而来决定对货源的选择。当前互联网技术和大数据技术发展,使企业有很多获得供货商信息的途径。比如登录企业官方网站、行业网站和查看企业公开的财务报表等,都能更好地帮助外贸企业获得供货方的各类综合信息。另外,在跨境电商平台上,也能通过大数据帮助企业更好地优化选品策略。当前国内外存在大量跨境电子商务平台,比如1688.com、Amazon.com等。在这些平台上,外贸企业可以寻找到大量各行各业的供货商。企业能在线上对这些货源的价格、质量、产品运费,供应商的评分、评论数量、品类排名等信息进行对比。比如,近期的评论数量能在一定程度上反映出该产品的销量和市场容量;产品排名能用来参考一些产品类目的竞争情况以及发展空间。如果产品评论数量太多,说明该市场已经成熟,发展空间较小且竞争激烈;供应商的评分高低能提供该供应商综合服务和产品的质量水平;各大平台还能提供热卖产品排行数据,对排行数据进行梳理和分析,能得知该品类的畅销情况。通过对这些数据进行分析,外贸企业能结合自己当前的资金、资源等其他因素进行综合考虑,更直观、更合理地对货源进行选择。

成本更合理的选品策略。当前各大跨境电子商务平台能通过大数据为外贸企业提供与各种产品相关的多种成本和费用信息,包括供货商的综合生产或采购成本、国际和国内的物流及仓储成本、电商平台抽成费用以及退换货率等。通过对这些成本和费用的数据收集和分析,结合实际的管理成本、预期利润和发展需求,外贸企业能对投资回报率进行计算,从而对价格进行优化和调整。外贸企业在进行选品时,产品的成本、费用和利润区间都是需要考虑的因素,从而更好地对产品进行选择,并对选择的产品进行合理定价。

今天各大跨境电商平台能够充分利用数据抓取、数据挖掘和分析等技术,并基于平台后台数据进行分析,比如对点击量、转化率、回购率和商品评价等数据进行统计和分析,预测产品销量、探索产品发展趋势,帮助外贸企业更科学合理地完成选品工作。

2)销量预测

大数据技术还能为外贸企业协助进行特定产品的销量预测,从而更好地选择产品。企业能够通过对整体经济情况和市场情况对未来销量进行预测和判断,也能通过建立统计模型来预测特定产品的未来销量。

网络搜索数据。如果需要对某产品的销量进行判断,首先应该了解市场上消费者对该产品的需求和行为。消费者会在互联网上对感兴趣的产品进行搜索以对该产品进一步了解，因此，基于海量用户的搜索行为的网络搜索数据，网络搜索数据便能为预测产品销量提供机会。这些数据能够反映网络用户对该产品的关注与需求，体现消费者对该产品的整体认知，预测消费者行为，还能吸引投资者的注意。百度指数的需求图谱模块、Google 趋势都是提供网络搜索数据的有效工具。利用网络爬虫工具对新闻、社区论坛、产品点评、分享交流以及和搜索引擎推荐工具提供的信息进行查找和收集，分析者能获得关键词列表及其权重。针对关键词搜索数据进行处理，并建立模型，能通过前期搜索数据对后续的产品销量进行预测，有研究表明预测精度可达到 96%。外贸企业可以通过对特定品类的销量预测来决定选品策略，选择更具有销售前景的产品。

历史销量数据。除了网络搜索数据，外贸企业还能通过对历史销量数据的挖掘来进行销量预测。在信息化时代，特定品类的历史销量数据在互联网上透明且可得。通过构建基于大数据的预测工具，外贸企业能够通过预测工具来完成精准的销量自动预测。通过构建季节性 ARIMA 时间序列的销售预测模型以及组合模型预测模型，结合历史销量数据、促销日历等数据，企业能够对销量进行精准预测。当前，各大营销企业也开发了基于 R 语言的自动化预测工具，能够更好地实现交互式简易预测，为外贸企业管理人员在操作上提供便利。

工业大数据（industrial big data）。工业大数据是指由工业设备高速产生的大量数据，对应不同时间下的设备状态，是物联网中的讯息。对工业大数据的分析和挖掘能有效地对工业品销量进行预测。工业大数据是为决策问题服务的大数据集、大数据技术和大数据应用的总称。这些数据来自产品生命周期的各个环节，包括市场营销、设计、制造、服务、再利用等，也来自包括企业外部市场、企业供应链等渠道。当前，很多工业行业都建立了企业级大数据资源中心和大数据分析与决策应用系统。通过对产品需求计划、销量、发货等多个数据集进行整合和分析，能对销售大数据进行分析和预测。

3）情感分析

随着数据挖掘技术的不断成熟，外贸企业还能通过情感分析进行更科学的选品决策。数据挖掘技术能对消费者的购买记录、浏览记录、访问时间、页面停留时间以及商品评论等信息进行挖掘和分析，从而获得买家的购买意愿和现实需求。其中，商品评论作为一种重要的用户反馈数据，能有效地反映出消费者对该产品持有的满意度和情感强度等态度。对于外贸公司来说，通过对大型外贸电商的公开信息，例如商品在线评论和属性等信息进行挖掘和分析，能设计基于评论情感分析的选品方案。通过利用 Python 编写爬虫工具对电商平台和产品相关论坛上的客户评论数据进行收集，进而确定产品质量评价指标属性词（比如舒适、节能、颜色等）。再利用情感词典的方法对产品质量属性情感值进行计算，和反映了消费者对各项指标的重视程度的指标权重相乘，便可获得产品综合质量评价。通过对在线评论数据的分析，外贸企业能够有效获得消费者对特定产品质量属性层面的满意度水平，从而帮助企业进行选品决策的制定。

4) 选品系统

当前，很多传统外贸企业在选品过程中面临商品选择范围窄、顾客需求调查难、产品预期收益计算难、商品查询难等问题。为了更好地协助外贸企业解决这些问题，基于大数据设计的选品系统能更好地帮助企业了解顾客需求和偏好，解决选品问题。外贸企业能够使用选品系统查看新品、热品、兴趣商品，获得系统提供的常规选品和算法推荐选品。除了商品的推荐模块，外贸企业还能利用选品系统进行商品的购买、商品的管理、商品结构的管理以及订单的管理。通过对该系统的使用，企业能更有效地对选品场景进行细分，获得更多的产品推荐类型和配置化可选服务，从而得到选品能力的提升。

亚马逊的选品系统便能帮助企业洞悉市场趋势、监控竞争对手和收集大范围数据。通过对店铺、类别、选品、关键词、推荐系统、评论等维度收集各种维度和指标，进行数据爬虫抓取、数据跟踪、统计分析和建模等工作。帮助企业在选品工作上实现自动化、数字化和智能化。

3.2.2 采购订货角度

在完成选品之后，外贸企业需要对选定的产品进行采购订货。订货是买方和卖方在签订供货合同之后，落实物资资源，实现供需衔接的一种流通形式。在信息化时代，传统的手工订单管理模式已不能满足公司业务订单日益增长的需要，而大数据技术也能在不同层面上推动企业的采购订货效率，满足企业的管理需求。

1. 订货方式

在传统上进行进出口贸易时，外贸企业需要考虑在什么情况下需要向供应商采购或补货，企业在进行订货时一般有两种主要方式。

（1）定量订货。定量订货法（quantitative order），指的是企业预先确定一个订货点和订货批量，随时检查库存，当库存下降到订货点时就发出订货，订货批量取经济订货批量。这种方式不需要对需求进行预测，只需要查看库存结余是否达到订货点即可。

（2）定期订货。定期订货法（fixed-interval order）则是一种按预先确定的订货间隔时间进行补充的库存管理方法。企业根据经验决定订货周期，确定使库存成本最有利的订货周期。

2. 采购订货主要问题

在当前，在外贸企业的采购订货流程中，主要会出现以下几个问题。

（1）采购职能分散。采购人员数量多、部门分散且效率低下会直接导致企业的采购信息分散且错误率高。同时分散的采购职能会导致采购的过程繁琐，对人力物力进行大量浪费。

(2) 采购战略不明确。在进行采购和订货时，对哪个市场采购哪种商品、选择哪个供应商、最佳订货批量数量、最佳订货时间点等，都是当前很多外贸企业在采购订货时会遇到的问题。

(3) 库存过高。在有些情况下，没有合理地进行库存的规划和管理导致出现库存数量不合理的问题，进而影响采购人员无法按照计划进行采购和订货。

3. 大数据在采购订货方面的主要应用

1) 订货系统设计

为更好地实现企业和合作伙伴、企业和个人之间的业务沟通，借助计算机技术和网络互联等信息化技术而建立电子订货系统能够发挥巨大作用。电子订货系统（electronic ordering system）是指企业和企业之间利用通信网络和终端设备，以在线连接的方式进行订货作业和订货信息交换的系统。该系统能有效连接供应商、配送中心和采购方。通过单子订货系统，供货方能将产品种类、销售量、库存量等信息上传到网络中，订货方再根据网络数据完成订货流程和配送任务。

订货方还能通过在线广告、社交媒体平台等多种渠道进入订货系统网站，浏览计划采购的商品的详细信息，并直接在系统上提交订单。在订单提交成功之后，订货系统的管理人员能对订单进行确认、检查订单产品的库存情况。当产品的库存能够满足订单需求，再由销售方进货、发货最后收款，完成整个订货流程。该系统通过数据库技术，能为订单、销售、客户等数据建立一个完整的信息库，对数据进行统一化管理，降低人力与物力成本，并为企业管理者的决策提供有效的支持。

当前，市场上也已开发一些自动订货系统。自动订货系统能对实际销售数据和入库数据进行统计和计算，从而得到单品的实际库存数量。结合历史数据统计得到商品最佳库存，从而自动计算订货数量。这样的自动订货系统能将订货业务自动化、信息化，进而减少订货成本并控制最佳库存量。

为解决传统的电子订货方式存在订货效率低、库存不合理的问题，市场上也已经有研究能将数据仓库技术应用于订货系统中，协助外贸企业进一步优化其商品订购策略，并提高企业运作效率。数据仓库技术（data warehouse）是为企业所有级别的决策制定过程提供所有类型数据支持的战略集合。该技术为需要业务智能化的企业提供决策分析型数据，进而指导企业进行业务流程改进、监视时间、成本、质量以及控制，是一种基于数据库的应用于更高层的决策分析。比如外贸企业利用数据仓库技术对多方面数据进行采集，便能建立数据模型来预测各产品的销量数据。因此，外贸企业在采购订货时，能够利用数据仓库联机分析技术（on-line analytical processing，OLAP）等数据分析和挖掘工具，为企业商品订购策略进而货物配送方案等提供多方位的决策支持，进一步提高外贸企业的运作效率。

2) 需求预测

外贸企业决策者需要实时掌握各类产品的市场需求动态，并根据市场需求的变化对企业的选品备货策略进行调整。当前，随着信息技术和大数据技术的不断普及，很多公司都已建立包含其产品历史销售数据信息的数据库。结合数据库信息对特定产品的市场需求数据进行挖掘，便能协助企业更好地制定和调整产品订货方案。比如，某外贸企业在对选择的商品进行采购之前，需要依托大数据技术对该商品的市场需求进行预测。如果该商品存在明显的季节性特征，例如羽绒服、雪地靴、暖手宝等冬季产品，其市场需求在12月至次年2月持续上升达到顶峰，从3月开始市场需求开始回落。那么该企业则需在11月至次年2月保证较大的备货量，并应加强库存情况监控。

尤其是针对产品生命周期更短的产品，需求预测尤为重要。产品生命周期（product life cycle，PLC）指的是一个产品在市场中从开发、引进、成长、成熟、衰退的全过程，即一个产品从准备进入市场开始，直至被淘汰退出市场为止的全部运动过程。有些产品的产品生命周期和其他产品相比更短，称为短生命周期产品。这些产品更容易发生腐败、衰变、挥发等变质现象，比如新鲜食品、饮料等。在另一些情况下，是由于本系列或竞争产品的快速更新换代使原产品快速进入衰退期，从而造成产品的生命周期远比其本身的保存周期要小，比如手机、电脑等3C数码产品。对短生命周期产品进行市场需求预测，能够对企业科学地确定产品订货次数和订货时间进而合理控制库存、降低企业经营成本起到巨大作用。但是短生命周期产品由于在市场上存在的时间有限，其需求情况和其他产品相比更难预测。因此，通过大数据技术对订单的订货成本、周期时间、库存水平、机会成本、销售峰值时间点等指标数据进行收集和分析，能够构建数学模型对短生命周期产品的市场需求进行预测，协助企业探索最优的订货库存策略。

3）定制订货

定制订货是基于定制营销的一种订货模式。定制营销（customized marketing）是指企业在大规模生产的基础上，细分市场，每一位顾客都能成为一个细分市场，针对每个消费者与众不同的个性化需求，为其"量身定制"营销组合，进而最大限度地满足消费者。基于大数据技术，外贸企业也能通过定制营销，实现满足顾客个性化需求的产品订货。在企业的信息系统中，包含大量海外客户的采购数据，比如采购时间和频率、采购产品种类、数量和金额等。通过对这些数据的挖掘和分析，外贸企业能够对顾客个性化需求进行预测，进行定制化订货。今天，制造商企业甚至能通过顾客个性化需求开展定制生产模式，按照顾客不同的需求，将知识和资源转换为顾客所需的产品和服务。个性化定制生产能够实现低成本、定制化订货，并有效缩短顾客订货提前期。

3.2.3 库存管理角度

1. 库存管理定义

库存管理（inventory management）是对企业的存货进行管理，包括存货的信息管理和在此基础上的决策分析，最后实现对库存的有效控制，并提高企业的经济效益。

2. 库存管理的主要问题

（1）内部控制问题。由于缺乏有效管理，在采购、销售、出库、入库等环节由工作人员进行手动操作，容易出现流程混乱、信息不准确、甚至是暗箱操作等问题。

（2）占用流动资金。企业如果没有进行有效的库存管理，则会直接导致库存量过大，出现占用企业流动资金的问题，为企业流动资金周转带来困难。

（3）库存不足。部分企业为了控制流动资金占用额，会尽可能地通过降低进货水平从而降低库存占用量。该行为会直接影响企业正常经营所需要的合理存货储备量，进而影响企业的日常运转。

3. 大数据在库存管理方面的主要应用

传统的库存管理已经无法满足当前各大外贸企业高效率生产运行，只有将大数据技术与库存管理相结合，才能更好地实现库存优化。通过对企业客户和消费者客户在"互联网+外贸"环境的跨境电商活动时留下的消费数据进行挖掘和分析，能对产品销量数据进行预测，并实现产品储存的库存优化。外贸企业能对网络搜索引擎、消费者购买痕迹、关键词搜索指数、网络社区等不同平台的信息进行分析，构建关键因子数据库，对产品销量进行预测。基于销量预测数据，外贸企业能建立在线库存管理系统，确定库存优化参数，提升库存效率并升级库存策略和安全水平。

当前，各大企业的库存管理已经从原先的单一、静态、分布式的形态发展成立体、动态、协同管理的模式。大数据背景下的库存管理是基于大量智能化机器设备和计算机网络的现代库存管理。和传统库存管理相比，通过机器信息录入、自动订单处理、出库入库、高智能设备统计分析等功能的使用，现代的库存管理能有效地提高库存工作的效率、提高库存管理准确度并降低库存管理成本。

大数据技术和信息技术在现代库存管理的多个领域都发挥了前所未有的作用。

1）库存管理系统

库存管理（inventory management）指的是对企业生产及运营全过程的各种物品、产品以及其他有利于企业发展的资源进行管理和控制，使企业的库存储备量始终能够保持企业基本运行。库存管理系统则是企业进行库存管理的基础。传统的库存管理存在物资管理体系不完善、管理手段落后、管理不合理等问题。当前，随着信息技术不断发展，通过利用二维码技术、大数据技术、人工智能技术等现代信息技术，现代外贸企业能够开发和设计库存智能化管理系统，实现定时定量对库存数据的分析和计算，以便更好地进行企业决策。

出库入库。库存智能化管理系统能为产品出库入库提供支持。工作人员可以在系统中对需要出库或入库的商品进行信息输入，系统则会根据设定好的程序对产品类型等信息进行分析，进而自动生成存放货架的位置信息，并调整库存数量，协助开展出库入库工作。

当前已有机构开发出基于IOS系统的库存系统操作端，当员工输入个人信息后，系统会显示二维码扫码页面。员工可以直接对产品上的二维码进行扫描，二维码内容和用户信息则会被发送给服务器进行解析。在系统确认扫描结果后，员工便能对该产品进行入库或出库操作，同时修改产品库存数量。

物资查询。该系统还能对产品查询提供支持。员工能对系统所有的产品进行库存信息查询。在对库存产品进行查询时，系统通过指纹或3D面部识别等手段对查询人员的权限进行验证。设置权限的主要目的是保证企业的数据安全。在通过验证之后，查询人员需要在系统中输入查询编码，便可查询到对应类型的产品。

库存预警。如果物资库存数量低于设定的阈值，工作人员则会收到空仓警告；如果物资库存高于设定的阈值，工作人员则会收到满仓预警。该系统能更好地通过发放库存预警的方式协助企业决策方进行库存数量的调整，提高企业的库存周转率，实现精确的库存控制。

2）共享库存

企业越来越倾向于从供应链角度，而不是单一从企业角度对库存进行控制。在大数据发展的背景下，虚拟库管理理论应运而生。虚拟库存（virtual inventory）指的是，供应链中的采购商和供应商不再各自拥有自己的库存，而是通过一定的协议和制度向外共享自己的库存。因此，虚拟库存管理指的是将供应链中的库存信息进行采集、分析和整理，供应商便可以根据采购商的需求定制采购和补货计划，更加及时和全面地提高库存效率，更加合理地分配库存资源。虚拟库存管理的基本要求是对货物库存信息进行共享，各方建立虚拟库存联盟。这种方式和传统的库存相比，费用更低、补货时间更短、客户服务水平更高。共享库存（shared inventory）指的则是参与者将其库存数据组建一个库存数据库共同使用，更有效利用库存资源，实现互利共惠。

在共享库存模式下，外贸企业可以与其供货商建立虚拟库存联盟，共享库存信息。企业之间可以及时交流和交换信息，比如反馈需求预测、库存数据及库存调拨等情况信息，这样能使外贸企业在第一时间制定货物的采购和线上订货方案。同时，共享库存、销售、物流等信息也能使外贸企业有效避免供应链中库存水平过高，从而进一步实现库存优化。

3）RFID射频识别技术

射频识别技术（radio frequency identification，RFID）是一种自动识别技术。该技术通过无线射频方式进行非接触双向数据通信，利用无线射频方式对记录媒体（电子标签或射频卡等）进行读写，从而达到识别目标和数据交换的目的。当前，众多企业已经将RFID技术应用于企业库存管理优化当中，协助企业实现数据录入自动化和库存控制实时动态化。

将基于RFID技术的大量货物、库存等数据录入计算机后，便能实现对数据的实时处理，进而实现精细化库存管理。以库存管理中的出入库为例，基于RFID技术的出入库流程如下：

(1) 企业需要在货物行贴上含有货物信息、能够标识此货物的唯一标识编号的电子标签。

(2) 在货物入库时,工作人员用手持 RFID 盘点终端设备按型号对物品进行批量扫描识别,并放入仓库。

(3) 扫描数据将实时上传到服务器。

(4) 在货物出库时,工作人员从库位上取出需要出库的货物,在对货物进行批量扫描识别,核对无误后完成出库流程。

(5) 扫描数据实时上传到服务器。

除此之外,RFID 技术还能被使用在货物库存更新、物品退货、信息自动采集等领域上。当数据被上传到服务器,企业便可实现对货物信息的数据汇总。和货物库存相关的数据,包括出入库时间及数量、退货、作业人员、订单等都能被实时查看、跟踪和统计。企业因此能快速及时地处理货物信息,在减少人力劳力物力的损耗的同时,利用准确的数据依据进行管理决策。

3.3 大数据在选品与备货中的使用案例

国际市场的需求变化促使在国际贸易领域交易发生了巨大变化。传统的外贸订单大多为大额交易,当前已经向小批量多批次方向转化。因此,很多外贸企业选择了依托跨境电商平台开展小额贸易。随着技术发展,市场上不断涌现出基于大数据、云计算、人工智能等技术的营销工具。这些营销工具推出层出不穷的新功能,适用于多种贸易和营销场景,能有效地协助外贸企业尤其是跨境电子商务企业进行更加科学合理的选品和备货。

3.3.1 Jungle Scout:亚马逊选品服务

Jungle Scout 创立于 2015 年,是市场上第一家研发出亚马逊选品软件的科技公司,也是亚马逊官方认证的第三方服务商。截至 2021 年 1 月,Jungle Scout 已为全球超过 50 万的亚马逊卖家提供付费服务。Jungle Scout 的解决方案覆盖了卖家选品、竞品跟踪、市场趋势分析、关键词搜索及反查、Listing 优化、站外引流、邮件营销、店铺利润分析、PPC 广告优化、供应商搜索及管理等解决方案。

1. 选品数据库

该公司建立了选品数据库(product database),该数据库内包含超过 10 亿产品的直接来自亚马逊官方数据库的综合数据。当跨境电商企业在进行销售产品选择时,可直接进这个数据库,按照不同维度,包括产品类目、预估销售额、销售排名、产品评论和收入等条件直接进行精确查找,方便快捷地进行产品的筛选工作。

如果跨境电商企业需要以其他指标进行产品的查找，Jungle Scout 也提供定制化筛选功能。企业可以基于 16 个维度全方位地产品数据进行过滤，进行精准定制条件的产品查找。比如，企业可以"最高价格/最低价格（Max.Price/Min. price）"或"最高收入/最低收入（Max.revenue/Min.Revenue）"为条件进行商品筛选，也可以寻找高竞争、评分低，或高销量、低竞争的产品。定制化筛选功能都能够帮企业精准地缩小查找范围。

2. 关键词功能

关键词查找（keyword scout）允许企业在该页面输入一个关键词，便能够找到美国、英国、法国、德国、意大利、西班牙、加拿大和墨西哥等国的亚马逊站点上海量与之相关的关键词。企业可以查看亚马逊前台全部类目下搜索该关键词后出现的产品数量，以及对标 ASIN（Amazon standard identification number，亚马逊商品的独一无二的编码标识）的自然排名及广告排名。该功能还能展示这些关键词在亚马逊平台上的月搜索量、新品发布期促销推广的建议数量、PPC 推广的建议出价等。除此之外，关键词功能还提供所查找关键词的两年内的历史搜索量变化趋势，进而了解该关键词的总体、季节等不同时间的趋势变化。这些信息能更好地帮助企业进行产品的选择、产品页面描述的编辑和广告投放策略的调整。

除了在页面输入关键词之外，卖家也可以在页面直接输入 ASIN，对产品进行反向查找，并分析产品关键词排名、搜索趋势、PPC 花费等数据。

3. 竞品跟踪器

竞品跟踪器（product tracker）提供对产品动态的跟踪功能。该功能每天密切跟踪产品的 Best Seller 排名、销量、库存和价格变动等信息的图表化数据，为卖家制定运营策略提供协助。企业还能对跟踪的产品设置监控提醒，一旦该产品的产品价格、排名、图片、评论、类目、跟卖情况等发生变化，该功能将立刻给卖家发送提醒邮件。

4. 库存管理

Jungle Scout 的库存管理（inventory manager）功能为跨境电商企业提供库存信息，协助进行自动化库存管理，该功能通过大数据技术来判断和管理 Amazon 库存，准确预测卖家所需订购的库存数量以及补货的最佳时间，避免断货情况的发生。

卖家通过该功能可以查看亚马逊 FBA（fulfillment by amazon）库存实时状态，从而快速判断是否需要补货以及补货的最佳时间和数量。卖家还可以按照产品的剩余量对库存状态进行标记，包括"立即补货""稍后补货""库存过剩"及"库存适中"等，并据此预估补货日期、所需成本和利润回报。

同时，借助库存管理的预测功能，卖家还可以更好地分析其他与库存联动的关键指标，如销售额、成本、利润、日均销量及平均利润，并对库存单位（stock keeping unit,SKU)入库情况进行监控。

5. 榜单数据库

榜单数据库（best seller lists）包含亚马逊平台大类目及子类目 Top 100 榜单数据，每个小时更新一次。企业可查看产品单日历史趋势，也可回溯产品过去 90 天的排名变化趋势。基于多维度数据对产品进行评估，企业能对产品进行快速定位，并根据历史趋势了解市场体量，评估销量潜力，提升选品成功率。

6. 潜力市场搜索器

潜力市场搜索器（opportunity finder）能够帮企业对产品趋势及利润蓝海进行挖掘。通过对产品搜索变化趋势的挖掘，企业迅速判断该细分市场的产品机会及市场容量。挖掘数据维度包含该关键词所对应产品的历史平均销量、平均售价、关键词搜索量变化（过去 2 年内的历史数据）、季节特性和榜单头部产品等。通过产品特定标签比如 Covid-19，企业能对该产品的细分市场的季节性有大致了解，帮助企业进行季节性产品的选择。另外，该功能算法根据产品需求度、竞争度、Listing 质量分为 1~10 个等级，10 分即代表该利基/细分市场潜力最高，寻找利基市场潜力，并在每个细分市场中寻找榜单头部产品。

7. 供应商数据库

供应商数据库（supplier database）帮助企业掌握竞品供应链信息，在全球范围内寻找优质的供应商。企业可以通过亚马逊 ASIN 搜索其供应商，立刻识别产品的供应商信息，准确定位产品供应商。企业还能输入产品关键词、竞品品牌名称和工厂名称，对供应商信息进行搜索和验证，按照企业需求对供应商进行筛选。此外，Jungle Scout 系统还能为卖家计算供应商与其产品的匹配分数，确保该供应商具备生产该产品的能力。

3.3.2　Google Trends：了解卖品趋势

谷歌趋势（Google Trends）是谷歌公司基于谷歌搜索的公共网络设施，显示整个世界各地区的一个特定搜索项搜索量。基于全球数以十亿计的搜索结果，Google Trends 能告诉外贸企业某一关键词在各个时期下在谷歌被搜索的频率和相关统计数据。跨境电商企业能通过 Google Trends 的搜索解析对若干不同条目的搜索行为进行比较，也可以针对一个条目在不同的地区和时间上的搜索行为进行比较，还能查看未来的搜索趋势预测。通过对某特定产品的需求趋势和主要市场分布趋势的了解，企业能更好地进行选品策略制定。

1. 目标市场趋势

在 Google Trends 主页搜索栏输入想要搜索的任何产品关键词，比如"cell phone case""Party Dress"或"Running shoes"，外贸企业便能看到该产品在过去 12 个月内全球范围内的搜索趋势。Google Trends 中"按区域显示的搜索热度"板块还能对计算出特定关键词在全世界各区域的热度情况。企业可以通过该信息预测特定品类在全球各区域的受欢迎程度，通过参考品类热度排名靠前区域来决定产品销售的目标市场，或根据目标市场的产品热度来决定产品的选择。"搜索热度（按子区域）"板块还能提供该产品在某特定区域里不同地区的热度，比如美国各州对该关键词的搜索热度。

企业还能通过参考"相关查询"的搜索结果来判断当下某目标市场的特定产品热度情况和产品需求。比如在进行"running shoes"搜索时，企业可能会发现相关查询中排名前三的包含"best running shoes 2021""bright color running shoes"和"no bull running shoes"（图3-2），这些词条反映了与该商品相关的热搜属性，卖家可以结合上述的搜索结果进行更加细化的产品选择，选出热销热卖的备选商品或者是有潜力的行业。同时，相关查询的热搜属性的内容和排名反映了词语的热度，以及用户的使用频率和习惯。因此，卖家还能在销售产品时依据热搜属性对产品的描述、标题设置进行优化。

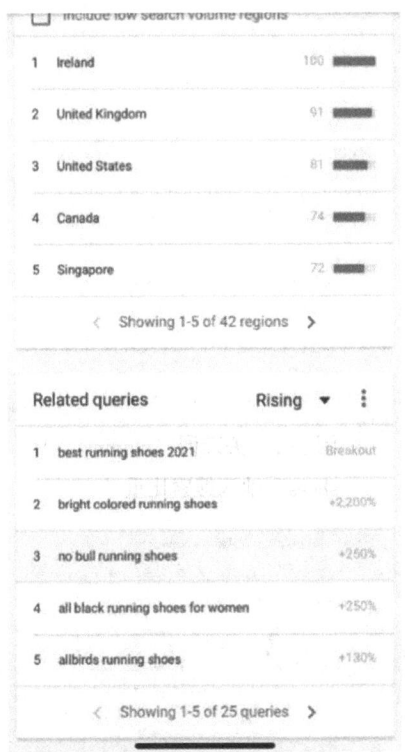

图 3-2 关键词"running shoes"
在谷歌趋势（Google Trends）上的
相关查询结果

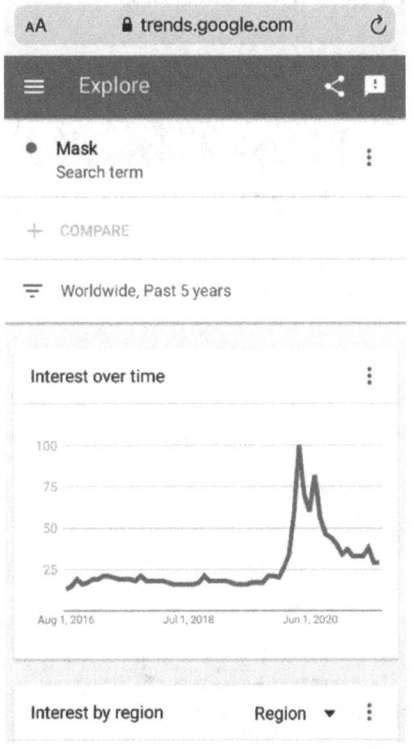

图 3-3 "谷歌趋势"上口罩"Mask"
在 2016—2021 年内全球范围内的搜索趋势

2. 需求趋势

当卖家在 Google Trends 上进行某特定关键词搜索时，会发现不同关键词的搜索量完全不同。一般来说，搜索量及其结果越大，说明市场需求越大。同时，搜索量的增长速度对卖家来说也能提供巨大参考价值。如果搜索增长速度快速提高，说明对该产品的需求更加紧迫。比如在 2020 年，全球各国对口罩 "Mask" 词条的搜索量都在激增（图 3-3），说明全球范围内对口罩产品的需求紧迫。

3. 产品比较

Google Trends 还能对任意几个关键词进行比较。如果外贸企业在对统一行业的两个产品进行选择，那么 "Compare" 功能则能帮助该企业进行选择。比如在关键词搜索栏输入关键词 "running shoes"，并在比较栏输入 "walking shoes"，便能查看到不同国家地区、不同时间段对这两个关键词的搜索趋势比较（图 3-4）。搜索结果显示在过去 12 个月内，总的来说 "running shoes" 的搜索量远大于 "walking shoes"。

据图 3-5 可知，在南非 "running shoes" 关键词的搜索比重在全球范围内最大，占比 92%。英国的 "walking shoes" 关键词搜索比重在全球范围内最大，占比 33%（图 3-6）。依据此信息，外贸企业在对跑步运动鞋和健步鞋两个商品进行选择时，就有了更加清晰的选择方向。

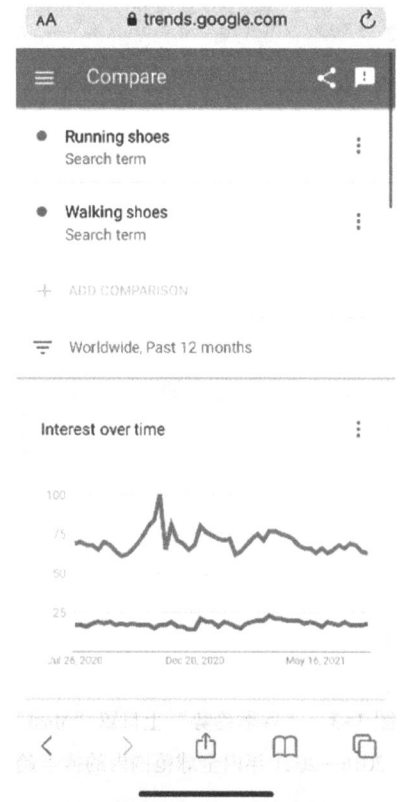

图 3-4 关键词 "running shoes" 和 "walking shoes" 的搜索结果

图 3-5 关键词 "running shoes" 地区搜索比重

图 3-6 关键词 "walking shoes" 地区搜索比重

3.4 大数据在选品与备货中的发展趋势

随着跨境贸易和电子商务的发展和规模的扩大,现代外贸行业竞争日趋激烈。无论是对传统外贸企业,还是新型跨境电子商务企业来说,将大数据技术融入其选品备货的工作流程中都是必不可少的环节。今天,大数据技术在国际贸易的选品备货中的发展趋势主要体现在以下几个方面。

1. 选品工具多样化

对外贸企业来说,基于大数据的选品具有其他工具不能替代的指向性和准确性。因此,外贸企业越来越意识到选择合适、高效的数据分析工具协助其进行科学选品的重要性。除了本章提及的 Jungle Scout 和 Google Trends 以外,市场上还存在大量能提供不同功能的、侧重点不一的选品软件。其中有些工具侧重于对商品趋势进行预测,有些侧重于提供选品报告,还有一些侧重于对供应商资源进行分析。随着科技的发展,市场上的产品数量种类逐渐壮大、内容逐渐丰富。外贸企业在进行选择时,应该将选品工具与其他调研方法相互配合与补充,并结合自身产品的特点、选品目的、资源情况、运营经验等对量化分析的结果加以判断与取舍,以提高选品的准确度与适应性。

2. 信息服务定制化

大数据技术使外贸企业有机会获得更加精准、更加定制化的信息服务。无论是在选品平台、订货平台还是库存管理领域,基于大数据的服务平台均能通过数据挖掘技术对企业当前的特征和需求等信息进行分析,并将这些信息与其提供的服务相匹配,更好地为企业提供精准定制的需求预测、产品推荐信息、采购订货模式和库存管理方案,为企业提高运营效率和投资回报率。

3. 流程智能化和可视化

当前对移动互联网、物联网、云计算、大数据等新的技术创新和手段的利用,都能促进外贸企业的选品备货流程实现更高层次的智能化。智能化是指事物在计算机网络、大数据、物联网和人工智能等技术的支持下,所具有的能满足人们各种需求的属性。当前市场上的各种选品、订货和库存管理平台依托大数据算法,使外贸企业以更智能的形式进行自动选品、自主计算最佳补货点并为外贸企业提出补货提醒、与合作企业建立虚拟库存联盟进而实现智能库存优化。同时,对大数据技术的充分利用还能促使外贸企业的选品备货流程更加可视化。可视化(visualization)指的是利用计算机图形学和图像处理技术,将数据转换成图形或图像在屏幕上显示出来,再进行交互处理的理论、方法和技术。在选品备货的流程中,外贸企业能实现数据全过程可视化。供应商和采购商均能够及时全过程地反映国内、国外乃至全球的市场状态,实时追踪市场趋势、消费者偏好的变化以及订单、库存和交易的活动状态。这些信息被转换成图表的形式，方便企业更加及时有效地监测和管控。

本章小结

本章首先从传统货物贸易的选品与备货出发，从商品选择、货物筹集和货物储存对传统选品备货进行了基本介绍。分别从选品、采购订货、库存管理三个方面展开探讨了大数据技术的实践应用。从选品角度，首先对选品数据来源进行简单阐述，再基于当前选品数据相关问题介绍了大数据在选品领域的应用。从采购订货角度，本章从常见的两种订货模式切入，详细描述了当前企业如何依托大数据技术进行采购订货。从库存管理角度，以现代库存管理系统、共享库存和RFID射频识别技术为主要切入点，详细阐述了大数据技术在库存管理体系中发挥的巨大作用。随后，本章分别以Jungle Scout和Google Trends为例，介绍了依托大数据技术的线上工具如何帮助外贸企业进行获取市场、行业和产品趋势，从而进行智能选品。最后，通过对以上内容的总结和展望，本章从选品工具多样化、信息服务定制化、流程智能化及可视化几个角度对现代外贸选品备货的趋势进行了简单描述。

参考文献

[1] google trends. 关键词趋势所搜［EB/OL］.［2021-7-23］. https://trends.google.com.

[2] Junglescout. 产品介绍［EB/OL］.［2021-7-23］. https://www.junglescout.cn/web-App/.

[3] 车晓轮，姜明月. 自动订货系统的开发［J］. 信息化建设，2015，4（12）：275.

[4] 韩雪平，徐桂芳. 数据仓库技术在电子订货系统中的应用研究［J］. 计算机光盘软件与应用，2014，17（05）：47-48.

[5] 李敏波，王海鹏，陈松奎，等. 工业大数据分析技术与轮胎销售数据预测［J］. 计算机工程与应用，2017，53（11）：100-109.

[6] 李娜. google trends与速卖通平台功能相结合的选品方法［J］. 经济师，2018（9）：38-39.

[7] 司成浩. 选品系统的设计与实现［D］. 北京交通大学，2019.

[8] 唐艳，谭瑜. 基于跨境电商选品需求的市场调研策略［J］. 现代商业，2020（11）：72-73.

[9] 王震平. 基于ASP.NET的网上订货系统的设计与实现［D］. 湖北工业大学，2017.

[10] 谢建中，杨育，陈倩，等. 基于改进BASS模型的短生命周期产品需求预测模型［J］. 计算机集成制造系统，2015，21（1）：48-56.

[11] 谢天保，崔田. 基于网络搜索数据的品牌汽车销量预测研究［J］. 信息技术与网络安全，2018，37（8）：50-53.

[12] 杨子楠. 基于虚拟库存管理的库存与运输集成优化研究［D］. 北京交通大学，2013.

[13] 叶剑锋，郑国英. 基于数据挖掘的快消行业销售预测［J］. 微型电脑应用，2019，35（7）：143-147.

[14] 余冰，陈景兰，戴恩勇，等. RFID在库存管理中应用的研究综述［J］. 物流技术，

2011, 30 (1): 142-144, 147.

[15] 詹蓉. 面向即时顾客化定制的个性化需求预测方法研究 [D]. 湖北: 华中科技大学, 2008.

[16] 张京宇, 温蟾圆, 吴彩元, 等. 基于二维码技术的库存管理系统设计与实现 [J]. 电子技术与软件工程, 2020, 4 (17): 194-197.

[17] 赵晓峰. 基于大数据的后勤库存物资智能化管理系统应用 [J]. 环球市场, 2020 (11): 390.

[18] 中国国际贸易促进委员会浙江省委员会. 外贸出口选品需提前了解什么？[EB/OL]. [2021-7-19]. http://www.ccpitzj.gov.cn/article/20699.html.

[19] 周谧, 李燕. 基于评论大数据的顾客感知产品质量评价 [J]. 科技促进发展, 2020, 16 (7): 804-810.

第 4 章

大数据在货物贸易物流运输中的应用

学习目标

(1) 了解传统货物贸易物流运输概况。
(2) 掌握大数据在物流运输中的应用现状和场景。
(3) 了解大数据在物流运输中的未来发展趋势。

4.1 传统货物贸易物流运输

4.1.1 传统货物贸易物流运输的概念界定与组成

美国学者阿·奇萧在《市场营销中的若干问题》一书中第一次提出"Physical Distribution"的物流概念，直译为"分销物流"，也就是我们现在所说的"传统物流"。传统物流起源于美国，在 20 世纪 70 年代末到 80 年代初进入中国。传统物流运输包括了完成品从生产线送到消费者的每一个活动，其重要的功能包括客户服务、订单处理、库存控制、运输和物流，以及包装和材料等。

物流活动主要由 7 种活动组成，也被称为物流活动七要素，具体包括包装、装卸搬运、运输、储存、流通加工、配送、物流信息等工作。

1. 包装

根据我国《包装通用术语》，包装是"为在流通过程中保护产品、方便运输、促进销售，按一定技术方法采用的容器、材料及辅助物体的总称。它还指为了达到上述目的而采用容器、材料和辅助物过程中，施加一定技术方法的操作活动"。GB 4122 按照使用目的的不同，大体将包装分为两类：一类是运输包装也称作为工业包装，主要实现货物运输、储存、提高装卸效率的目的；另一类是销售包装，也称作为商业包装，为了方便消费者识别商品，一般分装成方便消费者购买的商品单位。

2. 装卸搬运

在整个物流过程中，物资需要经过多次存放状态和空间位置的改变。装卸与搬运是两个密不可分的物流活动，一般都是伴随着一起发生的（有时候可以替换两者概念）。

装卸指的是"物品在指定地点以人力或机械载入或卸出运输工具的作业过程"，搬运指的是"在同一场所，对物品进行空间位移的作业过程"。装卸与搬运的效率会直接影响后续的运输效率，在选择装卸工具上要谨慎地选择，这些决策将会影响物流成本和整个物流过程的质量。装卸的活动主要包括装车（船）、卸车（船）、堆垛、入库、出库以及连接上述各项动作的短程输送的必要活动。装卸与搬运设备对效率与质量有重大影响，常见的装卸搬运的设备分类有叉车类、吊车类、输送机类、作业车类及管道运输设备类。

3. 运输

运输是整个物流过程中最重要的活动，运输效率很大程度上受到其他物流要素的影响。包装的选择也会影响装卸搬运的效率。运输被定义为"用专业运输设备将物品从一地点向另一地点运送的活动。其中包括集货、分配、搬运、中转、装入、卸下、分散等一系列操作"。常见的运输方式有公路运输、铁路运输、航空运输、船舶运输和管道运输等，一般来说，商品性质决定了运输方式，比如贵重物品生鲜食品，这种高价值和生命周期短的货物更适合航空运输。

（1）公路运输。公路运输是使用机动车辆（汽车、卡车、公共汽车、自行车、卡车和动物）的运输方式之一，也是现代运输主要方式之一。公路运输的优点主要包括方便性、灵活性、快捷可控性、包装成本低等。其缺点则有运输能力低、单位运费高、货物遭受偷盗的风险大、公路拥挤与污染等。

（2）铁路运输。铁路运输也称为火车运输，它是一种交通工具在轨道（铁轨或铁路）上行驶的运输方式。铁路运输具有运载能力大、速度较快、污染少、受天气条件限制少、安全可靠等优点。随着技术革新和发展，铁路列车的运行速度不断提高，铁路列车的运载量越来越大。我国经由铁路运输的进出货量也越来越多，在我国对外贸易中起着非常重要的作用。但铁路运输也有明显的缺点，如铁路运输容易受到固定线路限制、灵活性差、也存在货物被盗的风险。

（3）航空运输。航空运输又称飞机运输，是使用飞机、直升机及其他航空器运送人员、货物、邮件的一种运输方式，具有快速、机动的特点，是现代旅客运输，尤其是远程旅客运输的重要方式。在国际贸易中，航空运输是贵重物品、鲜活货物和精密仪器的首要运输方式。

（4）海上运输。海上运输是指在海上使用船舶为运输工具所进行的运输，是由船舶、港口、航线组成的完整的运输体系。海上运输和其他运输方式相比，具有运输量大、通过能力强、运费低廉、对货物适应性强、运输速度较慢及风险较大的特点。

（5）管道运输。管道运输是一种涉及固体、液体或气体产品通过管道长距离运输的运输方式。这种运输方式主要用于运输原油和精炼后的石油产品，如石油和天然气，也可用于输送其他流体，如水、泥浆、污水和啤酒。

4. 储存

储存和运输被人们称为物流要素中的两大重要支柱。在整个物流过程中，物资不能立即进入生产或消费活动时，都需要先存放到指定位置。储存指的是"保护、管理、储藏物品"。储存的重要性在于其能够创造时间价值，足够及时的货物储存能够加速生产，满足生产需求。通过储存商品能够解决商品供应需求矛盾，在消费者需要商品时能供应商品。合理储存货物是物流系统的关键，能提高生产效率，也是影响消费者满意度的重要因素。

5. 流通加工

流通加工是"根据顾客的需要，在流通过程中对产品实施的简单加工作业活动（如包装、分割、计量、分拣、刷标志、拴标签、组装等）的总称"（GB/T 18354—2006）。流通加工被视为一种增值活动，完善商品的使用功能，从而提高商品的附加值，更好地满足客户多样化的需求。增加产品的附加值对客户和物流运营商都有好处，如果这种耗时的处理在交付阶段完成，客户会对服务及产品感到满意，同时物流运营商可以区分自己并提供附加值。近年来，为了提高配送的附加值，对在运输过程中执行各种工作的配送处理的需求一直在增加。由于成本的原因，一般都在物流中心完成流通加工。

6. 配送

配送是指"在经济合理区域范围内，根据客户要求，对物品进行拣选、加工、包装、分割、组配等作业，并按时送达指定地点的物流活动"（GB/T 18354—2006）。配送包括诸如消费品或商业包装、订单履行和订单运输等活动和过程。配送涉及将货物及时送到买方手中的工作，并将浪费降到最低。因此，它对利润有直接影响，配送管理显得格外重要。因为产品必须按照客户提供的订单信息中的详细信息正确、及时地发货，这也决定了配送的效率很大程度上依赖其他物流活动的配合。当装卸和搬运出现延迟、并且未能将这部分延迟的物流信息及时更新到物流系统上，那么配送将大大延迟并影响后面其他产品的发货安排，客户对物流配送服务不满意影响品牌声誉及口碑。

7. 物流信息

物流信息是确保物流活动有效进行的关键要素，贯穿整个物流系统。一般来说，物流信息指的是"反映各种活动内容的知识、资料、图像、文件的总称"。其中包括运输状态信息、库存信息、装卸进度、包装形态等信息。信息传递是物流活动高效运作的前提，信息的及时更新和反馈能更好提升各物流环节的工作效率，能及时发现有延迟的物流活动并制定相应的解决措施。在管理物流信息的过程中，销售管理系统通常甚至用于物流。但是，销售管理系统的目的是管理商业分销，并不是管理货物流动的系统。因此，即使可以执行基本管理，如收货、库存和发货，但像位置管理、日期管理和工作管理等销售管理系统是无法实现的。为了保证物流信息流通和专业化活动管理的便利性，建立了物流信息系统（logistics information system，

LIS）用于管理多样化的物流信息。

4.1.2 现代物流和传统物流的联系与区别

随着物流理论与技术的快速发展，物流活动逐渐集成化、一体化和数据化，传统物流的概念显然是无法准确定义物流。美国物流管理协会（The Council of Logistics Management，CLM）提出一个新的物流概念，现代物流（logistics），也是当前使用最广泛的物流定义。现代物流是规划和执行货物从原产地到消费地的有效运输和储存的过程，其目标是以一种及时的、具有成本效益的方式来满足客户的要求。

1. 现代物流的特征

（1）系统化。现代物流更注重系统化管理物流活动，从系统的角度统筹各物流活动，提升整个物流链的效率，更注重联系物流活动之间的关系，而不是停留在个体活动层面。

（2）专业化。现代物流的专业化体现在整个物流过程中，各项的物流活动都有独立部门负责，由专业人员进行管理业务活动，提高物流链的运作效率，能够有效降低企业物流成本，降低积压库存的概率，提高产品和原料在物流链流动的速度。

（3）现代化。大力度利用科技是现代物流的另一大特点，通过计算机技术、通信技术、语音识别技术、卫星通信、机电一体化技术等融合到物流过程中，实现物流智能化及自动化，降低成本的同时也降低人工录入数据的错误的可能性。

（4）市场化。现代物流对市场有高度依赖性，物流企业必须提升自己的服务质量以获得更多的客源，在致力于提高运营效率降低成本的同时，物流企业也需要时刻关注同行们的动态，争先成为行业的领头羊。

（5）信息化。科技的进步及市场需求不断扩大，物流活动信息化是必然的结果。物流信息化不仅表现在物流信息处理的电子化、物流信息传递的标准化和实时化，还体现在物流信息收集的代码化和智能化、物流信息存贮的数字化和物流业务数据的共享化等。互联网时代，电子商务的快速成长，要及时收集客户信息并对更新的物流活动做出反馈，从客户下单到客户收货的过程中，信息化不仅能从内部提高产品流动速度更能加强与物流企业外部信息流通，形成高效运作的整体。

2. 现代物流与传统物流的区别

现代物流与传统物流有很大的区别，如表4-1所示。

表4-1 现代物流与传统物流的对比

比较维度	传统物流	现代物流
物流功能	主要实现运输与仓储的功能	能够实现多样的物流功能如包装、流通加工、配送、物流信息的传递等
信息流动	信息流在物流完成后才发生，信息不能外传无法实现信息共享	商流、物流、信息流与资金流的统一

续上表

比较维度	传统物流	现代物流
服务意识	淡薄的服务意识,被动服务的模式,仅为了实现简单的产品"位移"活动	市场化的特征决定了现代物流以服务客户为价值中心,提供多样化的增值服务满足客户不同的需求
成本管理	传统物流中未形成系统整体的意识,分别管理运输成本及仓储成本,而不是以整体的总成本为目标	以管理控制整个物流过程的总成本为目标,而不是只关注个体活动的成本
管理模式	以人工控制为主,因此较为容易出现操作上的人工错误。在物流活动的管理上,推崇单一活动管理的模式,忽略物流活动之间的联系	现代物流更注重整体性和系统化,强调物流活动部门间的沟通,加强彼此间的联系,以最少的费用、最高的效率、客户最满意的程度把产品送到用户手里

部分行业专家认为,物流发展历史不是很长,不需要对传统物流与现代物流做如此明确的区分,但是基于快速的数据的增长,传统物流显然是在互联网、大数据时代下显得格外脱节,因此了解传统物流与现代物流的区别还是尤为重要的。

尽管现代物流是经济全球化的产物,也加速了经济全球化,但随着全球贸易业务的发展,我国现代物流的发展也出现了许多问题。比如,缺乏对物流配送方案科学合理的规划和分析,物流运作管理的协同程度较低,物流中心选址缺乏科学依据,仓储技术不成熟,决策缺乏数据分析等。解决以上这些问题的关键方法是加入大数据技术在现代物流中的应用。

随着大数据的技术在现代物流的应用,我们不难发现智慧物流是现代物流发展的一种主流趋势,在智慧物流背景下,现代物流产业有着高智能化和科学技术支撑的特点,还能够提供智慧化服务。

4.2 大数据在物流运输中的应用现状

在讨论大数据在物流运输的应用现状前,先了解宏观环境对大数据在物流运输中的应用的支持并清楚其必要性。

4.2.1 大数据在物流运输中应用的必要性

1. 市场需求的剧增

互联网时代,电商的崛起对物流有着急切的需求。当今的物流行业不能再忽视数据给企业所带来的价值,企业必须紧跟趋势提高数据的利用度并从数据中找到潜在的商业价值从而提升自身的竞争力。据相关资料统计,2019年天猫"双11"全网的交易额高达2684亿元，物流总订单量约为12.92亿元，而2020年更是创下历史新高，达到4982亿元，共有23.21亿元的物流订单。急速攀升的交易额一方面是来自淘宝直播卖货的帮助，另一方面是受新冠病毒感染影响人民对网购的意向更大，推动电商的渗透率。2020年"双11"一天的订单量（23.21亿元）等同于2010全国的包裹总量、等同于日本3个月的包裹总数。我国快递业务量更是多年稳居全球首位。除了淘宝，还有京东、拼多多、小米、唯品会、苏宁易购等著名电商平台持有大量的物流订单，再加上当前流行的直播带货模式，如抖音直播2020全平台的商品成交额高达5000亿元。面对剧增的市场需求，大数据与物流的结合是必然的选择。

2. 国家政策

尽管中国物流行业发展较晚，但是近些年的电商行业带动物流快速发展。相较于西方国家，我国的物流结构稍显不合理，因此国家对我国物流行业更是提出新的要求，表4-2所示是过去几年颁布若干与物流发展相关的政策。多数的政策目标都是致力于提高物流效率，降低成本，融入大数据技术、人机智能交互等现代计算机技术加速智慧物流的发展及加强电子商务与物流协同发展。

表4-2 支持物流发展的国家政策

时间	相关政策	主要内容
2020年5月	《关于进一步降低物流成本的实施意见》	注重深化关键环节改革，降低物流制度成本，加强信息开放共享，降低物流信息成本，推动物流设施高效衔接，降低物流联运成本等
2019年3月	《政府工作报告》	提出促进外贸稳中提质，推动出口市场多元化。进一步改革完善跨境电商等新业态扶持政策推动服务贸易创新发展，引导加工贸易转型升级、向中西部转移，发挥好综合保税区的作用。优化进口结构，积极扩大进口，加快提升通关便利化水平
2018年12月	《国家物流枢纽布局和建设规划》	合理布局国家物流枢纽，优化基础设施供给结构。整合优化物流枢纽资源，提高物流组合效率，培育协同高效的运营主体。构建国家物流枢纽网络体系，提升物流运行质量。推动国家物流枢纽全面创新，培育物流发展动能，鼓励推动有能力的国家物流枢纽建设智能化仓储等物流设施，加强新技术、新装备创新应用。加强国家物流枢纽与物流上下游企业的无缝对接，满足高效响应物流市场新需求。建立智能化公共枢纽建设工程，建设一批运行高效和开放共享的公共枢纽
2018年5月	《关于促进航空物流业发展的指导意见》	鼓励通过创新航空物流产品体系、传统与新业态融合发展，着力提高物流信息化、物流标准化，满足人们对现代物流的需求

续上表

时间	相关政策	主要内容
2018年4月	《关于开展供应链创新与应用试点的通知》	构建一批整合能力强、协同效率高的供应链平台，进一步推进培育一批行业带动能力强的领先企业。试点城市推动完善重点产业供应链体系，推进完善消费配送一体式的社区商业，实现生活便利化及智能化的目标。试点企业提供供应链管理和协同水平，加强供应链技术和模式的创新，积极倡导供应链全程绿色化等
2018年1月	《关于推进电子商务与快递物流协同发展的意见》	为推进电子商务与快递物流协同发展，主要建议如下：实现制度创新，改善协同发展的政策法规环境；完善电商物流的基础设施；规范运营，实行电商配送管理制度；注重活动服务创新，提升服务能力；利用大数据、云计算等技术强化标准化智能化，提高协同运作效率；发展绿色生态链，电商与物流企业共同合作实现绿色生态链
2017年10月	《关于积极推进供应链创新与应用的指导意见》	促进制造供应链可视化和智能化，使用感知技术，促进全供应链信息共享，实现供应链可视化。加快智能工厂、人机智能交互、智慧物流等技术和设备的应用，提高供应链的运行效率及响应速度
2017年8月	《关于进一步推进物流降本增效促进实体经济发展的意见》	加快推进物流仓储信息化、标准化、智能化，提高运行效率。大力发展"互联网+"高效物流的新业态、新模式。鼓励发展第三方物流，促进产业协同发展
2017年7月	《新一代人工智能发展规划》	构建开放协同的人工智能科技创新体系，培育高端高效的智能经济。加快推进产业智能化升级，智能物流，加强智能化装卸搬运、分拣包装、加工配送等智能物流装备研发和推广应用，建设深度感知智能仓储系统，提升仓储运营管理水平和效率。完善智能物流公共信息平台和指挥系统、产品质量认证及追溯系统、智能配货调度体系等
2017年4月	《关于推动物流服务质量提升工作的指导意见》	政策文件共提出9项任务以实现强化"中国物流"优质服务形象，并为推进实施"服务标杆"引领计划，选出具有创新能力、高技术水平、优质服务、领先商业模式、核心竞争力的企业作为物流行业的领头羊，带动中小物流企业提高服务质量水平，打造中国物流知名品牌

续上表

时间	相关政策	主要内容
2017年2月	《商贸物流发展"十三五"规划》	加强商贸物流标准化建设，重点完善基础类、服务类商贸物流标准，加快形成覆盖仓储、运输、装卸、搬运、包装、分拣、配送等环节的商贸物流标准体系。加强商贸物流信息化，深入实施"互联网+"高效物流行动。使用现代计算机技术，促进从上游供应商到下游销售商的全流程信息共享，提高供应链精益化管理水平。推动商贸物流专业化发展，大力发展电子商务物流。推动商贸物流国际化发展等
2016年7月	《"互联网+"高效物流实施意见》	实现构建物流信息互联共享体系，通过引导物流活动数据化、加强物流信息标准化、推动物流数据开放化、促进物流信息平台协同化。提高仓储配送智能化水平，鼓励物流机器人技术开发，促进机器人在物流领域应用，重点突破机器人影像识别拣选、高密度存储机械臂拣选、语音拣选等技术，开展仓内机器人多模式应用

数据来源：根据公开政策文件整理所得

3. 技术环境

当前，我国物流总体技术水平稍落后于西方著名的物流企业的水平，特别是对于中小型的物流企业由于资金的不足无法投资更多的硬件技术，导致物流信息化效率较低。人工智能、大数据、云计算、5G、机器人、无人驾驶、物联网、区块链等热门技术给我国物流行业带来新的机会。大数据与云计算可以有效做出用户画像，通过分析用户偏好，进行销量预测，提供个性化服务。除此之外，大数据还可以为物流配送提供更多的配送路线，提高配送效率。随着国家颁布更多的物流政策以及市场的大量需求，国家也投入大量的资金推动物流行业的发展，助力物流与新时代科技相融合，加速物流智能化的进程。

4.2.2 智慧物流应用

大数据技术在物流中的应用向着智慧化方向发展，大数据技术推动现代物流向智慧物流发展，因此谈及大数据技术在现代物流行业的应用时，必定介绍智慧物流。比如，精准市场预测、配送路线优化、仓储位置优化等都是大数据在现代物流中的应用，也是智慧物流的特点。菜鸟物流数据平台、顺丰数据灯塔、京东物流云解决方法等，这些都是智慧物流中常见的案例。本章将使用智慧物流作为大数据技术在现代物流应用的典型代表并进行详尽介绍。

智慧物流是大数据时代下的物流产物。物流在整个商业活动中有着重要的作用，从生产到消费的过程不仅影响产品的生产效率，更会严重影响客户的服务质量。智慧物流不仅融合了大数据技术，还有物联网、云计算等新兴技术。智慧物流的概念由 IBM 在 2010 年首次提出，在过去的十多年里，智慧物流在全球都得到了快速的发展，共同提升物流系统智能化及自动化水平。

1. 智慧物流的概念提出

早在 2008 年，IBM 即首次提出"智慧地球"（smart earth）的概念，智慧物流也正起源于此。到目前为止，智能物流还没有一个权威的定义，但都集中强调科技、信息化在物流中的重要性，实现低成本高效率的物流生态环境，提高人们生活的智能化和便利化水平。智慧物流是在物联网的广泛应用基础上，利用先进的信息采集、信息处理、信息流通和信息管理技术，完成包括运输、仓储、配送、包装、装卸等多项基本活动的货物从供应者向需求者移动的整个过程，同时实现系统传感、综合分析、实时处理、自动调整、优化决策，从而提高物流服务水平，降低物流成本和资源消耗。智慧物流系统为供方提供最大化利润，为需方提供最佳服务，同时消耗最少的自然资源和社会资源，最大限度地保护生态环境。

2. 智慧物流的技术支撑

当前，中国电子商务产业成为消费增长的重要来源之一，庞大的需求量逐渐推动物流领域逐步走向智慧化。由于我国物流行业起步较晚，我国物流发展水平尚不能完全满足电子商务发展的需求。各大电商的快速发展，随着电商文化持续升温，各式各样的购物节让快递物流公司频频出现"爆仓"现象。最不理想的情况是出现货物丢失、商品损毁、送货不到位等问题，这将严重影响电商平台及物流公司的声誉。因此，大数据时代下，充分利用数据改善物流服务，提高智能化水平是必然趋势。

大数据与云计算技术—数据分析技术。数据挖掘包括有效的数据收集和仓储以及计算机处理。数据挖掘主要用于物流过程中的数据预测，比如需求预测、设备维护预测、风险预测等。大数据可以加速识别客户的需求和变化，结合历史数据预测市场的变化，从而调整企业的运输计划。在需求预测时，从庞大的数据中提取与客户相关的所有数据，如历史购买数据、产品详情、购买金额等，预测产品未来需求量，做好生产及仓储准备，为企业的决策者提供决策依据。通过实时监控设备的运行状态，利用数据挖掘精准定位发生故障的部位及预测发生的时间，排查故障隐患，系统对故障点进行分析并提供参考的维修建议。设备维护预测替代日常维护检测能节约时间及人工成本，大大提高维修效率。大数据中的可视化技术借助图形化的手段，高效清晰地传达数据信息，降低数据的复杂性提高数据的利用性与可读性，更直接地发现数据中的隐含规律。其他大数据分析技术也同等重要，数据分析依赖这些统计分析与时间序列分析，常见的统计分析有因子分析与回归分析。总的来说，大数据分析技术结合统计、分析、归纳和推理，揭示事件间的相互关系，预测未来的发展趋势，为企业的决策者提供决策依据。

物联网技术—识别与定位系统。物联网是指设备（除了计算机和智能手机等电信设备）与互联网的连接。任何可以从远程位置监测或控制的独立互联网连接设备都可以被视为物联网设备。汽车、常见家用物品甚至心脏检测器等医疗设备都可以通过物联网连接。通过物联网的技术实现智慧物流全程可控、可视、可追溯，其中主要技术有：①射频识别技术（RFID），通过无线电波采集，实现商品运输过程的信息追踪、查询、识别等功能；②全球定位系统，使用 GPS、传感技术和 RFID 实现运输车辆的定位、运输物品监控和配送管理。

信息和通信技术（information and communication technologies，ICTs）。信息和通信技术是指所有的通信技术设备，包括互联网、无线网络、手机、计算机、软件、视频会议、社交网络和其他媒体应用和服务，使用户能够以数字形式访问、检索、存储、传输和操作信息。信息和通信技术是信息技术与通信技术的总称，随着科技的发展，两者融合形成新的概念。信息技术主要指的是信息的编码或解码技术，而通信技术指的是信息从一地点传输到另一地点的技术。物流信息数据的传送离不开信息与通信技术的支持。我国 5G 通信技术出现更是加速物流智能化的进程，5G 高速率、大容量、低时延的特点比 4G 更能满足当前物联网、人工智能的需要。

人工智能（artificial intelligence，AI）。人工智能是通过机器，特别是计算机系统来模拟人类的智能过程。人工智能的具体应用包括专家系统、自然语言处理、语音识别和机器视觉。人工智能利用计算机和机器来模仿人类思维的问题解决和决策能力。人工智能借鉴仿生学思想，用数学语言抽象描述知识，用以模仿生物体系和人类的智能机制，目前主要的方法有神经网络、进化计算和粒度计算三种。人工智能使用实时数据并通过其特定的算法辅助决策。与过去机器不同的是，人工智能使用传感器、数字数据或远程输入，结合来自各种不同来源的信息，即时分析材料，并根据从这些数据得出的见解采取行动。随着存储系统、处理速度和分析技术的大规模改进，人工智能能够大幅度推动物流环节，实现智慧赋能。

智慧物流的实现并不是单一技术的结果，而是多种技术融合发展的结果。从发展时间的角度来看，物联网技术与信息和通信技术是最早出现的技术，大数据技术的开发与应用和人工智能也需要它们的支持。物联网技术的发展需要人工智能的加入，人工智能的算法依赖于云计算与大数据技术，因此智慧物流是所有技术彼此相互作用的产物。

3. 中国智慧物流发展状况

在市场需求与政策、技术的支持下，我国智慧物流发展迅猛。智慧物流的概念已经被我国运输、仓储及生产、销售企业所广泛认识，稳步发展，逐渐进入行业迅速整合的阶段。近年来，电商企业和快递企业协同合作，在智能仓储、智能配送、配送机器人、智能快递柜等细分领域积极布局，在未来激烈的竞争中抢占智慧物流领域的份额。根据相关数据，中国智慧物流行业规模在 2020 年达到 5962 亿元，随着物联网、大数据与云计算、人工智能等技术的发展，我国智慧物流市场规模会持续扩大。根据《中国智能物流企业百强榜暨中国智能物流业发展与趋势》，2020 年我国智慧物流企业排名如表 4-3 所示，两大电商平台下的物流集团均有上榜。

表 4-3 智能物流企业百强前 10 名企业

排名	企业名称	排名	企业名称
1	中国远洋海运集团有限公司	2	中国国际航空股份有限公司
3	中国国家铁路集团有限公司	4	招商局集团
5	中国邮政速递物流股份有限公司	6	中国东方航空集团有限公司
7	顺丰速运（集团）有限公司	8	京东物流集团
9	杭州菜鸟物流信息科技有限公司	10	圆通速递有限公司

我国智慧物流产业的发展仍存在不少的困难：

（1）智能化发展水平较低，主要体现在资源配置不均衡，龙头企业没能起到带头作用，提高中小物流企业智能化水平。其次，人才和资金短缺，进一步抑制中小规模企业引进智能化技术。

（2）不健全的物流信息标准体系。数据化是智慧物流的一个重要特征，当前，我国有大量的物流企业之间未能实现信息传递共享，不同信息系统阻碍了信息化的发展，最终商品从生产、流通到消费等各个环节难以形成完整的供应链，直接影响了物流行业管理与电子商务发展。

（3）缺乏合理的法律法规制度。相关部门对智慧物流管理职责尚不清晰，有关政府部门需要加强对智慧物流发展的监管工作，根据实际情况，针对性地颁布政策制度，合理统筹资源，确保智慧物流工作稳步进行。

4.2.3 大数据在物流运输中的应用场景

1. 智能仓储

传统的快递分拣和存储是人工进行的，速度和效率都不高。智能仓储系统使企业能够管理和优化仓库、存储和内部物流业务。智能仓库控制系统允许自动化存储和运输设备作为一个综合系统进行整体管理，在各行业都得到广泛应用，行业细分包括零售、医疗、制造、运输和其他，这些行业正在使用全新的方法管理库存。智能仓储属于高度集成化的综合系统，一般包含立体货架、有轨巷道堆垛机、出入库输送系统、信息识别系统、自动控制系统、计算机监控系统、计算机管理系统以及其他辅助设备组成的智能化系统等。物流仓储的活动一般包括商品的入库、存取、拣选、分拣、包装、出库等活动。通过互联网技术、自动分拣技术、光导技术、射频识别（RFID）、声控技术、AGV 机器人等先进技术对仓储进行有效的计划执行和控制。当前自动化分拣与机器人技术广泛应用于智能仓储仓内搬运、上架、分拣等操作中。大数据技术与智能仓储的融合，有效提高仓储的效率，具体体现在以下几个方面：

（1）库存预测，按需仓储。通过大数据分析技术对数据库中的商品订单数据及历史数据，系统自动选择合适的模型对未来产品需求进行有效预测，判断当前的商品库存是否足够，若存在库存不足的情况，将自动发送"低库存，请及时补货"的警告。这对从事国际贸易的企业尤为重要。仓储讲求合理安全库存范围，过多的库存会增加成本，过少的库存缺乏弹性无法应对订单突然暴增的情况，因此利用大数据分析能保证库存在合理范围内浮动，降低库存成本，提高资金利用率。

(2) 降低产品损失。得益于物联网的技术，物流信息实现系统连接。在仓库中存储着多样的产品，不同的产品受温度的影响程度也不同，通过数据分析技术和数据可视化技术，对仓库进行实时温度检测并在温度过高或过低时发出警报。

(3) 优化库存商品结构，提高仓库利用率。仓库中会同时存在不同规格、不同品种的多种商品组合，每种商品都有不同的需求量与需求频率，因此通过历史出货数据，库存量及产品的重要性，安排在仓库的存储位置，如需求量大的存放在靠近仓库出口区域，加快商品出库速度。利用大数据分析产品品类，系统自动识别商品在仓库中的类别，如促销品或是引流商品。对于从事国际贸易的企业，如跨境电商及外贸行业来说，仓储及发货速度一直是难题，使用智能仓储能有效提高其仓储效率。

2. 智能运输

中国进出口贸易表现强劲，中国在全球供应链中的重要地位日益凸显，畅通的国际物流能更好地促进贸易发展。物流中的运输指的是货物远距离、大批量、长时间的运输，其与物流配送不同。智能运输应用到车辆识别技术、定位技术、信息技术、移动通信技术等现代技术，实现货运供需信息实时共享，降低货物运输成本、缩短运输时间。耗时无疑是国际物流运输的一大特点，因此智能运输最大的作用是通过大数据与人工智能的集合，从大量的数据找到最佳的运输方案，包括运输方式、运输工具及运输路线的，最大程度提高运输效率。

(1) 车货匹配，提高运输效率。出货量和运载能力的协调在物流运输中十分重要，因此利用大数据对现有的运输工具装载量及运货量进行数据分析，并结合实际情况，得出最佳的车货匹配方案。货运供需信息的实时共享及利用大数据实现的车货精准匹配，能够有效降低空驶率，提高物流运送速度，提升运行效率。

(2) 实现可跟踪性，提高信息透明化。当前，客户对物流信息透明化的要求越来越高，内部数据极其复杂及多样化不适宜直接公开让客户进行查看。通过大数据可视化技术，简化复杂的数据，用更直观的方式展现物流运输信息，提高运输过程的透明性，给客户带来安全感，在国际贸易中显得更为重要。远距离的运输对信息透明化的要求更高。

(3) 优化运输路线。通过大数据技术结合实时路况地图数据，计算出最优的运输路线，减少运输时间，提高运输效率。

3. 智能配送

区分于物流运输，配送指的是将产品运送到客户手上的过程，因此企业在配送阶段更加注重服务质量。如今电子商务行业加速发展，对物流配送服务的要求也逐渐变高。每到各大电商平台折扣期间，物流服务无法满足订单需求，常常收到客户的抱怨及投诉。为保证客户留存率，电商企业尤其注重一切可以提升客户体验的措施。物流行业也在顺应时代的要求，利用当下的新兴计算机技术逐渐提高客户的体验感，提升从配送中心到消费者这一阶段的效率。智能配送综合了全球定位系统（GPS）、配送路线优化模型等技术，进一步实现订单信息电子化，提高配送智能化水平，实时共享配送信息协同仓库部门一起完成配送任务。当前，借助大数据技术、云计算、人工智能、物联网等技术，并整合配送人员、服务网络和智能终端，采用集中配送、实现资源分布式布局与共享式利用，解决配送低效的问题，即"最后一公里"的问题。主要的产物如下：

（1）配送机器人：用新技术为电商物流注入新的生命力。配送机器人的到来，能在一定程度上降低人力成本。目前在配送机器人领域颇有经验的企业有京东、阿里菜鸟及智行者等。京东在新冠病毒感染期间向武汉市提供了第一批智能配送机器人，苏宁在小区内安置有消毒过的机器人，快递员抵达小区后交由机器人完成最后的配送任务，并且机器人的定位精度在 50mm 以内，精准实现"无接触配送"。

（2）自动驾驶无人车配送：京东早期研发自动驾驶无人车配送，依靠大数据技术及人工智能，系统能够自主完成决策，避开障碍，无人车配送能实现较长的工作时间并有效提高配送效率。无人机是另外的发展方向，配送方式与无人车相似，但由于目前设备的储电能力不足，只能用于短距离配送。新冠病毒感染期间，京东物流为保障偏远地区快递的及时配送，在江苏、河北等农村地区开展了无人机配送服务，实现了"免接触式"的物流服务，提升配送效率。

（3）智能快递柜：这是近几年发展较快的应用，逐渐形成竞争较为激烈的市场。目前，智能快递柜的品牌有日日顺物流、丰巢、递易、格格货栈、米存科技、灰度科技等。智能快递柜利用物联网、无线通信、智能识别等技术实现信息管理、智能取件、信息发布和远程监控。许多城市的小区、办公楼、学校等均安装了智能快递柜，有效解决客户因无法及时取件造成的包裹丢失问题。智能快递柜提供弹性取件提高客户的体验感，同时，也节省快递员的配送时间，提高整体配送效率。

4. 智能客户服务

客户服务虽然没有出现在主要的物流活动中，但是客户的满意离不开高质量的客户服务。智能客户服务旨在利用大数据分析的技术如数据挖掘，更好地了解客户并提供定制化解决方案。从事国际贸易的企业都面临同一个问题，时差导致无法在第一时间回复客户的咨询，因此智能客服的出现能一定程度上减少客服人员的工作量的同时，还能实现全天及时回复客户。大数据技术在客户服务的主要应用如下：

（1）制作用户画像，提供定制化服务：通过大数据技术深度挖掘客户的购买力、购买习惯、服务偏好等制作出用户画像，结合历史消费行为，预测客户未来消费的可能性，并制定相应的推广计划及定制化方案。当前，苏宁、京东等 2C 企业使用大数据分析技术对客户产生的消费行为数据和用户与企业交互过程产生的非消费行为数据进行分析，筛选出潜在客户，进行推广。

（2）智能客服机器人：随着科技的发展，消费者需要更快速、更及时、更精准的服务，智能客服机器人的出现就是为了解决这一难题。智能客服机器人主要是依靠大数据技术对过去用户搜索过的问题进行归纳分析，处理整理出常见问题之外，还根据整个物流过程的活动设置未被搜索过但和前面的问题相关的内容。通过聊天窗口实现答疑能提升用户的体验感，并能准确定位想咨询的内容，利用效率远大于设置常见问题的网页。同时，如果智能客服机器人无法回答客户的问题，客户可以随时接入人工服务，针对性解答疑惑。客服机器人可以 24 小时在线实时回复用户提问，不仅帮助企业降低人力成本，还大幅提升工作效率。

4.2.4　大数据在跨境电商物流中的应用模式

跨境电商已成为企业开展国际贸易、创新外贸发展的重要方式，跨境物流的发展也因此备受关注。跨境物流更注重物流系统高效率、高质量、低成本的运作，这是跨境电商发展的保证。跨境电商物流的特点是采用现代的物流技术、利用国际化的物流网络，选择最佳的运输方式和路径，用最低的费用和最小的风险，对商品进行物理性转移的一项国际商品或交流活动，最终完成商品交易。当前，国际贸易呈现小批量、多频次、快速发货的新形式，跨境电商物流的时效性和服务水平直接决定跨境电商企业的效益。因此，跨境电商物流常作为各大跨境电商卖家的竞争项目，力求提高跨境电商物流的效率，并实现成本最小化。

当前，主要的跨境电商物流的主要模式有：

（1）邮政包裹模式。目前，邮政网络已实现全球覆盖，比任何物流渠道的覆盖面都要广。根据不完全统计，中国出口的跨境电商中有 70% 都是通过邮政系统进行投递，其中超过 50% 是中国邮政的业务。邮政包裹模式的缺点很明显，邮递速度较慢，而且丢失率较高。

（2）商业快递模式。商业快递模式包括国际快递模式和国内快递模式。国际快递模式就是大家熟知的 FedEx、UPS、DHL 等大型国际物流企业。它们通过自建的全局网络和技术，实现高效运输。而国内具有完善跨境业务的是顺丰和 EMS。

（3）海外仓模式。海外仓模式的特点是卖家在销售目的地进行商品仓储、分拣、包装和派送等活动。海外仓也是当前跨境电商企业最喜欢的物流方式，其能够实现从海外直接发货给客户，降低跨境运输成本，也提高运送效率。

（4）专线物流模式。专线物流模式通常是采用航空包仓方式将货物运输到国外，再通过合作公司进行目的国的派送。其优势在于，能够集中大批量地将货物运输到目的地，价格较为便宜，速度比普通邮政要快。

随着电子商务的发展，物流的功能也被重新定义：物流不再只是用来建立生产和销售之间联系的工具，而是用来直接接触消费者的工具。跨境电商物流的总体模式和现代物流模式是相似，利用大数据分析技术研究消费者的购买行为，提升配送效率等。其中差异化较大的地方在于大数据技术的融入，改变并优化了跨境电商的配送模式，包括国际物流、海外仓模式、物流联盟模式、邮政小包、第三方物流配送等都是当下常见的跨境电商的配送模式。跨境电商物流中，时效性对客户满意度的影响非常大，等待时间过长直接降低客户对物流及电商平台的满意度。因此，缩短跨境电商配送环节所用的时间是最关键的一步。海外仓储指的是在除本国地区之外的其他国家建立仓库，这种模式相较于其他几种配送模式，所需要的时间要少很多，但是需要企业投入较多的资金。海外仓与大数据分析的融合，让不在当地市场的企业能持续了解客户，加速企业的业务发展，通过数据分析实现精准营销，提高其企业竞争力。

4.3 大数据在物流运输中的使用案例

4.3.1 顺丰——大数据产品

顺丰是我国一家著名的速递服务企业，成立于1993年，是领先的物流企业之一，更注重投资研发与物流紧密相关、应用前景较大的新兴技术上，在运输网络布局上顺丰显然是比电商平台型的物流企业如京东更为专业。顺丰打造"天网+地网+信息网"三合一的网络资源，满足日后快速增长的需求。顺丰注重在物流基础设施进行大量投入，其坚信这是高效运输的基础。顺丰还是行业的科技引领者，是我国申请专利数最多的快递企业，其专利涵盖智能分拣、大数据运用，智能物流网络建设、自动驾驶、无人机等物流运输核心领域。为顺应大数据时代及互联网时代的新要求，顺丰在2020年自主研发发布大数据平台、数据灯塔和丰溯三个大数据产品。

1. 大数据平台

顺丰大数据平台是一站式平台，能够实现大数据处理的全流程，包括数据采集、存储、计算、搜索、管理、治理等，帮助企业实现智能数据构建与管理，成功帮助企业消除孤岛问题，联通企业各部门的数据，提高运作和管理效率。顺丰大数据平台具有低代码、大容量、高性能、全链路、安全等特性。低代码的特性有效降低对操作人员的要求，降低使用门槛，解决大数据人才紧缺等问题。大容量及高性能充分满足大数据体量庞大、变化速度快等特征要求，提供离线、实时等不同时效性计算服务。一站式平台能够提供所有大数据处理流程服务，并结合数据共享实现全链路的物流信息处理。

2. 数据灯塔

数据灯塔是智能物流运营分析产品。通过大数据计算与分析技术并融合内外部数据，帮助企业进行物流和仓储分析、决策、优化。使用数据灯塔产品能够随时实现快递状态监控、分析历史快递、快递指标预警、自主快递报表等。灯塔仓库帮助企业实现高效仓库管理，如库存健康检查，库存透视及进销存。企业高效准确的决策需要数据可视化展示，利用丰暴大屏能够实现业务监控、实时业绩展示、地理信息分析等多种业务场景的数据可视化需求进而实现过程监控、时效监控等。数据灯塔为客户提供大量的数据和自动化处理分析的数据以满足决策需求，提升决策效率。此外，该产品曾获邮政行业科学技术奖一等奖。

3. 丰溯

大数据时代下，数据信息透明度的要求越来越高，提高数据信息的透明度不仅能够加快商品的运输流通速度，更能提高消费者对产品的信心。目前，顺丰丰溯产品通过结合区块链技术，联合顺丰速运、第三方质检机构、政府部门共同建设区块链溯源联盟链。当前，丰溯广泛应用于医药、食品、跨境商品等行业中，通过分析行业痛点，结合技术和产品特色为客户解决溯源问题。以跨境商品为例，丰溯的主要功能是辅助商家搭建满足海关监管要求的从海外生产基地到最终消费者的完整溯源服务体系。当前进口商品原产地有效性不足以及过长的海淘时间，严重阻碍跨境商品的溯源。针对这样的困境，丰溯从源头开始到最终产品销售全程和海关系统进行对接，保证溯源数据的完整性、实现一物一码溯源、利用区块链技术保障数据真实性，实地验证海外原厂保障产品质量。

4.3.2 京东集团——电商平台与物流相结合

京东是我国著名的电商企业，京东旗下的京东物流与传统物流企业如顺丰相比，其成长速度和智能化程度在行业里不容小视。京东物流充分利用大数据技术，挖掘用户价值，为国际贸易提供更好的物流服务。京慧是京东的物流大数据的著名产品，利用多维分析和大数据挖掘技术对业务数据进行分析挖掘，帮助与京东合作商家、厂商、行业合作伙伴等群体监控物流周转情况、对物流的全过程进行管理、对物流活动进行预测及预警，实现降本增效，达到精准物流管理的效果。

京东物流和顺丰是不同类型的物流企业，京东物流属于电商平台型物流企业，主要依靠的是自身的互联网技术优势，结合大数据技术提升物流的整体操作效率。这也决定了两者不同的发展方向，对于电商型物流公司来说及时反馈客户需求是首要工作，因此京东物流会致力于提升仓配管理能力。根据 2020 年统计数据，京东物流拥有自营仓库超过 900 个，云仓超过 1400 个，京东物流成为我国拥有最强的仓配服务能力的物流企业。

1. 智慧物流-青龙系统

青龙系统用于实现京东配送智能化和自动化，是京东智慧物流的重要产物之一。青龙系统以大数据技术作为基础，利用软件系统把人和设备更好地结合起来，发挥各自优势，获得最佳效益。青龙系统中的预分拣子系统是实现快速配送的关键。预分拣子系统被称为京东物流的"主心骨"，"龙骨"便是青龙系统其余的核心子系统，包括基础服务系统、运营支持系统、大运输系统、终端服务系统和外部拓展系统。

预分拣是连接订单和配送站点的中介。预分拣系统融合了深度神经网络、机器学习、搜索引擎技术、信息抽取与知识挖掘等技术,并利用大数据技术对获得的数据进行分析挖掘,让订单能够稳定地接入预分拣接口,提高分拣效率,有效降低分拣成本。预分拣用的算法包括地址库、关键字库、特殊配置库和地理信息系统(geographic information system,GIS)地图。地址库通过识别到有相同定制的订单时,系统会自动匹配上次的站点。关键字库通过识别个别指定的关键词时,系统自动匹配对应的站点。特殊配置库通过操作人员人工设置特殊配置如站点类型,再选定站点位置。GIS地图则用于确定订单对应的站点。

2. 智慧物流–玄武系统

玄武系统与青龙系统一并称为京东物流的两大"护法神器"。玄武系统辅助青龙系统的运行。青龙系统是京东物流的配送系统,而玄武系统则是仓库管理系统,应用在仓库内部,仓储活动主要包括验收、上架、拣货、复核、打包、内配、盘点、移库补货八大环节。玄武系统通过全流程跟踪,不断优化仓储活动。比如智能补货,系统使用大数据销售预测对库存进行精细化管理。库存过低时发出预警,但库存过高时将商品库存移至仓库的远处或高处,为其他库存提供空间,高效合理利用仓库空间,提高出库效率。另外,玄武系统能够根据不同产品类型使用不同的操作模式,如大型家电和生鲜食品的存储管理方式是不同的,生鲜食品保质期较短,大型家电的需求频率也不如食品的高,玄武系统根据不同商品进行不同策略的配置做到有效库存管理操作。同样地,对于不同的订单规模,玄武系统也有不同的作业模式。

3. 智能路由系统

通过合理调配全网系统资源,提升各节点衔接效率,促进链条渠道快速下沉,从而进一步提升京东路由网络时效,降低路由运输成本。智能路由系统的出现更是辅助青龙系统的运作。时效问题会直接影响物流效率,时效问题可视化能够有效提高企业在有限的时间里做出新的执行计划。智能路由系统构建了一套覆盖全网络运营链路的配送节点操作标准,用于指导物流配送人员规范并正确无误地完成配送任务。该系统的运作过程如下:在配送前预测智能最优路由并做出预报及推荐,配送过程中实时监控,必要时采取应急调度处理,配送完成后,回顾路由情况,分析并优化路由。

4. 海外仓

跨境电商对数据处理有更高的要求,京东物流已对海外仓进行了全面升级,采用京东物流自主研发的"智慧"大脑WMS5.0海外版系统,对入库、在库、库存、出库、资料等进行管理。海外版的升级让系统功能更符合海外国家的使用习惯,提高系统功能的使用效率。据研究,"智慧"大脑WMS5.0系统经过多年的大数据累积和场景适配,结合多种现代计算机技术,已做到支持90%以上的物流应用场景,有效提高仓库的运营效率。当前,京东物流设立了超过100个海外仓,其先进的仓储功能吸引了许多品牌的入驻。京东物流借助其强大的电商属性,结合智能配送系统、智能仓储系统和智慧路由系统,提升海外仓的备货、出货及配送效率。2018 年,京东物流成功在泰国打造东南亚地区最先进、最完整的智能仓储物流中心,集成了仓储、分拣、运输、配送在内的完整的"一站式"服务体系,是京东物流实现"全球售"关键的一步。

5. 智能商业体

京东建设智能商业体用于满足当前人工智能服务业快速发展的需求。其构建思路是以数据为支撑、结合语音交互、图像感知等技术,通过机器学习等方法促进无人机、无人车、JIMI(JD instant messaging intelligence)智能客服机器人等智能设备的应用。京东使用无人机实现智慧配送,减少人工成本。无人车的出现为城市智慧配送找到合适的载体,京东更是将无人机进一步应用到农村电商发展中。目前,无人车主要适用于城市非机动车道和园区内部。无人仓是京东物流一个大尝试,无人仓结合了仓储系统和智能运输设备,解决仓储人力不足的巨大难题。无人仓的智能大脑在 0.2 秒内,能够实现算出 300 多个机器人运行的 680 亿条可行路径,并选出最佳方案,相关研究表明无人仓智能大脑的反应速度是人的 6 倍。无人仓中离不开无人分拣机器人,也是京东俗称的"小红人"。它是大大小小类似扫地机器人的物流行业的自动分拣运输机(automated guided vehicle,AGV),实现不一样的工作职能,如小型"小红人"负责将每个订单小包裹按照订单地址投放入不同的转运包裹中,中型"小红人"完成第二轮分配和打包,而大型"小红人"则直接把最后需要配送的大包裹送上传送带。JIMI 智能客服机器人整合用户需求、大数据分析为客户提供智能服务,全年在线,服务无休。JIMI 能够智能解决用户售前和售后咨询,比如查询商品、查询参数、选择尺码、筛选对比、查询订单、查询物流、处理售后等用户需求。

4.4 大数据在物流运输中的发展趋势

1. 5G 加速智慧物流

智慧物流的发展综合了人工智能、物联网、云计算、通信等技术。物流信息稳定流通是实现智慧物流的关键。我国智慧物流起步虽比较晚,但是近几年的发展迅速,5G 时代的到来更是为智慧物流带来新的生命力。5G 技术是新一代蜂窝移动通信技术,拥有高数据速率、低延迟、低能源消耗、大连接的特点。5G 技术的出现能解决当前网络干扰、WiFi 等无线连接的安全性、稳定性不理想的问题,其巨大的网络容量,能够提供千亿设备的连接能力,满足物联网通信的需求。5G 技术为物流信息传输提供了保障,使设备之间能够敏捷沟通,更准确地实施监控,提高决策准确性。5G 时代下的智慧物流,装备、仓储、配送、物流追踪等物流环节更大程度地实现智能化升级。物流仓储加上5G技术，衍生出丰富的5G应用，5G智能化设备如AGV、AMR、巡检机器人等。

2. 从智慧物流到智慧供应链

从全国来看，目前我国的智能化物流也是刚起步阶段，市场上呈现技术资源分布不均的情况确实阻碍所有物流企业共同实现智能化。随着行业领导者如顺丰、京东物流等企业的技术投入，以及国家政策和资金的支持。我国智慧物流将逐渐向智慧供应链延伸。随着企业对数据挖掘的程度加深，各大电商平台，尤其是跨境电商的企业，更加看重供应链管理，从普通的物流运输上升到从供应链中寻求价值提升。对于跨境电商企业来说，国际供应链管理是新的机遇。从供应商、制造商、分销商、零售商，再到最终消费者手中的整个供应链中，都离不开物流运输，物流运输是供应链得以发展的基础。大数据时代下，数据就是"石油"，供应链管理是物流发展的必然趋势，因此智慧物流的不断进步必定迎来智慧物流供应链的时代。

3. 信息安全和人才需求

当前，智能物流发展速度越来越快，全球电子商务需求增长迅猛，数据的增长速度超乎想象，数据保护的问题逐渐明显。大数据时代下，除了依靠国家法律法规规范保护用户数据外，还需要监管部门的支持，同时大数据隐私保护技术也要得到国家的支持，保障消费者的信息安全。目前常见的隐私保护技术有匿名化技术、数据加密技术、差分隐私技术等。此外，物流运输融入多种新技术，必然有更高要求的人才需求。目前，能够适应智能化物流发展的人才十分有限，无法满足市场需求。因此，企业与高校进行项目合作共同培养适应时代需求的物流人才，对于企业来说也是一个新的尝试。

本章小结

本章主要介绍了大数据在国际物流运输中的应用，首先回顾传统的货物物流运输方式，具体介绍了物流活动的组成有包装、装卸搬运、运输、储存、流通加工、配送、物流信息等七个部分。随着物流理论与技术的快速发展，物流活动逐渐集成化、一体化和数据化，传统物流的概念显然无法准确定义物流。美国物流管理协会（The Council of Logistics Management，CLM）提出一个新的物流概念——现代物流，也是当前使用最广泛的物流定义。多维度对比现代物流与传统物流，加深对现代物流的认识。来自电子商务市场需求的激增、国家政策的支持以及积极的技术环境共同决定了大数据必须融入物流运输，满足社会需求。大数据在物流运输中的主要应用产物就是智慧物流，首先分析智慧物流在中国的现状，了解其技术支撑包括大数据与云计算技术、物联网技术、信息和通信技术和人工智能技术。当前，我国智慧物流主要体现在智能仓储、智能配送、智能运输与智能客服。本章选择领先物流企业代表顺丰和电商平台型物流企业京东作为案例帮助读者更好地了解当前大数据在物流运输的现状。随着科技及电子商务的快速发展，5G 技术将加速智慧物流的发展，智慧物流也会逐渐向智慧供应链延伸，培养智能物流人才的工作也将提上日程。

参考文献

[1] 郭倩."互联网+"下传统物流企业战略转型研究［J］.合作经济与科技，2020（08）：146-147.

[2] 任龙."大数据"在现代物流中的开发与应用探索［J］.数字通信世界，2019（08）：250.

[3] 李玲，潘贤真，张通.大数据分析技术及其在物流业中的应用［J］.广州大学学报（自然科学版），2020，19（04）：42-49.

[4] 谢美娥.大数据在物流管理中的应用研究［J］.物流工程与管理，2020，42（03）：49-51.

[5] 王蕾.大数据时代背景下智慧物流技术在商贸物流中的应用［J］.黑龙江科学，2019，10（22）：100-101.

[6] 周功建.智慧物流"仓运配"环节技术应用实践研究［J］.山东广播电视大学学报，2019（01）：80-85.

[7] 乔梦园，马京楠，徐阳.疫情下智慧物流发展策略［J］.合作经济与科技，2021（08）：82-84.

[8] 杨婷婷.论物流和大数据结合的重要性［J］.中国市场，2021（05）：175-176.

[9] 李静芳.现代物流管理［M］.北京：清华大学出版社，北京交通大学出版社，2009.

[10] 赵立权.智能物流及其支撑技术［J］.情报杂志，2005（12）：49-53.

[11] 马建.物联网技术概论［M］.北京：机械工业出版社，2011.

[12] 邵丹，张歧，卢长鹏.探析物联网及其发展前景［J］.农业网络信息，2012，000（002）：84-85.

[13] 徐德洪.物联网催生"智慧物流"［J］.大陆桥视野，2011，（06）：48-51.

[14] 曾新勇.基于物联网实现智慧物流［J］.常州工学院学报，2011，24（05）：46-48.

[15] 石亚萍.基于物联网的智慧物流［J］.物流技术，2011，30（17）：44-45，49.

[16] 黄哲学，曹付元，李俊杰，等.面向大数据的海云数据系统关键技术研究［J］.网络新媒体技术，2012，1（6）：20-26.

[17] 李雪松、现代物流仓储与配送［M］.北京：水利水电出版社，2007.

第 5 章

大数据在国际货物贸易融资与保险中的应用

> **学习目标**
> （1）了解传统国际货物贸易融资与保险概况。
> （2）掌握大数据在融资与保险中的应用现状与应用场景。
> （3）了解大数据在融资与保险中的未来发展趋势。

5.1 传统国际货物贸易融资与保险

5.1.1 传统国际货物贸易融资

在传统意义上，国际贸易融资是具有外汇经营资质的商业银行在国际贸易各环节中为进出口商及其上下游企业提供的一切融资活动，包括资金融通、信用支持等。其依托于真实贸易背景下的国际结算业务，要求必须发生有效的商品或劳务交易行为，贸易融资期限与金额取决于交易活动的实际情况。相比于重视企业利润、经营现金流、项目营利性的传统信贷业务，国际贸易融资的还款主要来自于贸易产生的回收资金，如出口商收回的应收账款、进口商销售产品收到的货款等，融资实务更加注重贸易行为的真实性以及贸易过程的连续性。建立在国际贸易活动的基础上，国际贸易融资是国际结算业务多元化发展趋势下的产物，特殊的业务流程赋予其自偿性、低风险、高收益、融资周期短、融资形式多样、产品个性化设计等优势。

国际贸易融资形式灵活，可发生在国际结算各环节当中，且随着国际贸易往来的日益频繁以及贸易企业融资需求的快速上升，商业银行国际贸易融资业务不断拓展升级，由此产生了各种各样的融资产品，表5-1介绍了国内目前使用较多的产品类型。

表 5-1　国际贸易融资产品简介

	产品类型	产品介绍
进口项下业务	进口代付	进口商银行根据进口商的申请,指示代付行先行支付货款,融资到期日进口商将融资本息归还给进口商银行,进口商银行再归还代付行
	进口开证	商业银行接受进口商的申请,向国外出口商开立进口信用证,保证银行在收到信用证规定的单据后向受益人付款或承诺远期付款
	进口押汇	在进口信用证或进口代收项下,应申请人(进口商)要求根据有效凭证和商业单据对外垫付进口款项,为进口商提供短期资金融通。融资到期后由进口商偿还银行垫付款
	提货担保	当进口货物先于货运单据到达时,进口商为了提前提货而向商业银行申请出具书面担保交予承运人或其代理人,并由银行承担连带责任。提货担保多用于信用证项下,且信用证要求全套货权单据
	假远期信用证	开证行开出远期信用证,并授权指定的偿付行在单证相符的情况下即期付款。假远期信用证是商业银行为进口商提供的资金融通,利息一般由进口商承担
	进口汇利达	商业银行应进口商的申请,凭其提交的人民币保证金或人民币定期存款存单作为质押,为其以支付币种以外的其他币种办理进口融资,同时要求客户办理一笔同期限的融资币种远期售汇交易,并约定到期在银行释放质押的人民币保证金或人民币定期存款存单交割后归还进口融资款项
出口项下业务	出口押汇	出口商发出货物并交来信用证或合同要求的单据后,商业银行凭所交单据为其提供短期融资
	打包贷款	应信用证受益人(出口商)申请为其提供用于信用证项下货物采购、生产和装运的短期融资,以信用证项下的出口收汇作为主要还款来源
	出口商业发票贴现	出口商将其与进口商(债务人)订立的货物销售、服务或工程合同项下产生的应收账款转让给商业银行,商业银行凭借相关商业发票和其他有关业务单据为其提供融资、应收账款催收、销售分户账管理等服务
	出口汇利达	在出口结算业务项下,商业银行应出口商的申请,以出口收汇款项作为外币保证金质押,为其办理人民币出口融资,同时要求出口商在该行办理一笔同期限的远期结汇交易,并约定到期在银行释放质押的外币保证金交割后归还出口融资款项

续上表

产品类型		产品介绍
结构性融资	国际保理	出口商采用赊销、承兑交单等方式向进口商销售货物或提供服务，并将对进口商产生的债权转让给保理商，享受由出口保理商和进口保理商共同提供的短期融资、销售分户账管理、应收账款管理与催收、信用风险控制等服务
	福费廷	商业银行无追索权地买入因商品、服务或资产交易产生的未到期银行汇票、本票或信用证应收账款。福费廷与出口贴现的区别在于后者是有追索权的贸易融资方式
	银团贷款	由一家或数家银行牵头，多家银行联合组成一个贷款银团，采用同一贷款协议，按照相同条件向同一借款人提供长期、数额较大的融资，授信对象通常为大型跨国类工程公司

资料来源：国内各商业银行官网。

近年来随着"一带一路"倡议的实施和推进，我国金融机构国际贸易融资业务迎来了新的发展机遇。根据商务部国际贸易经济合作研究院发布的《中国"一带一路"贸易投资发展报告2021》，截至2021年6月，中国已同140个国家和32个国际组织签署206份共建"一带一路"合作文件，涵盖贸易、金融、科技、社会、人文等领域。在此机遇下，金融机构在海外布局不断完善优化。截至2021年末，已有11家中资银行在29个"一带一路"沿线国家设立了80家一级机构。中国工商银行、中国农业银行、中国银行、中国建设银行、交通银行和招商银行等都在"一带一路"多个沿线国家和地区设立了分支机构和代表处，平安银行、兴业银行、华夏银行、浦发银行、浙商银行、中信银行、光大银行、恒丰银行、广发银行、民生银行、渤海银行等都与海外银行建立了代理行关系。国际贸易融资业务为"一带一路"建设提供了重要的资金来源，而"一带一路"倡议下活跃的贸易活动与投资活动也推动了贸易融资业务的发展。

5.1.2 传统国际货物贸易保险

传统国际货物贸易保险是指以国际贸易活动中涉及的各类货物、资产或信用为保险标的的保险。根据保险标的性质的不同，目前主要有海上保险、国际货物运输保险和出口信用保险三种类型。

（1）海上保险（marine insurance）在各类保险中起源最早，是一种特殊形式的财产保险，以与海洋运输有关的财产（货物或船）、利益或责任作为保险标的。根据英国1906年《海上保险法》的定义，海上保险合同是指被保险人支付保险费后，保险人向被保险人承诺，当被保险人遭受海上损失，即海事冒险所发生的损失时，将由保险人按照约定的条款和数额进行赔偿的合同。海上保险与其他保险最大的区别在于它所承保的风险是载货工具及其所载货物从一个区域到另一个区域,从一个国家到另一个国家移动过程中的风险,在变更位置的过程中,保险标的完全处在各种各样的风险威胁中。作为一种特殊的财产保险,海上保险承担了海上灾害事故给贸易商带来的损失,极大地降低了贸易商因重大事故而导致破产的风险,保障了国际贸易活动的正常运营。

(2) 国际货物运输保险(international transportation cargo insurance)以对外贸易货物运输过程中的交易商品作为保险标的,可以为运输中的货物提供保障,是国际贸易活动中的重要组成部分。在合同解除之前,当运输货物遭受事故产生损失时,保险方要在责任范围内对被保险方的实际损失进行赔付。货物的运输方式包括陆上运输、海上运输、航空运输以及邮政运输等,相应的货物运输保险种类分为陆运货物保险、海运货物保险、空运货物保险和邮包运输保险四类。

(3) 出口信用保险(export credit insurance)以进口商信用作为保险标的,由出口商缴纳保险费用,当出口商由于进口商违约而无法收到完整货款时,保险方对出口商的经济损失履行赔偿责任。出口信用保险往往依托于出口贸易融资业务,可为出口商出口商品或服务而产生的应收账款提供保障,是推动本国出口贸易发展的重要手段。出口信用保险机构一般由政府出资设立或者背后有国家财政大力支持,根据机构与政府的关系,当前世界上主要有以下四种经营类型:①政府设立的特殊机构,如日本的通产省贸易局出口保险课、英国和挪威的出口信用担保局(ECGD、GIEK);②全资国有公司或政府控股公司,如我国的中国信用出口保险公司、加拿大的出口发展公司(EDC)、波兰的出口信用保险公司(KUKE);③受政府委托办理业务的私人信用保险公司,政府向私人信用保险公司支付代理费用,委托该公司代为开展出口信用保险业务,过程中的一切风险由政府承担,采取这种经营形式的国家包括德国、法国、荷兰等;④独立于政府机构的进出口银行,如美国通过国会立法成立的进出口银行,为出口商提供了专门的信用保险业务。

5.2 大数据在融资与保险中的应用现状

融资与保险是国际贸易中金融业务的主要组成部分,作为数据驱动行业的典型代表,金融业在提供服务的同时产生了海量的数据,并且数据类型多样化,包括各类交易数据、统计数据、研究报告等。由于这一特性的存在,金融行业一直是大数据应用的热门领域,大数据的介入为整理、存储和分析海量金融数据,从而加强对高价值数据的利用提供了高效的处理手段。从应用层面来看,大数据对金融行业的作用主要体现在客户管理、风险管理和精细化运营三个方面。

(1) 客户管理。借助大数据分析平台,在金融机构拥有的用户属性、业务订单数据、产品交易数据等内部数据的基础上,引入教育数据、税务数据、司法数据、工商数据、海关数据等政府数据以及社交媒体和电商网站上的个人数据、产业链中的企业数据等互联网数据，分析出个人客户的基本信息、兴趣爱好、风险偏好、消费习惯和企业客户各个经营环节的统计信息，并据此对客户进行聚类和细分，构建客户360°全方位视图，获得较为完整的客户画像，从而为不同类型客户提供差异化产品和服务，实现精准营销和管理。

（2）风险管理。包括信用风险管理、风险预警管理和实施欺诈检测等应用场景。运用大数据技术，金融机构可基于内部数据和外部数据全面评估信贷风险，识别交易过程中存在的洗钱、欺诈等犯罪行为，降低相关的金融业务风险。

（3）精细化运营。大数据分析为管理层的经营决策提供了可靠的依据，帮助管理层做出更加精确高效的决策。大数据技术的应用可以全方位统计和预测企业经营及管理绩效，以此优化企业内部运营流程，提高企业运作效率。借助大数据平台，金融机构能够获得客户的反馈信息，更深层次地分析和把握客户的需求，从而进行针对性的产品创新和服务优化，为客户提供个性化的解决方案。

国际贸易融资与保险在国际贸易活动中扮演着越来越重要的角色，与传统业务相比，国际贸易融资与保险更加关注贸易背景的真实性以及对进出口商风险水平的准确评估，因此大数据技术在这两个领域更多是应用于风险管理方面。然而，由于国际贸易活动流程较为复杂，包含多个环节的运行和衔接，涉及进出口企业、进出口银行、税务、工商、质检、海关、运输公司、保险等多方角色，各种交易数据、参与主体信息的获取是个问题，数据的真实性、安全性和有效性也难以保证，当前大数据技术在国际贸易融资和保险领域的应用并不广泛。随着金融大数据技术的不断进步和发展，上述技术难点有望得到解决，而为了获得更高的贸易融资额度，中小微企业主动提供传统授信所不需要的业务和非业务数据的意愿也有所上升，数据问题的限制能够得到进一步缓解，大数据分析在国际贸易融资和保险领域的普遍应用将成为未来金融机构国际业务的主要发展趋势。

5.3 大数据在融资与保险中的使用案例

5.3.1 电子信用证——大数据赋能信用证的实践

信用证一直以来都是国际贸易融资市场的重要工具，在国际业务领域使用已超过200年。近几年由于进出口贸易的蓬勃发展，我国信用证业务量稳居世界前列，助力多数中小微外贸企业解决资金短缺问题。传统信用证使用的是纸质形式，随着全球贸易规模不断扩大，国际贸易电子化程度日益提高，信用证也进入了电子化时代。电子信用证通过融合大数据、人工智能、互联网、物联网、区块链等先进技术，实现了信用证业务从开立到付款全流程线上化，克服了传统信用证耗时、易遭拒付、易产生欺诈等诸多缺点，大大提高业务办理的安全性和效率，同时也在很大程度上缓解了"数据孤岛"时代下信用证的"信用危机"。

大数据技术在降低信用证业务风险方面起到了很好的作用。借助大数据平台，银行能够便捷地获取和查看进出口企业提交的贸易合同、信用证和相关单据等交易信息，减少人工操作，提高信用证流转速度和业务办理效率，从而避免延误带来的法律风险；同时，结合人工智能技术，系统会自动进行信息匹配，为银行提供企业信用风险评估，对全流程进行实时监控，精确识别可疑行为，降低欺诈等风险；此外，区块链技术的引入保障了平台贸易信息的安全性和可靠性，区块链具有不可篡改、可追溯等特性，并对链上数据进行加密处理，能够实现数据全生命周期管理，确保数据的一致性和真实性，有效防止单证被偷换、单证造假等问题。

目前在全球国际结算体系中，开展电子信用证业务的机构主要有两类——商业银行和电子商务公司。商业银行主导的电子信用证业务拥有与传统业务类似的办理流程，只是将部分环节操作电子化，通过网络系统进行电子开证、电子通知等；而电子商务公司主导的业务电子化程度更高，集电子开证、电子通知、电子交单、电子审单、电子支付于一体，真正实现了业务的完全电子化，电子商务公司的加入也打破了传统信用证业务以银行为运行核心的模式，有助于提高电子系统的稳定性和安全性。目前已建成第三方系统平台包括 BOLERO 系统、TSU 系统、ESS 系统、CCEWEB 系统、TRADECARD 系统和 CARGODOCS 系统等。

5.3.2 在线保理——"大数据"背景下保理业务的创新探索

保理作为对外贸易企业应收账款融资的重要金融工具，能帮助企业规避应收账款带来的坏账风险，较大程度地满足企业融资需求，缓解中小微企业融资难题。近年来，随着大数据、区块链、人工智能等信息技术在各领域的广泛应用，商业银行紧跟时代步伐，大力创新"大数据+金融"的融资模式，采取科技手段整合供应链上的资金流、物流、商流和信息流，联结商品的生产、分配、交换、消费等各个环节，运用大数据技术提供在线保理融资，极大提升了保理业务操作便利性与服务效率，降低了各类业务风险。目前我国在国内保理与国际保理领域均已开始推行"在线保理"模式，下面将以大道保理、光大银行和平安银行的保理业务为例介绍在线保理运行流程。

1. 大道"云保理"

为解决宁波市数量庞大的中小出口企业的融资问题，浙江大道网络科技有限公司联合旗下的浙江大道保理有限公司打造了面向出口供应链的"大道商诚网"服务平台。平台致力于提供一站式供应链服务，服务对象包括国内供应商、生产商、海外消费者、货代和物流服务商、金融机构、通关服务商等，服务范围几乎覆盖了供应链上的每一个环节。其中，独创的"云保理"模式是该平台最大的特色之一，其基于商业保理原理，将互联网、大数据、云计算等技术融入国际保理业务，实现了贸易融资、资信调查、信用评估和应收账款管理等所有业务的实时在线办理，帮助企业提高信用风险管理水平，为企业提供了一站式的"无抵押无担保供应链融资"，服务过程与中信保、交通银行、中国银行、广发银行等金融机构开展深入合作，浙江大道不断创新业务模式、拓展业务规模，先后推出了金融通、信易通、税易通、运易通、订易通、小易通、eGTCP 海外买家采购信用卡等融资产品，助力商业保理行业实现高质量发展。

2. "阳光融 e 链"在线保理

"阳光融 e 链"是光大银行积极探索互联网金融与供应链金融相互融合发展的产品。践行科技赋能金融的理念，光大银行在 2013 年便提出要打造"网络里的光大银行"，随后全面推进这一发展战略，不断进行产品和业务模式创新，并在商业保理方面依托生态场景、互联网和大数据等技术建立起"阳光融 e 链"在线供应链保理融资系统，实现保理金融服务的全流程电子化。相比传统业务，"阳光融 e 链"在线保理业务的明显优势在于操作的简便化和信息的透明化，通过网银、第三方平台或银企直连等电子手段，企业融资申请、应收账款的管理与转让等操作均可在线完成，银行能够方便地获取到贸易双方的交易背景信息、交互债权转让信息等，通过大数据分析了解和识别交易真实性，建立有效的风险预警和防范机制，保障商业保理业务的安全性。随着光大银行对系统的不断优化升级，"阳光融 e 链"已从原有保理业务的基础上拓展至各类供应链产品，目前拥有"e 网赢""e 企赢""e 共赢"三种业务模式，可满足企业的多样化需求，为供应链核心企业及其上下游中小企业提供全面的金融服务。

3. "橙 e 融资平台"线上保理

平安银行供应链金融服务在业内一直都处于领先的地位，2014 年 7 月，在金融科技的赋能之下，平安银行与第三方信息企业合作推出"橙 e 融资平台"，促进供应链金融的进一步发展。"橙 e 融资平台"实现了融资服务线上化，显著提升了融资效率，并基于贸易过程中的订单、运单、票据等数据信息，运用大数据技术对企业开展信用评估，据此提供相应的融资服务，助力中小企业解决融资难问题。2015 年，"橙 e 融资平台"保理线上化项目的投入使用推动平安银行保理业务迈入了互联网时代。项目依托"橙 e 融资平台"，结合先进的线上供应链金融技术，提供包括应收账款自助融资、买方线上确认、业务在线审查、发票在线验真、多纬度监测预警、预留应收资产证券化端口等在内的八大特色金融服务，通过企业与银行的多方在线交互、协同，实现保理业务的全流程电子化作业和管理，极大地优化了保理业务的办理流程，并且标准化的线上业务流程以及发票信息智能识别、基于大数据的实时风险监测预警等功能有助于平安银行提高保理业务的风险管控水平，有效防范业务的信用风险和操作风险。

5.3.3 "互联网+中小企业外贸融资" EDI 项目

传统线下融资业务信息不对称、操作不便利等问题不利于中小企业从银行获得授信，严重阻碍了中小企业的快速发展。针对这些难题，中国出口信用保险公司（简称"中国信保"）江苏分公司与南京市商务局合作，提出大数据服务平台的概念，创建"互联网+中小企业外贸融资"项目，并于2017年11月开通试运行。该平台对南京地区中小企业、银行和信用保险的三方信息加以整合，将中小企业的承保及理赔数据与海关、退税、工商等数据进行对接并通过互联网共享，打通企业国际贸易过程中关、税、检、商、物、融、保等环节的数据连接，并联合政府引入融资平台风险补偿基金，打造"政、企、信、银"多方信息共享模式，在实现企业在线融资申请、银行在线受理和审核的同时，帮助中小企业和银行方便快捷地查询到交易信息和动态，更加准确地判断贸易背景的真实性，降低欺诈等违法行为发生的可能性。大数据技术为"互联网+中小企业外贸融资"平台的运营提供了极大的支持，一方面，依托庞大的专业数据资源库，银行可以在线获取融资企业的基本信息，全面评估企业信用状况，为融资决策提供依据，线上化的操作大大加快了融资审核速度，降低了融资成本；另一方面，平台基于大数据的一站式服务，也创建了一种全链条、动态风控、不见面审批的新型国际贸易融资形式，克服了传统融资业务的诸多缺点，大幅改善融资业务流程。

"互联网+中小企业外贸融资"项目打通了外贸企业的国际贸易全流程，平台凭借操作便利性、信息公开透明、低融资门槛等特点得到众多银行和外贸企业的青睐，在2018年度南京金融创新奖中荣获表彰，并获得商务部的充分肯定。

5.3.4 信保大数据

"信保大数据"是中国出口信用保险公司（简称"中国信保"）自2001年成立以来，在服务外向型经济过程中形成的内部数据库，该数据库通过海外资信渠道信息收集、海量承保理赔数据积累、专业团队的风险分析等综合途径形成宝贵资源，为出口商提供境外买方的实时信息，防范和规避海外收汇风险。秉承"以客户为中心、以应用为牵引"的数字化转型理念，2020年12月，中国信保推出"信步天下"客户App，为客户提供移动端在线服务。该应用充分利用中国信保大数据平台资源，全方位、多维度整合来自全球的信用信息，创设国别全景、行业概览、客户管理、项目融资分析、项目库管理、保单一站式查询、限额进度跟踪、海外买方资信红绿灯、业务情况一键统计分析等核心功能，助力出口企业进行风险管理、市场营销、新客户和新项目开发。

在"信保大数据"的支持下，中国信保业务规模迅速发展壮大。根据中国信保公布的统计数据，2021年上半年，公司承保金额3981亿美元，同比（下同）增长22.6%；服务超过14.2万家企业，增长12.7%；向客户支付赔款共计6.3亿美元，承保金额与服务企业数量实现大幅度的增长。在推动外贸发展方面，2021年上半年中国信保支持服务贸易出口20.9亿美元，同比增长69.4%；为跨境电商等外贸新业态、新模式承保32.8亿美元，增长29.5%。在支持内外贸一体化发展方面，大力推广产业链承保模式，坚持促进"出口+内贸"助力"双循环"；对电子信息、家电产业链贸易领域承保的金额分别增长33.5%和49.5%。在推动"一带一路"建设方面，2021年上半年，中国信保支持我国对"一带一路"沿线国家的出口和投资活动金额达到842.1亿美元，增长15.4%，自2013年统计以来该数据累计已突破1万亿美元；同时，公司于2021年6月23日印发了《中国出口信用保险公司关于加强绿色金融建设的指导意见》，提出"致力于建设具有良好国际声誉、世界一流的绿色信用风险管理机构"的总体目标，紧接着在6月24日为出口卡塔尔的国产新能源客车项目提供了高达1.1亿美元的风险保障，逐步实现对"一带一路"投资建设信用风险的全面保障。

借助信保大数据平台，中国信保各省市级分公司也取得了不错的发展成效。部分分公司2021年上半年业绩统计如表5-2所示。

表5-2 中国信保各分公司2021年上半年业绩

分公司名称	业绩情况
广东分公司	（1）支持企业出口和海外投资金额534.69亿美元，同比增长33.04%。其中，支持"走出去"企业海外投资16.96亿美元；支持企业短期出口贸易金额517.23亿美元，增长34.7%，短期险服务支持企业17493家；向企业支付赔款2891.04万美元；协助企业实现赔前减损7293.37万美元，实现赔付后追回欠款1452.27万美元；短期险案件平均结案时间25.88天，及时弥补了企业的经营损失 （2）助推粤港澳大湾区建设，支持粤港澳大湾区内企业出口贸易和投资金额超过500亿美元 （3）助力企业参与建设"一带一路"，支持企业向"一带一路"沿线国家出口和投资金额128.43亿美元，同比增长29.9% （4）精准扶持重点产业发展，支持省内家电行业出口146.78亿美元，同比增长42.3%；支持省内电子信息产业链出口144.9亿美元，同比增长55.6%；内贸险整体承保规模达到385.3亿元，增长67.3% （5）持续扩大普惠金融覆盖面，服务支持小微企业12520家；支持小微企业出口规模61.92亿美元，增长51.8%。加强售后答疑解惑工作，通过小微客服中心累计回访小微企业超过8600家次，协助企业解决问题1814宗 （6）不断创新保单融资合作方式，推进落实"金融+贸易"工程，与近40家银行开展合作，为企业提供融资便利53.47亿美元；推动落实"贸融易"政策，联合合作银行为727家中小外贸企业提供融资支持，融资投放金额约为23.28亿元人民币

续上表

分公司名称	业绩情况
上海分公司	（1）支持本市出口和投资达 233.1 亿美元，同比增长 7.4%；出口渗透率（承保出口额占总出口比重）达 24.9%；服务企业 8887 家，增长 9.9%，其中小微客户 7236 家；向客户支付赔款 1.2 亿元 （2）支持浦东高水平改革开放，支持企业数达 2809 家，其中临港新区 300 余家 （3）助力长三角一体化，承保 188 家总部型企业，支持出口规模 289 亿元，新增承保长三角区域买家共 346 个 （4）服务内外贸一体化，承保内外贸双险种投保企业保额达 282 亿元 （5）扩大保单融资规模，累计为 712 家企业提供融资便利 73.3 亿元，其中支持 670 家小微企业获得保单融资放款金额约 30.7 亿元 （6）推动外贸创新发展，支持服务贸易出口 10.4 亿美元，同比增长 5%，承保跨境电商等外贸新业态新模式 0.73 亿美元
江苏分公司	（1）承保出口及海外投资金额 464 亿美元，同比（下同）增长 20%。其中，支持出口贸易 434.7 亿美元，增长 18.3%；服务支持出口企业超过 1.7 万家，出口渗透率达到 19.78%；向客户支付赔款 6546 万美元 （2）聚焦"一带一路"建设融资服务，支持对"一带一路"沿线国家的出口和投资达到 142.6 亿美元，增长 24.7%。2013 年以来，这项数据累计超过 1500 亿美元
厦门分公司	（1）服务支持企业 2745 家，其中小微企业 1899 家，支持厦门市贸易和海外投资 108.4 亿美元，向企业支付赔款 475 万美元，为企业提供融资便利 2.1 亿美元 （2）推动企业外贸业务，支持企业出口 83 亿美元；支持企业拓展市场，帮助解决一批重点出口企业对海外大买家出口的限额需求问题；优化理赔追偿服务，通过海外追偿渠道帮助企业追回欠款 976 万美元 （3）助力"一带一路"投资建设，支持企业对"一带一路"沿线国家和地区出口金额达 11 亿美元

数据来源：中国出口信用保险公司各分公司官网、官方公众号

5.4 大数据在融资与保险中的发展趋势

根据《2015 年中国大数据交易白皮书》，未来大数据将逐渐介入金融行业的各个领域，更深层次、全方位地改变行业运营模式。国际贸易融资与保险作为对外贸易金融服务的重要组成部分，是大数据技术应用的热门领域。通过大数据平台，金融机构可以获得更加真实客观的客户评级与业务评价，不再受限于传统授信业务的

信息不完整、信息不对称、信息不及时问题，将更多精力投入业务本质当中去，而抵质押物要求的降低也有助于缓解中小微企业融资难、融资贵问题，更好地促进企业对外贸易的发展。尽管当前大数据在国际贸易融资与保险领域的应用还不够广泛，但信息技术的不断发展有望使得大数据技术应用的难点被逐一破解，从而实现对融资与保险业务操作流程的全方位覆盖。

在国际贸易融资领域，随着已有基于大数据技术的在线融资平台的进一步推广与优化，打通国际贸易活动全流程、大数据一站式服务的融资形式或将实现在金融机构对外业务的普遍应用。与此同时，智能大数据在应用过程中的不断更新换代，将使得金融机构市场营销更加准确、机构间数据共享更加及时和全面、风险管理更加有效、线上操作更加便捷、内部流程进一步优化、供应链金融模式更加完善、普惠金融的覆盖面更加广泛，对外贸易企业尤其是中小微企业将获得更加实惠和高效的金融服务。

在国际贸易保险领域，"双循环"格局下，由于自身业务规模、风控水平等方面的不足，贸易保险业务的发展面临巨大的挑战。出口信用保险等业务必须加快金融创新，通过大数据等科技手段进行客户信息处理、数据分析、情景模拟与信用评估，实时监控国别风险及行业风险，防范和规避信用风险。信保大数据平台及"信步天下"App应进一步在保险机构与对外贸易企业中推广，帮助出口企业获悉国外买家的资信状况，及时发现国外买家可能存在的虚假贸易行为，采取合适的风控手段以及风险发生后的应对方法。

本章小结

本章首先对传统国际货物贸易融资与保险进行了基本介绍。接着，详述了大数据在融资与保险中的应用现状。随后，分别以电子信用证、在线保理、"互联网+中小企业外贸融资"EDI项目、信保大数据四个案例来谈大数据融资与保险中的实践和创新。最后，通过对以上内容的总结和展望，分析了大数据在支付与结算中的发展趋势。

参考文献

[1] 徐捷. 国际贸易融资：实务与案例［M］. 北京：中国金融出版社，2013.

[2] 李泽龙. "一带一路"背景下中国商业银行国际贸易融资风险管控研究［D］. 兰州：兰州财经大学，2018.

[3] 姚新超. 国际贸易保险［M］. 北京：对外经济贸易大学出版社，2012.

[4] 刘世平. 大数据在金融行业实用案例剖析［M］. 北京：经济科学出版社，2016.

[5] 唐铎. 国际贸易融资中大数据技术应用的可行性分析［D］. 成都：西南财经大学，2016.

[6] 陆璐. 大数据赋能：信用证信用危机的法制应对——兼评ICC电子信用证系列规则［J］.

东南大学学报（哲学社会科学版），2019，21（06）：85-93，147.

　　[7] 高廷凯. 国际贸易中信用证电子化的实践与理论[D]. 上海：复旦大学，2009.

　　[8] 大道集团. 大数据时代，浙江大道创新"云保理"引领潮流[EB/OL]. http：//blog.sina.com.cn/s/blog_ 9c41c94e0101cxol.html.2014-01-02/2022-03-13.

　　[9] 项茂奇，张若. 云保理：开启供应链融资E时代[J]. 宁波经济（财经视点），2013（05）：53-54.

　　[10] 中国光大银行. 光大银行"阳光融e链"在线供应链保理全新升级[EB/OL]. http://www.cebbank.com/site/gsyw/myrz/78774218/79650037/index.html.2018-10-09/2022-03-13.

　　[11] 俎慧颖. 我国商业银行供应链金融模式研究[D]. 济南：山东财经大学，2016.

　　[12] 和讯网. 平安银行保理业务全面线上化，保理业务全面步入互联网时代[EB/OL]. https://www.sohu.com/a/17514231_ 115052.2015-06-03/2022-03-13.

　　[13] 孙海燕. 大数据平台驱动外贸融资监管提效[EB/OL]. https://news.sina.com.cn/s/2018-08-27/doc-ihifuvph3714195.shtml.2018-08-27/2022-03-13.

　　[14] 刘妍，施存希. "双循环"格局下我国出口信用保险面临的挑战与发展对策[EB/OL]. http://www.cbimc.cn/content/2021-02/22/content_ 383038.html.2021-02-22/2022-03-13.

第 6 章

大数据在国际货物贸易支付与结算中的应用

学习目标

(1) 了解传统国际货物贸易支付与结算概况。
(2) 掌握大数据在支付与结算中的应用现状与场景。
(3) 了解大数据在支付与结算中的发展趋势。

6.1 传统国际货物贸易支付与结算

6.1.1 国际贸易结算简介

国际贸易结算是指两国之间为结清进出口商因经济贸易活动发生的债权债务关系而办理货币收付、调拨的业务活动。第五章曾提到国际贸易融资是国际结算多元化发展趋势下的产物，二者在实务中具有紧密的联系。国际贸易融资可发生在国际贸易结算的各个环节当中，帮助企业解决资金短缺问题，加快资金轮转，而银行也能在融资业务中获得利息收益，改善资产质量。现代国际结算越来越注重与国际贸易融资相结合保障贸易活动的顺利完成，因此多数贸易结算方式如信用证、国际保理、福费廷等也具有融资的功能。

在国际贸易结算活动中，银行起到中枢的作用，作为服务部门来完成货币的收付；票据是支付基础，作为结算工具指示银行履行付款责任，包括汇票、本票、支票三种类型；单据是支付条件，一般与票据结合共同构成支付的凭据，包括运输单据、保险单、商业发票、跟单汇票、产地证明等。早期国际贸易结算以现金结算或纸质版票据结算作为结算手段，随着信息技术的发展，国际贸易结算形式逐渐向清算系统网络化，票据与单据电子化、标准化转变。贸易结算时，银行间资金的调拨可以通过计算机网络系统来完成，大大加快资金的流转速度，当前世界上主要的清算系统包括 SWIFT、CHIPS、CHAPS 以及欧洲跨国清算系统等。我国在 2012 年启动 CIPS（跨进人民币支付系统）建设，实现与其他非美元国家直接进行货币清算，进一步推动人民币国际化进程。截至 2021 年 5 月，CIPS 系统已有参与者 1171 家，分布在全球 100 个国家和地区，业务实际覆盖近 200 个国家和地区，涉及 3400 多家银行法人机构。此外，在信息技术的广泛应用下，国际结算业务更多地使用计算机制作票据和单据，运用网络技术进行电子凭据的储存、运输和管理，很大程度降低了纸质版凭据在编制、审核与传递等工作中耗费的时间和资本，提高了操作便利性和工作效率，有助于减少人工因素引起的操作风险。

6.1.2 传统国际结算方式

在过去几十年里，随着国际贸易的快速发展，为了满足进出口企业在贸易结算时的融资和风险管理需求，国际市场衍生出了各种各样的结算方式。尽管新结算方式的出现导致传统结算方式的使用率有所下降，但三大结算工具汇款、托收和信用证在国际贸易市场中依然占据着主导地位。

1. 汇款

汇款（remittance）是汇出行按照汇款人的要求将一定金额的款项通过汇入行支付给收款人的结算方式。业务一共涉及四个当事人，汇款人、收款人、汇出行和汇入行。汇款人与收款人之间是签订贸易合同确立的债权债务关系，汇款人与汇出行之间是委托与被委托的关系，汇出行与汇入行之间是代理关系以及委托与被委托关系，收款人与汇入行之间一般表现为账户往来关系。汇款业务流程通常情况下为：汇款人→汇出行→汇入行→收款人，具体涉及的程序如图6-1所示。

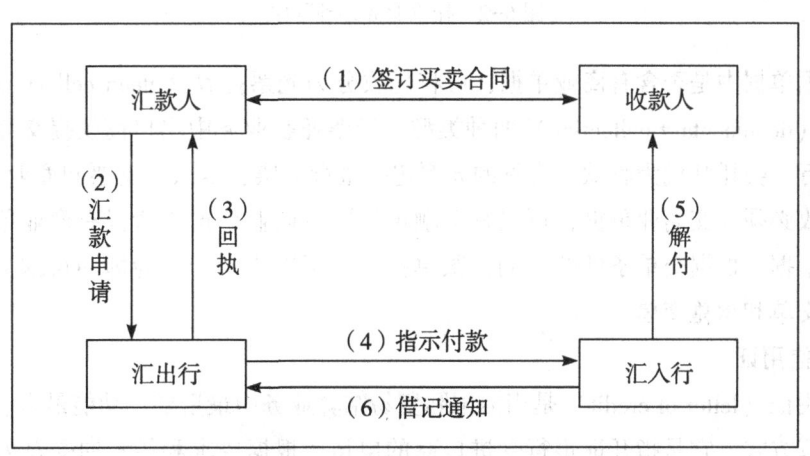

图6-1 汇款业务办理程序

按照指示付款方式的不同，汇款可分为电汇（T/T）、信汇（M/T）和票汇（D/D）三种。电汇是汇出行通过电讯的方式指示汇入行解付款项给收款人，信汇是汇出行使用邮寄委托书的形式指示汇入行解付，而票汇是汇出行通过开立即期汇票支付金额给收款人。三种形式中，电汇的速度最快、安全性最高，但费用也是最高的，票汇的灵活性最大，收款人可以持票取款，也可以将汇票背书后转让。目前在实务中主要是采用电汇的方式，票汇在一些小额支付中使用较多，信汇的使用率比较低。

2. 托收

托收（collection）是指在进出口贸易中，出口方开具以进口方为付款人的汇票，委托出口方银行通过其在进口方的分行或代理行向进口方收取货款的一种结算方式。涉及的当事人包括出口商（委托人）、进口商（付款人）、托收行、代收行。委托人与付款人之间是买卖合同关系，委托人与托收行、托收行与代收行之间均为委托-代理关系，代收行与付款人之间不存在实质性的关系，代收行只履行付款交单的义务。托收业务的办理流程如图6-2所示。

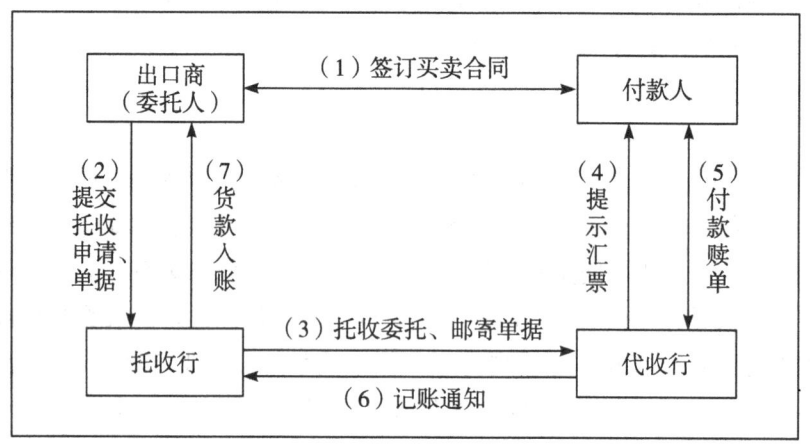

图6-2 托收业务办理程序

根据单据中是否含有商业单据，可将托收分为光票托收（clean collection）和跟单托收（documentary collection）两种类型。光票托收业务中出口商仅提交金融单据给托收行，委托其代为收款，常见的光票包括银行汇票、本票、支票和商业汇票等。跟单托收必须提交商业单据，可以是金融单据附带商业单据或者只有商业单据，不含金融单据。根据交单条件的不同，跟单托收又可以进一步分为即期付款交单、远期付款交单和承兑交单。

3. 信用证

信用证（letter of credit）是当前国际贸易结算业务中最重要、功能最多、用途最广的结算方式，它是指开证银行受进口商的申请，根据要求和指示向受益人开立的在一定期限内有条件承诺付款的书面保证文件。与依靠进口商信用的汇款和托收不同，信用证结算方式基于银行信用，由开证行承担第一付款责任。信用证业务涉及的当事人一般包括进口商（申请人）、出口商（受益人）、开证行、通知行、议付行、付款行，通知行和议付行可以由同个银行担任，付款行也可以是开证行本身，特殊情况下可能还会涉及偿付行和保兑行。信用证业务常规办理流程如图6-3所示。

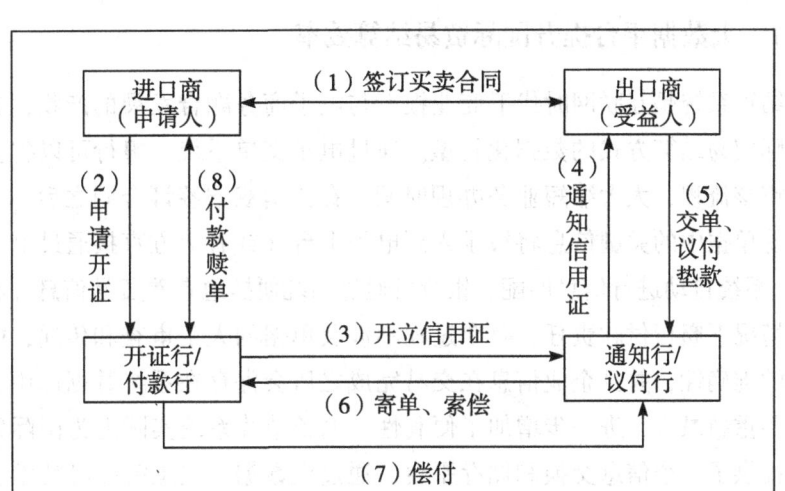

图 6-3 信用证业务办理程序

根据是否附带货运单据，信用证也可分为光票信用证（clean credit）和跟单信用证（documentary credit）。此外，按照信用证是否可流通，信用证可分为可转让信用证和不可转让信用证；按照信用证付款时间和付款方式，可分为即期付款信用证、延期付款信用证和承兑信用证等。

6.2 大数据在支付与结算中的应用现状

经济全球化趋势下，国际贸易活动愈发频繁，贸易量大幅上升，国际贸易结算领域每一天都能产生海量的数据，繁琐、缓慢的实物文件处理已不能满足数据统计分析的需要，大数据时代信息技术的快速发展与广泛应用，为处理这些复杂数据提供了有效的手段。在此背景下，银行等传统金融机构纷纷着手推动结算方式的电子化和数据化转型，运用大数据、人工智能等技术提升业务办理的效率和安全性，为国际贸易活动提供更高质量的支付结算服务。

除了传统结算方式的转型，第三方支付行业的快速发展也促进了大数据与国际贸易支付和结算的融合。第三方支付是一种新兴的网络支付方式，通过对接银行支付结算系统帮助买卖双方完成资金交付。平台在交易过程中积累了海量的客户信息和交易数据，这使得第三方支付企业天然具备大数据应用的基础。随着跨境贸易尤其是跨境电商的蓬勃发展，传统国际贸易支付方式已难以满足收付款需求，第三方支付依靠便捷高效的跨境在线支付服务，为跨境电商提供定制化支付解决方案，逐渐成为国际贸易跨境支付的主流方式，而大数据技术也更多地与跨境支付结合，帮助第三方支付机构改善业务质量，提升竞争力。

6.2.1 大数据平台提升国际贸易结算效率

电子结算系统是互联网时代下商业银行与电子商务融合发展的产物，它的出现推动了国际贸易结算方式的数据化转型。通过电子交单系统，银行可以省去繁琐的纸质单据审核流程，大大缩短业务办理时间。在买卖双方签订合同之后，订单合同和相关贸易单据中的关键信息将被录入到电子平台（或者双方直接通过电子系统达成合同），系统自动进行信息匹配，银行可通过系统便捷地查看贸易信息并在信息匹配成功的情况下履行付款责任，整个过程不涉及单据的人工审查和传递，能够提高业务操作的准确性，并且企业信息在交易完成之后会保存在系统数据库中，下一次交易不需要重新录入，进一步增加了便利性。电子结算系统实际上为国际贸易活动各参与方提供了一个信息交换和储存平台，通过大数据、人工智能等技术实现结算方式的电子化和数据化，既提升了国际贸易结算的效率，也降低了欺诈、人为操作失误等风险。

6.2.2 大数据智能风控

一直以来，欺诈、洗钱等行为都是国际贸易活动中难以根除的痼疾，尽管国家严厉打击，相关犯罪案件依然层出不穷，严重破坏了国际贸易的正常秩序，并且随着科技的进步和互联网金融的发展，欺诈和洗钱手段也变得更加复杂多样，加大了国际贸易风险管控的难度。作为国际贸易的关键环节，国际结算往往是阻止犯罪活动的最后一道防线，因此支付机构的风险管理能力显得尤为重要。为了提升核心竞争力，占据更多市场份额，支付企业不得不加强风控技术研发，促进系统升级，从而达到更高的风险防控水平。

目前，以大数据为代表的新型技术是支付企业提高风控能力的主要手段。运用大数据、区块链、人工智能等技术，支付企业建立起智能风控系统，实现对跨境支付流程的全方位实时监控。系统通过深度挖掘平台积累的海量客户信息和交易数据，寻找欺诈、洗钱等异常交易事件下的特征变量，以此制定风控策略，对交易过程中存在的风险进行识别和预警，并根据预警信息做深入分析和核查。此外，在风险案件处理结束后系统会及时将结果反馈至监测模块，进一步改进和完善监测机制，提升风险识别效率。

6.2.3 基于大数据创新增值服务

随着大量第三方支付企业的兴起，支付行业竞争愈发激烈，加上监管政策趋于严格，支付业务盈利空间变得十分有限。在此背景下，基于大数据拓展信贷、理财、营销等增值服务为支付企业带来了新的盈利点。支付机构在为国际贸易活动中的商家提供支付服务后可以获得相应的交易信息，利用这些数据能够分析出消费者的基本信息、兴趣爱好、生活方式、购物习惯等，并据此开展多元化的增值服务，例如在支付平台接入大众化、定制化理财产品的理财型服务，向消费者精准发放广告的营销型服务以及帮助商家建立用户画像、了解会员消费情况的管理型服务等。目前，大部分支付机构尤其是拥有海量实时交易数据的第三方支付机构纷纷应用大数据布局增值服务，不断创新业务模式，增加盈利来源的同时，提高客户黏性和忠诚度。

6.3 大数据在支付与结算中的使用案例

6.3.1 银行付款责任

银行付款责任（BPO）是国际商会（ICC）银行委员会与环球同业银行金融电讯协会（SWIFT）为应对大数据的挑战，满足供应链金融与互联网金融快速发展需要而打造的自动化、电子化国际结算新型工具。根据定义，BPO 是由买方银行做出的在特定日期、达到一定条件（交易数据成功匹配）后对卖方银行进行即期或延期付款的独立、不可撤销的承诺。与传统国际结算方式相比，BPO 具有成本低、速度快、操作简便、安全性高等特点，使得进出口企业间的国际贸易往来更加顺畅、高效。

BPO 业务的参与方主要包括进口企业、出口企业、买方银行和卖方银行，业务全程依托 SWIFT 开发的贸易服务设施（TSU）系统进行操作，具体流程如下：①进出口企业达成交易协议之后，双方分别向已加入 TSU 系统的买方银行和卖方银行提交订单合同中的关键数据，申请办理 BPO 结算；②买方银行和卖方银行通过 TSU 系统的 TMA 程序对企业提交的关键订单数据进行信息匹配，并在匹配成功后建立基础交易框架；③出口企业在基础交易框架确立后装船发货，将运输单、保险单、发票等相关单据信息提交给卖方银行；④卖方银行将单据信息上传至 TSU 系统，再次使用 TMA 程序将单据信息与之前的订单信息进行匹配；⑤当单据信息与原交易框架的数据匹配成功，买方银行承担付款责任，按先前的约定向卖方银行付款。

以中信银行与马来西亚联昌银行合作的 BPO 业务为例，2014 年 7 月，中信银行成功完成了首笔 BPO 业务，成为国内继中国银行之后第二家开展该业务的银行。在此次交易中，中信银行作为卖方银行，马来西亚联昌银行作为买方银行，出口企业是中国的一家密度板生产企业，进口企业是马来西亚的一家大型家具制造商。由于是首次开展 BPO 业务，中信银行对此十分重视，成立了专门的项目组负责实施，组内国际业务部、技术部和风控部等部门人员密切配合，通力协作，积极与客户沟通，对客户开展 BPO 业务培训，在银行内部建立 TSU/BPO 平台并进行调试，采取 MAC 校验、IP 监控等手段识别错误报文及可疑行为，确保在整个业务运营中各参与方交流顺畅、上传的贸易数据准确无误、平台数据安全、风险可控。业务整体框架包括项目启动、分行经办、分行复核、单证中心经办、单证中心复核、单证中心授权、外部审核等多个环节，在银行对各环节的严格把控下，业务最终圆满完成，对中信银行提高自身核心竞争力和扩大市场份额具有重要的作用，显著提升了其在国际贸易结算中的地位。

需要指出的是，BPO 业务的核心在于贸易信息的自动匹配，这也是 TSU 系统对 BPO 业务的价值所在。TSU 系统不仅为银行和企业提供了一个数据交换和储存平台，提高信息获取的便捷度和银企间信息透明度，还帮助银行进行两次信息匹配（进出口双方基础订单信息匹配，单据信息与订单信息匹配），自动核对数据的真实性，借助大数据等技术保障 BPO 业务的顺利运行，给国际贸易各参与方带来了极大的便利。

6.3.2　PayPal——大数据分析助力打造安全高效的支付平台

作为全球领先的第三方支付平台，PayPal 是目前使用最为广泛的国际贸易支付工具之一，依靠强大的资源优势、品牌优势和不断的产品创新，其在全球跨境支付市场中占据头部地位。截至 2021 年底，PayPal 拥有 4.26 亿活跃用户，其中包括 3.92 亿消费者活跃账户和 3400 万商家活跃账户，服务范围覆盖全球 200 多个国家和地区，且平台支持消费者以 100 多种货币进行支付。2021 年 PayPal 全年营收规模达到 253.71 亿美元，同比增长 18%，其中约有 46% 的收入来自于美国境外的客户，国际业务的持续增长是 PayPal 营收规模逐年扩大的重要原因。从收入结构来看，支付业务贡献了绝大部分的收入，2021 年平台交易收入为 234.02 亿美元，同比增长 17%；与 2020 年相比，2021 年 PayPal 总支付额（TPV）增长了 33%，达到 1.25 万亿美元，来自美国境外客户的支付额占比 39%，跨境支付占比 16%，PayPal 借助其平台优势为全球跨境电商提供支付解决方案，有力推动了国际贸易的发展。PayPal 2019—2021 年度营业收入结构和年度总支付额分别如图 6-4、图 6-5 所示。

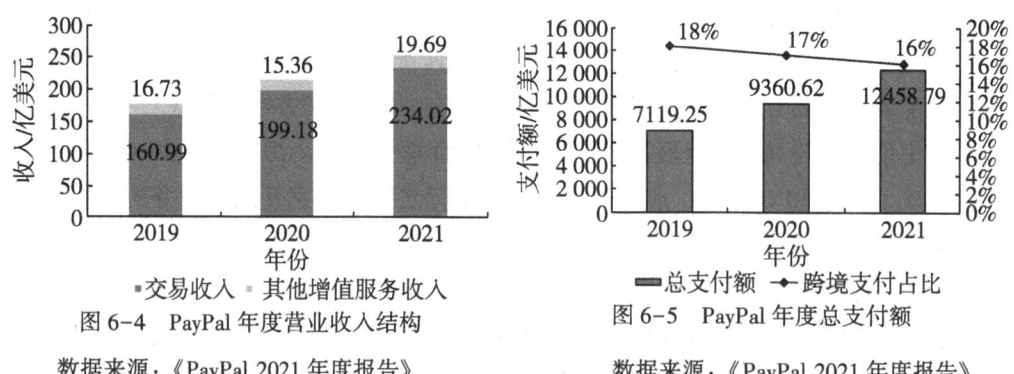

图 6-4　PayPal 年度营业收入结构　　　　图 6-5　PayPal 年度总支付额

数据来源：《PayPal 2021 年度报告》　　　数据来源：《PayPal 2021 年度报告》

频繁的交易使得 PayPal 每天都要接收和处理来自全球的庞大用户数据，这些数据背后隐藏的信息对进一步提高平台的服务质量具有很高的利用价值。PayPal 致力于打造一个高效、可靠的支付平台，很早便开始着手数据挖掘项目，每年投入大量的研发资金，不断改进技术基础设施，提高交易效率和安全性，丰富客户体验。根据 PayPal 年报数据，2019 年、2020 年和 2021 年公司研发总支出分别为 11 亿美元、

14亿美元和16亿美元。

目前PayPal已建立起较为完善的大数据分析体系（图6-6），系统基于Hadoop、Spark等开源框架，综合运用图挖掘、文本挖掘、机器学习等多种数据处理和分析技术提取有价值的信息并加以应用。风险管理是大数据在PayPal的主要用途之一，PayPal通过分析历史赔付数据寻找能够表明支付过程中存在诈骗行为的特征变量，在此基础上运用神经网络学习、深度学习和线性回归等机器学习算法快速（通常以毫秒为单位）判断一个交易是否可疑，一旦发现交易存在问题，算法将会减慢交易系统的运行速度，为获取额外信息作进一步分析争取时间。例如，当大数据分析显示一个账户使用来自全球不同地方的多个IP地址登录时，账户可能是受到黑客攻击，PayPal应当提高警惕。同时，考虑到诈骗活动有团体作案的可能性，PayPal可通过图挖掘技术检测出试图在同一时间存取资金的其他账户节点，一并限制诈骗团伙的操作，防止资金被盗走。在大数据的加持下，PayPal平台用户因网络诈骗造成的资金损失远低于其他信用卡支付方式。此外，PayPal也将大数据应用于增值服务方面，包括基于消费者在移动端、网站、商店的历史购买数据构建预测模型来分析消费者的喜好、口味和最可能花钱的地方，从而精准推送相关的优惠和个性化广告，以及使用自然语言处理（NLP）算法从消费者交易过程中的聊天记录和历史交易挖掘相关信息，预测消费者购买行为，进行相应的产品推荐，并且帮助商户确定哪些客户可能会流失或再购买，改善平台的用户体验。

图6-6　PayPal大数据分析体系

6.3.3　连连支付——大数据智能风控，为跨境支付保驾护航

连连支付成立于2004年，注册资金3.25亿元，是国内领先的第三方支付企业。公司一直秉承稳健经营的发展理念，目前已拥有中国人民银行颁布的支付业务许可

证和证监会颁发的基金第三方支付牌照，并且分别获得中国人民银行、国家外汇管理局批准开展跨境人民币收支业务和跨境外汇收支业务，为跨境贸易、电商、物流、教育、房产、汽车、保险、基金等20多个行业提供互联网支付、移动支付和跨境支付服务。截至2019年底，连连支付平台历史累计交易金额已超过3.6万亿元。在从事的支付业务中，跨境支付是连连支付的优势领域，公司目前已获得超过60个境外支付牌照，是中国拥有海外支付牌照最多的第三方支付机构，累计服务超过110万跨境电商卖家，业务覆盖全球100多个国家和地区，2020年跨境收款品牌影响力位居国内首位。

连连支付能在竞争激烈的第三方支付行业中不断取得发展，离不开其先进的风控技术。作为国内首家专注于移动支付风控系统的支付机构，连连支付在成立之初便与浙江大学合作开展相关研究，累计投入数千万元资金，建立起一套独有的大数据智能风控体系，风险控制能力处于业内领先水平，平台每年有效拦截风险交易笔数达十余万笔，资损率不足千万分之五。研究项目"面向海量高维异构电子支付数据的交易风险防控关键技术及应用"还在2019年获得了浙江省科学技术进步奖一等奖。连连支付大数据风控体系由"宙斯盾——智能反欺诈风控系统"和"福尔摩斯——反洗钱系统"两大系统组成，通过特征工程、表征学习等方法选取相关数据特征，结合机器学习、数据挖掘等技术，针对不同行业的特性定制风控策略，全方位、多角度地对每一笔交易进行实时监控。以反欺诈流程为例，当系统识别到交易存在高危地、用户黑名单等中级风险时，连连支付会发通知让客户再次进行验证；而当识别到高风险时，平台会阻止交易继续进行，改由人工审核并及时将已证实的风险案件告知客户。

在风控系统的保障下，连连支付得以进一步明确国际贸易的真实性，有效防范和打击欺诈、洗钱等违法犯罪活动，提供更加合规、安全可靠的跨境支付服务，从而稳步提升品牌影响力，巩固其在国内跨境支付行业的领先地位。

6.4 大数据在支付与结算中的发展趋势

近年来，大数据广泛地应用于支付清算行业当中，已成为支付企业竞争力的核心要素，在支付平台运营过程中起着关键的作用。然而，从大数据的应用层面来看，二者的融合发展仍处于初期阶段，对数据的利用还不够彻底，进一步深入挖掘平台数据背后的潜在价值，能够衍生出更多创新应用。如数据的跨行业融合应用，支付机构通过获取和融合跨境贸易、电商、物流、教育、医疗、保险等行业的数据，可以得到更加全面的用户信息，提高营销和风控的精确性，并基于多样化的场景拓展大数据跨行业应用。

此外，支付机构间的合作与信息共享将成为行业的一大发展趋势。不同机构之间的数据各有特点，将数据加以整合有助于发挥不同维度的数据优势，提升数据的利用价值，使得合作双方共同获益。在这一方面，各级政府也积极推动数据的共享开放，2015年国务院发布的《促进大数据发展行动纲要》就已经提出，到2018年，中央政府层面实现金税、金关、金财、金审、金盾、金宏、金保、金土、金农、金水、金质等信息系统通过统一平台进行数据共享和交换。按照近年的政府信息建设来看，也的确在稳步推进。

最后，数据的安全问题得到越来越多的关注。数据具有流动性强、无限复制性等特点，给数据安全管理增添了不少难度，平台数据泄露问题频繁出现。为提高大数据应用的合规性，未来支付行业还需进一步完善数据安全标准体系，制定更加明确的数据安全管理规范，从而促进支付行业大数据的健康发展。

本章小结

本章首先对传统国际货物贸易支付与结算进行了基本介绍。接着，详述了大数据在支付与结算中的应用现状，分别从大数据平台提升国际贸易结算效率、大数据智能风控、基于大数据创新增值服务三个方面展开探讨。随后，本章分别以银行付款责任（BPO）、PayPal、连连支付为例，介绍了大数据分析助力打造安全高效的支付平台，以及大数据智能风控，为跨境支付保驾护航。最后，通过对以上内容的总结和展望，大数据在支付与结算中的发展趋势归结为大数据已成为支付企业竞争力的核心要素、支付机构间的合作与信息共享将成为行业的一大发展趋势，以及数据的安全问题得到越来越多的关注。

参考文献

［1］高倩倩，顾永才，王斌义，等. 国际支付与结算［M］. 北京：首都经济贸易大学出版社，2010.

［2］张慕蓉. 大数据背景下BPO国际结算方式在中国推广前景研究［D］. 北京：北京林业大学，2016.

［3］林清胜，周星. BPO结算的拓展和使用［J］. 中国金融，2014（13）：49-50.

［4］ProjectPro. Big Data Use Cases: How PayPal leverages Big Data Analytics[EB/OL]. https://www.projectpro.io/article/big-data-use-cases-how-paypal-leverages-big-data-analytics/231#.2022-01-11/2022-03-13.

［5］雨果跨境. 连连支付是什么？连连支付公司介绍&服务内容&收费规则［EB/OL］. https://m.sohu.com/a/325067183_115514.2019-07-05/2022-03-13.

［6］凤凰财经. 安全接入，放心支付，连连支付推出"SDK全额赔付"计划［EB/OL］. https://finance.ifeng.com/a/20170519/15390987_0.shtml.2017-05-19/2022-03-13.

［7］国务院关于印发促进大数据发展行动纲要的通知［J］. 中华人民共和国国务院公报，2015（26）：26-35.

第 7 章

大数据在国际货物贸易报关与通关中的应用

> **学习目标**
>
> (1) 了解传统国际货物贸易报关与通关概况。
> (2) 掌握大数据在报关与通关中的应用现状和应用场景。
> (3) 了解大数据在报关与通关中的发展趋势。

7.1 传统货物贸易报关与通关

在国际贸易活动中,报关主要是指贸易货物在出境之前,货物所有人需要向该国海关申报的一系列必要手续。我国的《海关法》第八条规定:"对于一切需要出口或者进口的国际贸易货物,在货物提取或者货物装船进出口之前,进出境货物的所有人必须向我国海关申报,同时,出口或者进口的国际贸易货物必须从该国设有海关的站台(包括港口、车站、国际航空站)经过"。因此,任何需要进出境的国际贸易货物(比如运输工具、货物、物品)都必须通过该国设有海关的站台进境或者出境,并由货物的所有人或者代理人按照规定向海关申报、提交规定需要的单证、办理其他相关进出境通关手续。这不仅是国际的通行规则,也是进境和出境贸易货物负责人、收货人以及所有人应该承担的义务。

另外,我国的《海关法》第九条规定:"进境和出境贸易货物,除去一些特殊情况,报关纳税手续可以由进境和出境贸易货物发货人自行办理,也可以由进境和出境贸易货物发货人委托企业办理,这些企业必须是我国海关准予注册登记的报关企业"。我国的《海关法》第十四条规定:"当进境和出境贸易运输工具驶离或者到达我国设立海关地点的时候,进境和出境贸易运输工具的负责人需要向我国海关如实申报,并且交纳相应验证单,同时积极配合海关,自觉接受海关的监督和检查。"因此,根据《海关法》相关内容可概括得出,报关是关于贸易货物进境和出境手续及相关事务的全过程,进境和出境货物运输工具负责人、进境和出境货物收发货人、进境和出境货物所有人、各种手续及相关事务都缺一不可。

海关在进出口通关管理中承担着十分重要的职责,具体包括监管、征税、缉私和统计海关资料。

（1）对跨境的所有物品及运输工具实施监督管理，也就是通关管理，以保障货物、物品合法安全进出境。从21世纪初开始，部分国家除了对实物进行监管以外，也开始对无形贸易，即服务贸易进行监管，须遵守国际出口管制制度，对高新技术产品、导弹技术或核产品、武器类、环境污染物质和有毒废料、濒危物种、文物等进出口进行管制。

（2）征税。海关除了征收一般意义上的进出口关税外，许多国家海关还在通关环节代征增值税、消费税等国内税费。甚至是特别情况下的罚金、反倾销税、反补贴税等。

（3）缉查走私。走私是各国海关经常面临和应对的问题，加强缉查是否走私的商品、明令禁止通关的货物，或是通关时存在瞒报欺骗、逃避监管的行为，对于毒品的缉查更为严格。

（4）统计海关资料。依法开展统计调查，全面收集、审核原始报关资料。依法对进出口贸易统计数据进行分析，研究对外贸易运行特点、趋势和规律，开展进出口实时监测和动态预警工作。

通关放行可以有其他表达形式，比如清关、结关。通关放行的含义与报关相似，主要指的是一个国家的贸易货物在需要进口、出口或者转运时，需要严格按照该国的《海关法》以及其他相关法律法规来完成各项手续，这些手续主要包括以下四点：海关进出口申报、进出口货物查验、征税、进出口货物放行。需要强调的是，在贸易货物通关期间，无论货物是处于进口、出口或者转运哪一种状态，这些货物都必须在海关的监管之下，自由流通是不被允许的。

通常，就一般类进出口货物而言，在我国海关进行放行时，进出境货物的发货人或者其代理人已经完成了放行所需要的所有手续和相关事务的办理，因此，从这个角度来说，海关放行等于结关。顾名思义，结关是"办结海关手续"的简称，主要是指进境和出境货物的收货人、发货人及其代理人办理完成进出境货物通关的所有相关手续，完全履行了《海关法》以及其他相关法律的规定内容，充分完成了进境和出境有关的义务。一旦完全完成了所有海关结关手续的办理，我国海关就不再对进出境相关活动进行监管。

从一般进出口货物所有人的视角来看，国际货物贸易报关与通关主要有六个步骤，分别为换单、申报、报验、现场交接单、查验、放行。换单是指货物所有人根据手中的提单找货代签换提货单（D/O）。申报主要包括预录、审单、发送、海关接受申报。报验是指在申报后，货物所有人需要持有报关单四联中的一联前往出入境检验检疫局办理相应的报检手续，从而可以获得货物进出口所需的通关单、三检盖章证明。现场交接单主要是指货物负责人在我国海关现场进行交单和接单的行为。查验是指在现场交接单后，海关需要对货物所有人的贸易货物进行实际的核查，从而验证其报关单的内容是否和货物相吻合，从而确保贸易真实性，并在查验后开具查验通知书。放行是指在对进境和出境货物征收税费以及接受担保之后，海关才会对进境和出境的货物做出结束监管的决定，允许货物离开海关的监管现场，货物所有人可以凭借"海关放行章"结关通行。对于违反进出口政策、法令规定，海关总署指示不准放行的一般类进出口货物，海关均不予以放行。

从海关报关与通关管理者的角度来看，国际贸易进出口货物的报关与通关主要可以从时间上分为三个阶段：海关前期的管理阶段，海关现场的管理阶段，海关后续的管理阶段。当处于海关前期管理阶段时，报关与通关管理者需要全面核查贸易货物的各种相关信息，包括但不限于货物的尺寸大小、危险性程度、收货人和发货人的身份、内容来源。在这个阶段货物还没有实际出境，良好的管理可以为后续的通关便利化提供良好的保证，因此这一阶段的管理内容以及严格执行非常重要。当处于海关现场管理阶段时，国际贸易货物已经完全进入海关所监管的场所之内，从海关报关与通关管理者的角度，相当于需要对国际贸易货物所包含的实际内容进行第二次的核查，核查检测的方式严格而且多样，保证国际贸易货物的真实性。当处于海关后续管理阶段时，整个进出口贸易货物处于放行的过程中，海关的工作仍然需要继续。整个通关过程时间跨度长，过程缓慢，精细，制度化程度高。

从海关报关与通关执行的角度来看，国际贸易货物报关与通关主要可以分为三个层次：①总署决策；②管理处运行；③管理科执行。总署决策是指海关报关与通关总署监管司对各个阶段的管理和执行进行相关的决策，主要目的是为了使整个国际贸易货物进出口实际管理的针对性、系统性及动态性等方面得到提高；管理处运行是指在收到海关报关与通关总署监管司的相关决策后，海关报关与通关管理处进行相关的运行流程管理，包括但不限于对国际贸易货物的内容来源、危险性程度、进出口位置、进出口方向、国际贸易货物所有人身份的核查；管理科执行是指在海关报关与通关管理处对相关信息运行流程梳理完成后，隶属海关报关与通关管理科来执行相关信息的核查和核实。

7.2 大数据在报关与通关中的应用现状

世界各国、各地区之间的经济贸易往来日益频繁，与此同时，大数据、人工智能、云计算等新兴科技不断涌现。"数据分析：实现有效边境管理"是2018年国际海关日确定的主题，主要强调各国海关都需要善于使用科技，善于利用各类创新，更好地发挥大数据收集和大数据分析的作用，不断推进海关报关和通关现代化的历史进程。

7.2.1 大数据在报关和通关中的应用特点

21世纪是属于互联网的世纪，各行各业大数据应用越来越普遍。海关有着安全守护国门的重大使命,因此在国际贸易报关与通关中使用大数据十分重要。目前越来越多的地区海关在发展过程中,逐步实现监管过程的智能化,主要体现在以下三个方面:①关于基础设施建设的智能化;②关于行政管理的智能化;③关于海关监管的智能化。基础设施建设智能化主要是指在报关与通关基础设施中融入新技术,如无人机、机器人、大数据、人工智能及新一代通信技术等。行政管理智能化是指在进行海关行政管理时,更多地使用大数据技术,从而高效率配置人财物等资源,提升海关政务运转成效、优化控制内部风险、提高海关廉政水平。海关监管智能化是指利用大数据技术来建设报关与海关的智能作业平台,从而使得海关监督的透明度、精准度、公平性、公正性得到提高。

1. 大数据为报关与通关协同治理提供基础保障

"小数据时代"和"大数据时代"有一个很重要的区别,那就是"大数据时代"的数据可以在很大程度上实现互联互通,这一重要特点对于海关报关与通关的许多方面都有重要的积极推动作用。首先,由于区域通关一体化改革的不断推进,通关信息化平台一代比一代成熟,使得海关数据体系的建立与发展水到渠成。总体上,这种网络化和智能化的海关数据体系能够在很大程度上适应和满足大数据的管理要求,从而不断增强海关数据资源之间的共享程度和互联程度。其次,海关直属层面已经实现了"一关通",并且在此基础上的"三互"试点(陆运、水运和跨境电商园区三个方面)也在全国的海关启动。与海关的口岸部门实现数据的互联互通,极大程度地增加了工作的效率和准确性。然后,随着互联互通基本理念的不断深化,对于数据交换平台的要求和定位也越来越高。在运用大数据、云计算等先进技术的基础上,数据交换平台拥有更齐全的业务门类、更多样的数据源头、更全面的指标体系以及共享的信息资源。同时,海关的报关与通关内部部门的数据标准和格式也逐渐统一,海关数据的跨越关区联网、传输和交换也得到了前所未有的关注。最后,越来越多的企业相关数据也能和海关口岸数据进行系统对接,这是因为海关报关与通关部门为其预留了相应的平台接口服务,数据能够通过地方政府部门的"单一窗口"来进行互联互通,在合作框架内政府与企业海关数据的互联能够最大化发挥作用。

2. 大数据是报关通关创新管理和智能监管的动力源泉

想要从海量数据中挖掘出更多有用的信息,并且最大限度地发挥大数据的价值,需要学会高效化采集、有效化整合、智能化运用。由此,海关报关与通关部门努力建设各种有效高效且智能的大数据应用系统,比如:监控指挥系统、物流监管系统、税收征管系统等。这些大数据应用能够全面覆盖各大相关领域,并且进行高效加工和增值处理,从而为数字化管理海关作业、智能化管理部门职能、科学化指挥部门决策等方面都提供坚实的推动力。

首先,海关业务数据的处理速度得到了很大程度的提高,这主要得益于报关与通关部门在大数据深度挖掘和智能运用两方面做出的努力。比如,更高效的动态提炼审单的相关数据参数、更有效的精确判断报关单风险等级、更有效地动态调配人力资源等稀缺资源，这些都离不开审单作业辅助系统的开发和应用；仓库、综合资源库和地方信用平台的相关数据情况得到更完善地汇集，从而使企业获得更为智能化的预警，这离不开企业智能预警系统的开发和应用；在风险监测中更大程度实现自动化数据校验，准确实现风险判别的智能化以及更好实现手册作业的差别化，都离不开保税加工智能作业系统和保税监控预警系统的开发与应用。

其次，随着报关与通关业务管理平台的框架体系不断完善和成熟，海关各个业务环节之间的信息关联也在不断发展，比如审单作业、监管查验、保税监管和风险防控之间已经逐步实现了数据信息的闭合关联，能够做到"加工到应用再到反馈"的循环往复式递进，从而使得目前的海关报关与通关业务的效率和准确性前所未有的提升。

最后，货物贸易报关与通关中产生的数据不仅仅是诸如货物大小、危险性等的简单数据信息，还包括一些诸如海关执法过程中产生的图片、视频等的复杂非结构性数据信息。如今，越来越多的海关拥有了处理这些非结构性数据的成熟经验，他们运用HADOOP分布式储存等先进技术，良好地解决了非结构性数据的智能识别存储和高速读取两大难题。

3. 大数据是报关与通关中物联网技术发挥作用的催化剂

近些年，海关口岸治理和科学决策的精准度得到了不断的提高，这离不开大数据技术在物联网中的应用。在大数据技术中重点关注的不是数据的获取方式，而是如何能够及时有效地处理获得的数据，从中挖掘出对海关部门决策有用的信息。为了实现上述目的，报关与通关部门做了不断地改革探索。首先，将未来口岸"单一窗口"的应用与通关、物流、金融等国际贸易全流程的数据融合起来，挖掘大数据应用的潜力。其次，将射频识别技术（RFID）和深度神经网络技术运用到国际物流快件的查验环节，从而使贸易货物的查验效率得到大幅度提升，通关速度大幅度加快。最后，将区块链技术和大数据技术相融合，从而优化物联网的数据储存和数据传输，跨主体之间的协作更加平稳和高效。

4. 大数据是报关与通关简政放权、精准管理的突破口

目前许多政府相关部门和企业都不太敢用数据，最大的原因是许多数据的准确度没有保证，大数据的重要价值在很大程度上体现在及时性和准确性上。因此，海关部门需要在数据的准确性方面发力，努力追求数据的可用性。首先，依托各个大数据云平台，努力构建各种基础数据库，从而实现报关与通关数据库的快速更新和随需而动，大幅度提升大数据的循环造血能力以及真实性，比如一些海关已经建立了管理数据的动态仓库，全面涵盖全海关的各个部门各个门类，当动态仓库收集到关区的全面业务数据后，通过工作人员事先设定的参数和指标，仓库中的数据能够实现动态快速更新，从而更大程度保证仓库中数据的准确性。

其次，在构建了各种基础数据库基础上，每个海关都建立了名为数据仓库技术

（ETL）平台的大数据平台，ETL的功能十分强大，除了能够自动清洗数据，动态转换旧数据之外，还智能筛选出准确的、有用的数据。数据仓库技术（ETL）平台实现了数据更新的闭环管理，通过采集提炼到评估验证再到修正更新的方法实现大数据管理的循环体系。除了利用平台技术之外，各个海关对于区域数据统计的统筹应用能力也有了大幅度提升，同时加强了对一体化管理海关数据、动态维护参数和监控数据全过程的重视程度。

最后，越来越多的口岸海关使用了开放数据处理服务（ODPS）平台，此平台在对大数据挖掘、筛选和处理方面有着良好成效，ODPS平台的运用和发展大大优化了货物贸易报关与通关管理流程。

7.2.2　大数据在海关电子通关领域应用

随着技术的不断发展，我国的海关也开始更多地使用互联网技术，其中值得关注的就是电子通关的方式正式被出入境管理所采用。电子通关的含义是通过计算机技术和互联网技术对出入境的通关凭证进行核对。电子通关相比于传统的海关通关模式来讲，具有速度快的特点，而这一特点的实现并不容易。首先，需要大量数据库的支持，这样才能保证整个电子通关过程能够快速的有效的精准的核对凭证信息，从而确保通关的速度。其次，需要先进的大数据分析技术，才能从海量的海内外通关信息中快速查找出需要的信息，精准判断凭证信息的真实度。因此，全世界海关及海关各个机构之间都必须同步数据，及一致应用大数据分析技术，作为管理出入境的执法部门和审核部门，才能够在海关通关时高效、精准地核对和确认通关的产品及人员的信息。最后，需要数据保护系统的完善。这样才能确保出入境的产品、人员安全，才能确保整个海关系统的运作正常。

众所周知，海关对于一个国家来说，是国际贸易的安全保障机构，是确保出入境产品安全和合格的关键部门。而要保证海关电子通关大数据分析的准确度，是摆在管理技术人员面前的难题，需要从很多方面入手。①需要改进数据存储方式，充分利用云端技术，对整个海关电子通关信息凭证管理系统和管理方式优化；②学会大数据分析方法和技巧，在最大程度上利用现有数据库的优势，优化数据整理方式，提升大数据的提取速度和大数据的储存速度；③从源头开始优化大数据分析的各个流程，最重要的是对海关系统所需要的大数据分析部分进行深度优化。从以上这些方面，提升技术运用能力和海关电子通关的准确率，从而在最大程度上为国家货物的进出口贸易提供数据安全保障。

除了保证海关电子通关大数据分析的准确度，电子通关大数据应用还有其他重要路径和注意事项。海关利用数据库进行进出口货物的信息储存，尽量提升数据库的优势地位，与此同时，对数据库进行优化处理从而减少中间分析环节，这样可以提升数据读取和储存的速度。由于电子通关的数据库储存在数据库中，和传统通关的非电子记录不同，数据库能最大程度上确保信息的准确性，从而有效避免不法人员渎职、贪污腐败的现象。还可以利用数据库实现各国各地海关口岸的数据互通互联，掌控各个海关口岸的相关信息，实现海关口岸的联合执法。由于数据库的建立，海关的出入境办理可以逐步转为网络办理，一些免检产品也可以避免进入传统通关中的复杂流程，而是享受海关部门开放的网络绿色通道，大大提升海关通关能力和企业的贸易效率。

7.2.3 大数据在报关和通关应用中的风险防范

1. 大数据的泄露可能损害企业商业利益和危害国家安全

众所周知，在货物贸易通关和报关的过程中，海关会掌握大量贸易经济数据，包括企业贸易的各种相关数据，比如商品的种类、价格、数量等，这些大数据技术可以用于分析企业的经营状况，可能涉及企业的商业机密。此外，我国的对外贸易金额逐年不断增长，对外贸易金额在 GDP 中的占比较大。关于我国的国际贸易统计的大数据越发详尽，这一方面能让我们更加了解和把握我国的对外贸易情况，但也可能将我国在对外贸易中存在的问题、在通关与报关过程中存在的短板和各细节数据暴露于大众和国外竞争对手面前，外国能通过采取相应的对策来压制中国国际贸易，这不仅大大影响我国经济的发展，也给我国的国家安全带来不小的威胁。

2. 大数据的广泛应用对通关和报关的管理模式提出新要求

实践证实，大数据管理模式和传统管理模式大相径庭。传统的管理模式注重因果关系，而大数据更加注重管理模式的相关性，大数据技术擅长于通过分析历史数据从而对报关与通关的未来情况进行提前预测，海关可提前采取措施和预案来处置相关问题。例如，大数据分析模型技术将每个报关企业数据标签化，并且对海关通关全过程（包括事前、事中和事后）实施监管，并进行高效、准确和完善的智能分析，真正实现"以企为本、由企及物、全链条"的智能监管，实现智慧治理、智能监管、高效服务和精准防控。通过创建的大数据分析模型，从海量的数据集中利用大数据技术获取目标企业的标签数据，针对多个领域建立多维度标签体系（比如企业信用、企业生产经营情况、企业内部管理情况），从而生产精准的抽象的企业画像。

因为大数据具有关联性的相关特点，也使得海关在进行通关管理工作时更多地与其他政府机关、企业部门进行合作，以促使大数据决策全面加强。而广大进出口报关企业在数字化转型和产业链集成过程中，逐渐将数据作为一个新的生产要素渗透到生产、管理、营销等环节，企业发展逐步由传统的核心产业带动向现代的数据创新驱动转型，为海关借助大数据手段实施开放式监管、流动性监管、精准化监管、网络化监管提供了前提条件。因此，大数据的出现与普及对于海关管理来说是一种全面更新，对海关管理模式提出了全新要求。

3. 大数据海关建设和发展需要不断优化

相比于其他国家，中国的自贸区等特殊监管区的数量较多，通关与报关监管环境更为复杂，我国的智慧海关通关与报关建设进程需要大幅加快，从而匹配相应的需求。虽然我国在一些海关业务比如跨境电商、智能卡口和单一窗口等方面的实践经验较为丰富，同时在区块链的信息共享和人工智能的智能审图审单等方面取得一些成果，但是在以大数据技术为代表的海关报关通关的信息化和智能化建设方面还存在较多问题，进一步的优化是必然趋势。

7.3 大数据在报关与通关应用中的使用案例

大数据的发展在很大程度上减轻了海关工作人员的负担。在报关时，出口商品的企业需要向海关提交许多重要的资料，而海关需要对上交的多种文件资料和繁琐的数据进行审核、整理、分析等，但通过大数据报关应用，建立完整的海关信息系统和单一窗口建设，最大程度上方便了企业和海关工作人员。不仅如此，大数据的发展也为通关提供了便利。通关时通过大数据建立智能信息识别跟踪系统，对进出口货物进行检验，保障货物、物品合法进出境。下面通过大数据通关应用的案例分析，进一步具体展示大数据如何融入报关和通关中。

7.3.1 大数据通关应用案例

以广东地区为例，分别展示拱北海关、南沙海关和广州海关，三个不同海关的大数据通关应用。

1. 拱北海关

拱北海关原名拱北关，修建于1887年，横跨广东省的珠海市和中山市，是一个历史悠久、业务种类齐全的综合性海关。拱北海关是海关总署改革试点单位，其通关改革措施在全国海关中具有一定的代表性。

中华人民共和国成立后，海关通关制度经历了以下几个改革阶段。

（1）中华人民共和国成立后，海关通关制度刚发展起来，主要实行以许可制度为依据的通关管理体制。监管对象较为单一，主要对象为国营外贸公司，监管的程序也较为简单，但为后面的体制改革奠定了良好的基础。

（2）1979年后，海关通关制度经过了一段时间的发展，逐步建立起以关税征收、贸易统计、货物监管为主的一套完整的报关制度，且在全国范围内得到了推广和应用，这也是第一次将海关数据作为报关的重要载体。此次改革不仅精简了通关程序，而且极大地提升了海关的工作效率。

（3）1988年左右，随着计算机技术的不断发展成熟，海关总署研究开发了自动化的报关系统，并于三年后应用于九洲海（隶属于拱北海关），后来逐步在珠海的其他口岸推广应用。此次的研发更新正式开启了海关通关信息化、数据化的时代。在这以后，随着报关自动系统的全面应用，拱北海关也紧紧抓住此次机遇进行了部分作业的改革。首先，建立"红绿窗口"，区分报税种类。将商品分成免税和应税两种类型，分别在绿色窗口和红色窗口进行专门申报和办理，大大提高了效率，也优化了企业申报速度和通关环节。其次，电脑自动派单，运用计算机录入报关单和企业管理的子系统，减少人工，降低错误率，服务更加智能化。

（4）1995年，海关和企业系统相连，提高作业效率。此项改革是将企业的应用终端与海关作业系统连接起来，最终达到互联网作业的效果，大大提升了办事效率。这是海关的一项重大改革。海关在监管处专门建立一个审单中心，用于审核企业与海关互联网作业中往来的凭证和资料。不仅如此，审单中心还需负责联网企业报关数据的统计以及协调报关过程中出现的矛盾纠纷。此项改革大大地方便了企业办理报关的手续，实现了不出门也能报关通关的目标。据统计，1995—1998年间通过联网实现通关的企业共有415家，改革成果十分显著，初步展示出大数据在海关治理上的显著作用以及优越性。

（5）1996年，这一时期拱北海关改变了以往的作业模式，开始实施"一个窗口对外"的制度。该制度主要是区分开海关的作业环节，将作业环节分为内勤部分和外勤部分，内勤部分主要是海关内部工作人员具体的办理环节，而外勤部分主要为利用LED屏幕和传呼机系统为办理业务的企业提供指引。将作业环节区分开，有利于内部工作人员的工作不被打扰，在一定程度上可提高办事效率。而企业在外部系统的指引下，办理手续的流程会更加的清晰明了。此次改革的成功应用，为拱北海关建设"窗口工程"奠定了一定的基础。更进一步，拱北海关的隶属海关——九洲海关也开始利用大数据对货物进行实时监控和监管。

（6）1999—2001年，通过大数据的应用很大程度上提高了企业与海关的联通工作效率，但在早期各个海关在建设中并未达成统一的系统，因此在后期会出现数据不集中、系统不统一等缺点。针对这些问题，在1999年，海关总署决定在全国范围内建立一套统一的海关应用系统。经过两年的调试运行，2001年元旦时，全国统一的审单中心最终投入使用。此次改革也是海关总署的一次划时代的改革——第一次将全国各海关的作业系统统一起来。不仅如此，海关总署也可通过此系统直接获取各个海关的数据，并且通过信息化的系统规范了各地海关的执法标准。海关总署相当于一个大数据中心，各地海关是数据的分支，是大数据的应用和发展，将距离甚远的各海关联通起来。此次改革还将拱北海关作为全国风险管理平台的试点关口。而全国风险管理平台也是应用大数据的技术，建立"关税执法系统""税收监控检测系统"等智能化的管理系统，最终实现无纸通关，提高口岸通关效率的目标。

（7）2005—2008年，为了提高企业报关的便捷化程度，解决口岸不一致带来的报关问题，拱北海关开始实行"多点报关，口岸放行"的政策，并推行"属地申报，口岸验收"的通关模式。税收方面，2006年逐渐推广税费网上支付；通关方面，推行无纸化通关；报关单方面，推广一站式交单放行。以上的一系列改革真正站在了企业的角度考虑，真正站到了为人民群众办事的立场。

2. 南沙海关

拱北海关基于大数据的改革,为全国各海关口岸提供了有用的参考。南沙海关也基于大数据做了一系列的改革。

南沙海关主要是与南沙市场和质量监督管理局合作,建立起跨部门的事后监管协作机制。该协作机制主要是将南沙市场和质量监督管理局对企业监管所获得的企业信用信息与南沙海关的系统形成连接,南沙海关便可以通过该系统查询报关企业在市场监管下是否存在违法行为和受到处罚,这类信息将作为南沙海关对企业审核、稽查和监管的一项重要依据。不仅如此,该平台还设置了"协同监管"的业务板块,各协管员日常传送的事件都将成为南沙海关审核过程的重要参考依据,这也使得南沙海关对企业的监管遍布各个角落。这一改革大大提高了执法效率,也逐步形成各司其职、分工协作、协同联动的市场监管系统。

3. 广州海关

除了拱北海关、南沙海关的案例外,大数据的应用也为广州海关的工作锦上添花。大数据建模是广州海关应用的一项信息化手段,通过该方法曾发现涉及雪茄走私的可疑线索。2021年,广州海关成功抓获走私雪茄、烟草的犯罪团伙,并现场扣押涉嫌走私的货物高达2200万元人民币。① 此次案件主要是一个走私团伙从德国的某境外网站订购古巴等国生产的雪茄,通过以个人物品名义,以国际邮件、快件等渠道走私入境,同时还假报品名、假报价格。国内的卖家通过接收不同的快件包裹,然后集中在一起在国内非法销售,以此牟利。在此次案件中,广州海关通过大数据建立的"智慧缉私"对犯罪团伙各环节进行摸底排查,迅速掌握了走私团伙的犯罪事实并一锅端掉,捍卫了国家的利益。

该案件是大数据应用于海关作业的生动写照,与以往不同,过去如对货物怀疑有走私的可能性,需要大量人力翻阅、查询报关单,仔细核对报关单上的数据与现实通关货物数量,两者进行核对,该过程看似简单,实则需要大量人力、物力和时间的投入。但利用"智慧缉私"大数据系统就会非常便捷,信息化查询追踪货物、对走私商品进行精准定位,不仅节省了各项成本,而且犯错的概率也大大降低。

以上,是大数据如何应用于海关通关与报关口并实现何种价值的典型案例。

大数据可以通过整合各项数据进而对海关进出口货物进行更深层次的监管,建立一站式的应用系统、监督系统等,提高海关工作效率以及提高企业报关通关的便利化程度。当然,大数据在海关通关与报关的应用不止于此,随着科学技术的发展,未来海关的大数据应用会更加智能化。

7.3.2 大数据分析技术在通关中的实务操作示例

以下是一个大数据分析示例——查处虚假出口贸易,展示大数据通关应用分析

---

① 资料来源于 https://legal.gmw.cn/2021-05/18/content_34853650.htm

的实务流程。

1. 案例概述

出口贸易活动中通常会出现各种各样的犯罪行为，例如在出口交易过程中谎报数据，借此骗取退税、逃税等，这种行为屡见不鲜，同时也是很多执法机关严格管控治理的。尽管执法机关严厉打击，违法犯罪行为还是层出不穷，主要原因在于作案种类繁多，同时牵连广泛，难以彻底治理。例如，有很多案例是弄虚作假，把原本不出口的货物打着要出口的幌子获得出口退税；还有很多案例是采取谎报数据的方式获取不正当收益。这些种类繁多的犯罪行为，无形中增加了执法人员的工作难度，降低了他们的工作效率。但在具体的执法过程中，执法人员的工作效率已经有所改善，他们正是借助信息技术的快速发展，利用大数据进行辅助来治理出口贸易经济活动中的违法行为。

此外，通过调查发现，执法机关针对谎报出口数据的问题上不能严厉管控的原因在于一些公司具体要出口的数量都是公司自己报上去的，由于缺乏相关的资料信息，使得执法部门调查困难，难以及时发现很多公司上报数量较多，但实际出口的数量不足，一些公司借此来获得不正当收益。但是出口程序是极其复杂的，譬如物品出口的第一个环节就是要对其进行称重，不仅是要对物品的重量有所记录，也是为了征税收费，确保物品在装卸以及出口过程中的安全，因此在这个环节得到的物品的重量是真实可信的。虽然数据独立，但是又与海关内部掌握的信息有着密不可分的联系，具体体现在公司上报的出口物品的重量应该等于忽略一定程度的误差和除皮后的重量，并且和码头称重质量以及舱单所记录的数据一致，如果出现不一致的情况就表明出现上述上报与实际出口数量不符的违规甚至违法犯罪行为，相关调查人员采取这种分析模式解决实际问题。

此案例着重从海关报关单表、报关单集装箱表、码头出口货物过磅重量表等来获取公司上报的出口数据。

此案例运用一些具体信息进行分析，分析谎报过程牵涉三张表：海关内部的报关单表、舱单集装箱表和外部码头的码头过磅表。表单的具体内容如下所示：

①报关单表（进出口所作标记，报关单号，航班班次，进出口日期，提单号，出口公司名称，出口公司的代码，报关单申报重量）。

②舱单集装箱表（进出口所作标记，提单号，航班班次箱号，集装箱申报重量，船号）。

③码头过磅表（提单号，过磅重量船名，箱号，申报重量，航班班次）。

对谎报数据进行核实的过程一般是先以公司上报的数据为基础，看其他的数据是否与之一致，发现有不一致的数据即进行处理。货物报关单与装货物的箱子是一一对应的，在此分析的案例是一个单子对应一箱货物的情况。具体措施是为货物设定一个质量值约为2000kg，但凡比2000kg重的情况，相关部门就会投入精力进行核实调查。此外，如果出现公司上报的数据比码头称重的数据重1.2倍的情况，相关部门就会将之作为弄虚作假的情况进行处理核实。

2. 查询分析

步骤一：从"舱单集装箱表"（包括所有进出口集装箱的基本资料），提取进出口标识为"出口"（即"进出口标志"="E"）且是一票一箱的集装箱信息，并将该信息存储在"主表：一票一箱出口舱单表"中，如表7-1所示。

表7-1 主表：一票一箱出口舱单表部分数据

	船号	航次	提单号
1	3EZT7	107S	FYCHD-60122
2	3EZT7	107S	NYKS455023441
3	3EZT7	107S	NYKS455024692
4	3EZT7	108S	NYKS455023510
5	3EZT7	108S	NYKS455023545
6	3EZT7	109S	HDFQY-13124
7	3EZT7	109S	HDFQY-13130
8	3EZT7	109S	HDFQY-13133

步骤二：根据已生成的"主表：一票一箱出口舱单表"，结合舱单集装箱表，提取与提单编号对应的集装箱号，并将该数据存入"主表：一票一箱出口舱单集装箱表"中。"主表：一票一箱出口舱单集装箱表"包含的部分信息如表7-2所示。

表7-2 主表：一票一箱出口舱单集装箱表部分数据

	船号	航次	提单号	箱号	集装箱申报重量
1	3EZT7	107S	FYCHD-60122	HDMU2183577	9020
2	3EZT7	107S	NYKS455023441	TTNU1305553	20000
3	3EZT7	107S	NYKS455024692	TRLU5458565	11395
4	3EZT7	108S	NYKS455023510	TTNU1305337	23000
5	3EZT7	108S	NYKS455023545	NYKU9353163	4600
6	3EZT7	109S	HDFQY-13124	HDMU2282815	18636
7	3EZT7	109S	HDFQY-13130	HDMU2294035	7380
8	3EZT7	109S	HDFQY-13133	HDMU2231320	11705

步骤三：筛选多报少出虚假出口信息。筛选条件：企业申报重量与实际过磅重量比大于等于120%，企业申报重量与实际过磅重量之差大于2000 kg。将筛选结果保存到"分析表：一票一箱出口集装箱重量异常表"中。"分析表：一票一箱出口集装箱重量异常表"包含的部分信息如表7-3所示。

表7-3　分析表：一票一箱出口集装箱重量异常表部分数据

	船名	船号	航次	提单号	集装箱号	集装箱申报重量	过磅重量	多报重量
1	CSCL ASIA	VRAB8	0001E	XMDFW3AA239	CCLU2519682	17200	13000	4200
2	CSCLASIAe01	VRAB8	0001E	XMEMT3AA023	CCLU6370730	17400	14000	3400
3	CSCL ASIA	VRAB8	0001E	XMLAX3AB302	CCLU2419636	16700	13500	3200
4	XIN QIN HUANG DAO	BPBD	0001W	8XMNDUB2A4024	CCLU2281758	17950	14300	3650
5	XIN QIN HUANG DAO	BPBD	0001W	8XMNFXT2A6700	GESU2150149	13339	8700	4639
6	XIN QIN HUANG DAO	BPBD	0001W	8XMNPKG2A5729	CCLU2682597	9600	6200	3400
7	XIN XIA MEN	BPBB	0001W	CXM005387	CAXU7000747	36602	28300	8302
8	XIN XIA MEN	BPBB	0001W	CXM005398	FSCU7679886	25000	19500	5500

步骤四：与"报关单表"进行关联，查找出上述重量异常的出口集装箱对应的报关单记录，并将结果保存到"分析表：一票一箱出口集装箱重量异常报关单"表中。"分析表：一票一箱出口集装箱重量异常报关单"包含的部分信息如表7-4所示。

表7-4　分析表：一票一箱出口集装箱重量异常报关单部分数据

	报关单号	船名	船号	航次	提单号	出口企业名称	集装箱号	多报重量	过磅重量	集装箱申报重量	报关单申报重量
1	1120040114720600	OSG ARGOSY	J8JY8	424E	HOXKE424E655	某市7001对外贸易公司	HRSU2301004	5000	20000	25000	24200
2	1120040114747920	OSG ARGOST	J8JY8	424E	HOXKE424E681	某地1402有限公司	CLOU2517626	6310	13090	19400	18830
3	1120040114954330	OSG ARGOSY	J8JY8	425E	HOXKE425E626	某地0238发展公司	SCZU5658212	8000	13500	21500	20425
4	1120040114954292	OSG ARGOSY	J8JY8	427E	HOXKE427E627	某地0238发展公司	HRSU4301683	5900	15100	21000	19950
5	1120040114773760	OSG ARGOSY	J8JY8	427E	HOXKE427E631	某市0002有限公司	HRSU4303135	3677	15400	19077	18258
6	1120040114777911	OSG ARGOSY	J8JY8	427E	HOXKE427E644	某县1020对外贸易公司	HRSU2302551	13870	13130	27000	265000
7	1120040114956134	OSG ARGOSY	VRAD3	428E	HOXKE428B626	某地0238发展公司	GESU4628622	4100	13500	17600	16800
8	1120040114987606	OSG ARGOST	VRAD3	432E	HOXKE4328625	某地6676有限公司	TEXU3470183	4500	20500	25000	24500

步骤五：数据分析。筛选出多报重量总数最多的5家企业。

查询结果如表7-5所示。

表7-5　多报重量总数最多的5家企业

	出口企业名称	多报总重量/kg
1	某地0012经济贸易公司	356 731
2	某市0637有限公司	250 690
3	某地8436有限公司	198 440
4	某地7022有限公司	197 410
5	某地5037发展公司	184 792

在对某一海关数据进行分析时，执法人员根据以上的分析模式，对其进行了分析，结果显示，单凭一单箱，1000多个企业申报的2000多个集装箱，其报关重量与码头过磅数据所提供的出口货物的称重信息存在很大的差别。

海关对此模型的运行结果进行分析，对三个关区内的企业进行了延伸式排查，从出口单证明细入手，发现报单耗高、多报出口数量、虚假核销保税料件等问题。有关单位无法为多核销的保税材料的合法流向提供有力的数据，怀疑是走私行为。执法部门依法将其移送当地海关稽查局进行调查，并将其他多报、漏出的企业全部移交给相关部门，最终对1351家公司进行了查处，对不法活动进行了严厉打击，维护市场的正常运转。

7.4 大数据在报关与通关中的发展趋势

大数据凭借其具备海量基础数据的特性，成为货物贸易报关与通关的重要工具。随着大数据在报关和通关中的普遍使用，智慧海关的建立成为积极发展的重要领域，旨在实现监管过程的自动化和智能化。早在2016年海关"十三五"规划中便明确提出，要利用大数据技术不断提高海关管理智能化水平，2021年海关"十四五"规划进一步提出完善大数据的基础设施，汇聚多形态数据资源，形成海关大数据湖，为海关数据治理提供基础支撑。大数据在报关与通关中的发展趋势主要可以概括为以下七点：拓展基础数据资源的范围、大数据与海关基建融合发展、便利化程度显著提高、服务全国一体化、监管体系智能化、风险防控体系精准化、加深国际交流合作。

1. 拓展基础数据资源的范围

海关数据的本源是海关在履行进出口贸易时对各项数据的统计与整理。虽然各地海关都在海关总署的指导带领下开始建立自己的资源数据库，然而进出口商品不只是固定从某一地的海关进出口，这就要求各海关之间实现联网联动，对相关数据进行互通互享。海关信息中心不能只限于根据业务部门的需要，对数据进行一些简单的加工处理，后期要对数据价值深入挖掘。各海关对基础数据的重新梳理有利于进一步优化决策方案和提升决策力。同时梳理汇聚海关内外部数据，提供多类型的实时智能数据服务。建设企业、人员、货物、物品、行为、运输工具、案件、事件等模型主题库。整合数据开发和治理流程，推进共性数据融合加工。在实施数据分层管理的基础上，实现海关数据全域融合大数据，有利于打破部门之间存在的数据壁垒，共享海关执法过程中及其相关领域的数据，进而实现纵向层级和横向层级之间的联动，实现信息的互联互通。从进出口货物作业流程来看，完整的通关业务包括海关及以外的诸多单位和部门的共同参与。如商检、外汇管理、税务、商务、海事、空管、港务、码头和银行等，它们和海关一起构成大通关网络、大数据网络。

2. 大数据与海关基建融合发展

大数据应用于海关目前还只是停留在较为浅层的阶段，未来，随着数据驱动创新的能力不断提高，新基建的建设在生活和工作中的作用越来越重要，以5G基站建设、人工智能、大数据中心、互联网等为主的新基建必定会广泛运用在海关部门，以大数据、人工智能、云计算、区块链、无人机等为主的新基建与海关通关、监管等深度融合，建立起海关智慧监管系统和执法系统，这是未来发展的必然趋势，大数据与海关基建的融合，会推进海关工作更加智能化、便捷化，推动海关作业改革达到一个新的高度。

3. 便利化程度显著提高

中国作为货物贸易的第一大国，在推动贸易便利化方面始终稳步前进，特别是从2018年开始，国际贸易"单一窗口"的建立、共享大数据和一系列制度的推广应用，使得中国的贸易便利化水平不断提升。近年来，国家在进出口环节审批、单证手续、通关流程、通关模式、监管手段、口岸费用等方面做了大量工作，如单一窗口和通关一体化以及数据统一处理平台等，都大大提高了通关的便捷程度。随着国家对口岸营商环境的重视度不断提高，我国海关会通过各项措施，将创新融入改革，将大数据科技融入建设，一步一脚印地推动通关的便利性。我国实现全国海关报关、征税、查验、放行全流程通关一体化，监管措施互认和信息共享。

4. 服务全国一体化

"三互"大通关是指内陆同沿海沿边通关协作，实现口岸管理相关部门信息互换、监管互认、执法互助。"三互"大通关是国家关于海关建设的重要规划。一方面最大限度地优化和提高部门的工作效能，另一方面企业享受到的服务更加具有效率性。在此基础上，在信息技术的加持下，各政务部门将会加强多方合作，建立起全国服务一体化的国家大数据中心，数据互联互通，打破行政区域限制，促进对外贸易。

5. 监管体系智能化

海关是国家的进出关境监督管理机关，监管是海关的一项重要职能。随着物联网、大数据、人工智能、VR虚拟现实、视频与图形分析、无人机等智能化监管技术广泛应用于海关监管中，海关的监管技术水平不断上升。未来将大数据应用进一步广泛融入海关监管中，监管技术也更加智能化。以应用大数据理念、云计算技术为标准，构建数据资源库，集中收集相关数据，建立研究数据的交流平台，建立统一的操作系统、报表、设备及网络流程日志等；此平台既要进行数据研究，又需涵盖过滤信息、数据排序、数据汇总统计、数据分布及分析、图形展示等功能；此外，还要制定具体的数据使用规则，如数据治理、清理及权限控制等规则。将各业务线条的系统进行整合、汇总，集中优化，从大量信息情报数据和业务知识库中挖掘和提炼出有效通关监管规则。

6. 风险防控体系精准化

海关的每一个环节都存在一定的风险，尤其在涉及数据的环节，当数据存在错误时，容易被判定为虚假申报，企业也将会承担一定的法律风险。但在大数据平台的支撑下，依托海关风险防控中心，整合海关内外部信息情报资源，通过风险研判、智能查验等专业技术提供的信息，安全准入风险管理效能逐渐提升，海关的风险管控体系会更加完善，实现海关系统的事后管理，使风险分析更精准、更有针对性，为风险分析监控形成数据基础,并以此构建具有关联分析、预测分析的风险监控决策模型,为防控安全准入风险提供数据基础及分析工具。同步开发智能化分析平台,尝试把零散的业务数据进行整合分析,加工整理成可用于风险分析的数据,同时可以加强海关数据信息集合和数据资源的使用效益,提升海关风险管理的数据整合水平。

7. 加深国际交流合作

宏观分析是海关大数据的重要应用,特别在国际经济形势复杂、贸易摩擦不断的背景下更需要以数据信息为中心,对贸易进行专项分析,把控形势走向,保护国家经济利益,加深国家间的友好交流与合作。2020年全国海关工作会议提出要积极服务对外开放大局,加强与"一带一路"沿线国家机制化合作。未来,智慧海关建设将更注重深化国际合作,实现国际海关间的联合监管,区域战略决策规划,开展与境外"单一窗口"平台的国际交流合作和数据互联互通。海关大数据应用也是国际贸易发展与合作的必然趋势

本章小结

本章关于大数据在国际货物贸易报关与通关中的应用,分别从以下四个方面来详细分析:传统货物贸易报关与通关、大数据在报关通关中的应用现状、大数据在报关通关中的使用场景与案例、大数据在报关与通关中的发展趋势。

传统的国际贸易货物报关与通关主要分为三个阶段:①海关前期管理阶段;②海关现场管理阶段;③海关后续管理阶段。传统的报关与通关效率比较低下,而大数据在报关与通关中的应用表现在:大数据为报关通关协同治理提供基础保障、大数据是报关通关创新管理和智能监管的动力源泉、大数据是报关通关中物联网技术发挥作用的催化剂、大数据是报关通关简政放权和精准管理的突破口。报关与通关大数据应用主要面临以下几个方面的挑战:大数据的泄露可能损害企业商业利益和危害国家利益、大数据的产生和运用通关和报关的管理模式提出新要求、大数据海关建设速度过慢、大数据海关发展需要不断优化。大数据在报关与通关中的使用案例中,主要以拱北海关、南沙海关和广州海关改革为例,分析大数据在广东地区不同海关改革中的应用。最后,展望大数据在报关与通关中的发展趋势,主要包括以下七个方面:拓展基础数据资源的范围、大数据与海关基建融合发展、便利化程度显著提高、服务全国一体化、监管体系智能化、风险防控体系精准化、加深国际交流合作。

参考文献

[1] 谢泗薪,孙秀敏. "一带一路"倡议下基于大数据的口岸物流发展战略思考——以内蒙、黑龙江、新疆三地口岸物流发展为例 [J]. 价格月刊,2018,(01):73-79.

[2] 宇方成. 打造"智慧通关"福建样本 [J]. 中国检验检疫,2019,(03):16-17.

[3] 刘芳妤. 大数据背景下边检自助通关系统改进设计 [J]. 电子技术与软件工程, 2019, (15): 126-127.

[4] 宋阳, 周兵, 张春祥. 大数据背景下空港口岸边检无感式通关模式可行性探讨 [J]. 河北公安警察职业学院学报, 2020, 20 (04): 58-62.

[5] 颜海娜, 曾栋. 大数据背景下市场监管模式的创新探索——以南沙自贸片区为例 [J]. 探求, 2018, (01): 32-45.

[6] 曾范敬, 张鹤飞, 张立频. 大数据环境下边检自助通关系统优化策略研究 [J]. 中国人民公安大学学报（自然科学版）, 2016, 22 (03): 52-57.

[7] 李健斌. 大数据技术在海关电子通关领域的应用探讨 [J]. 电子世界, 2017, (13): 96.

[8] 毕海军, 惠亮. 大数据时代海关统计分析面临的挑战与对策 [J]. 海关与经贸研究, 2016, 37 (01): 52-58.

[9] 席劲佳. 大数据时代海关系统政务信息化建设研究 [D]. 太原: 山西大学, 2018.

[10] 陆霞. 大数据时代我国海关数据开放问题研究 [D]. 厦门: 厦门大学, 2017.

[11] 王静改, 葛颖恩, 王骏, 等. 港口智慧海关监管的发展现状、趋势及思考 [J]. 中国港口, 2020, (05): 26-30.

[12] 欧阳晨. 海关应用大数据的实践与思考 [J]. 海关与经贸研究, 2016, 37 (03): 33-43.

[13] 陈雷, 夏永忠, 陈建平, 等. 海运口岸24小时进出境通关监管智能化研究——以黄埔港为例 [J]. 中国标准化, 2021, (23): 138-145.

[14] 王秋荻. 基于大数据背景下的海关风险管理研究 [D]. 天津: 天津财经大学, 2019.

[15] 张明. 基于大数据技术的海关防范出口骗税研究 [D]. 天津: 天津财经大学, 2018.

[16] 赵君, 胡斌, 潘强. 基于大数据推进海关智慧稽查建设的框架设想 [J]. 中国口岸科学技术, 2020, (04): 76-80.

[17] 范子杰. 基于海关业务的数据挖掘研究综述 [J]. 全国商情, 2016, (35): 21-24.

[18] 白东蕊. 跨境电商试验区通关便利化的创新实践路径 [J]. 对外经贸实务, 2020, (12): 37-40.

[19] 卢琦. 跨境电商运营现状分析 [J]. 中国商论, 2019, (21): 92-93.

[20] 孙梦黎, 贾文娟. 贸易便利化视角下重庆口岸通关模式 [J]. 重庆交通大学学报（社会科学版）, 2017, 17 (06): 30-34.

[21] 白珞君, 潘茜月, 肖达伟, 等. 全球贸易时代中国海关运用大数据的机遇、挑战与对策 [J]. 中国商论, 2018, (02): 6-8.

[22] 徐强. 试论大数据标签化在进出口企业画像中的运用 [J]. 中国口岸科学技术, 2020, (11): 32-37.

[23] 张健. 数据化驱动的海关通关一体化改革 [D]. 厦门: 厦门大学, 2018.

[24] 崔建高. 数据智慧: 开启智慧海关建设的关键密匙 [J]. 海关与经贸研究, 2018, 39 (002): 44-56.

[25] 张远惠. 智慧口岸信息化建设路径研究 [J]. 信息与电脑（理论版）, 2021, 33 (18): 206-208.

[26] 李青. 智慧物流平台在国际贸易中的深层次运用 [J]. 商业经济研究, 2020, (10): 4.

[27] 李佳, 靳向宇. 智慧物流在我国对外贸易中的应用模式构建与展望 [J]. 中国流通经济, 2019, 33 (08): 11.

[28] 刘汝焯, 戴佳筑, 何玉洁, 等. 大数据应用分析技术与方法 [M]. 北京: 清华大学出版社, 2018.

第三篇

大数据在国际服务贸易行业中的应用

第 8 章

教育行业服务贸易大数据应用

> **学习目标**
>
> （1）了解中国教育事业和国际教育服务贸易发展概况。
> （2）掌握国际教育大数据的特征、必要性和应用场景。
> （3）了解大数据在国际教育服务贸易中的发展趋势。

8.1 国际教育服务贸易概况

8.1.1 国际教育服务贸易概念界定

1. 教育定义

在中文中，教育一词出自于《孟子·尽心上》中的"得天下英才而教育之"。在西方，教育一词源于拉丁文 educate，意为"引出"或"导出"，指通过一定的手段，把某种本来潜在于身体和心灵内部的东西引发出来。二者均指通过一方的引导、规划和管理，促进另一方的个体发展。

传统教育指的是通过教育者的言传身教，使被教育者在身心方面得到教育的模式。传统的教育模式强调教育者的作用，由教育者对信息进行消化和整理，再以特定方式将信息的内容传递和输出给被教育者。而对于被教育者来说，只是被动地接受，且在很大程度上仅限于局部的受教育范围。

在我国，传统的教育行业兴盛于工业化时代，奠定了以校园课堂的面授教育为主的传统教育模式。所以传统教育有时也被称为面授教育或校园教育，通过学校、学院或其他形式的正规课堂对学生进行教学。传统教育通过标准化的课堂，对学生进行班级管理，定制统一的教材，按照固定时间进行课堂授课的模式，从而对学生进行知识的输出。

2. 国际教育服务贸易的定义及范畴

国际教育在促进经济增长和发展方面发挥着关键作用。国际教育服务贸易是指发生在国家（地区）与国家（地区）之间的教育服务的交易活动和交易过程。国际教育服务贸易是世界经济发展到全球化阶段，教育国际化与国际服务贸易相结合的产物。这种贸易在实践中的典型表现是以留学生为标志，兼有教育产品或教育物资进口与出口的服务贸易。

根据 WTO 和信息系统局按服务的部门（行业）划分，把全世界的服务贸易分为 12 大类：①商业服务；②通信服务；③建筑及相关工程服务；④分销服务；⑤教育服务；⑥环境服务；⑦金融服务；⑧健康与社会服务；⑨旅游及与旅行相关的服务；⑩娱乐、文化与体育服务；⑪运输服务；⑫其他服务，下分 143 个服务项目。教育服务（educational services）属于 12 类服务贸易中的第 5 类。

WTO《服务贸易总协定》（General Agreement on Trade in Services，GATS）是乌拉圭回合谈判的一个重要成果，该协定对所有国际服务贸易进行协调。根据 WTO《服务贸易总协定》（GATS）的规定，除经贸研究由各国政府全额资助的教学活动外，凡收取学费、带有商业性质的教学活动均属于教育服务贸易范畴。

3. 国际教育服务贸易的类别

根据各国公认的中心产品目录（Central Product Classification，CPC），从教育服务层次上来划分，教育国际服务贸易可被分为初等教育服务、中等教育服务、高等教育服务、成人教育服务和其他教育服务等五个类别。

从服务提供方式来看，WTO《服务贸易总协定》（GATS）将服务贸易分为四种模式。国际教育服务贸易的主要类型包括跨境支付、商业存在、境外消费和自然人流动等。

国际教育跨境交付是指从一成员国境内向另一成员国境内提供教育服务，这种服务不构成人员、物资或资金的流动，而是通过电信、邮电或计算机网络实现的服务，比如教育的函授、在线远程教育和网络教学等。

国际教育商业存在指一成员国的服务提供者在任何其他成员国境内建立商业机构（附属企业或分支机构），为所在国和其他成员的服务消费者提供服务，以获取报酬。比如在别国设立培训机构或合作办学等。

国际教育境外消费指一成员国的服务提供者在其境内向来自任何其他成员国的服务消费者提供服务，以获取报酬。比如本国学生出国留学或接收外国留学生。这是教育服务贸易最主要的提供方式。

国际教育自然人流动指一成员国的自然人（即服务提供者）到任何其他成员国境内提供服务，以获取报酬，常见的方式为如聘请外籍专家、教师等。

8.1.2 国际教育服务贸易发展概况

1. 国际教育服务贸易发展趋势

根据 WTO《服务贸易总协定》（GATS）显示，当前在国际教育服务贸易领域，高等教育服务和其他教育服务（比如专门的体育培训）发展迅猛。同时，跨境留学的学生数量、跨境学校分校数量及远程学习机会均在不断增加。

国际教育服务贸易作为国际服务贸易种类之一，对国家经济发展起着日益重要的作用。在国际教育服务贸易的主要形式中，高等教育的境外消费即留学教育发展尤为迅猛。为抢占留学教育市场，各国纷纷采取相应措施扩大教育服务贸易。中国的国际教育服务贸易发展趋势主要体现在以下几方面。

1) 留学规模

自加入WTO以来，我国出国留学生人数与海外来华留学生人数均迅速增长。《国家中长期教育改革和发展规划纲要（2010—2020年）》的实施使得中国的留学教育进入全面提升完善阶段。在衡量留学教育发展时，重要指标之一为留学生规模。无论是外国学生来华留学还是我国学生出国留学的规模都逐年扩大。《留学中国计划》中提出的来华留学50万人次的目标已基本实现，中国已成为世界第三、亚洲最大留学生目的地国。在出国留学方面，我国出国留学人员规模不断增加，持续保持世界最大留学生生源国地位。

教育部数据显示，2019年度我国出国留学人员总数为70.35万人，同比增长6.25%。留学人员回国人数为58.03万人，同比增长11.73%，其中超过78%的学生出国攻读硕士及以上学位。

2) 留学目的地及生源

从进出口市场角度来看，我国教育服务贸易的进口市场，即中国留学生前往的留学国家主要集中在美、英、澳等发达国家。其中，在美国、澳大利亚、日本、英国、加拿大5个国家的留学人员约占在外留学人员总数的74%，并且中国留学生成为众多发达国家的最大留学生生源。中国教育服务贸易的主要出口市场，即前来中国留学的外国留学生生源国家主要集中在"一带一路"沿线等发展中国家。整体而言，呈现出境外消费教育服务贸易结构不平衡、进出口贸易额失衡、贸易逆差较大等特点。

3) 留学结构

近年来，来华留学教育结构最显著的变化是学历生比例不断上升。2018年，来华接受学历教育的外国留学生上升至占来华生总数的52.44%，较2009年增长13.21%。在中国学生出国留学教育角度，留学结构保持以公派留学为引领，自费留学为主体的格局。其中，公派资助留学的目的国家日趋多元化，教育层次逐步提高，访问学者及硕博留学比重不断提高。

2. 国际教育服务贸易存在的问题

我国在21世纪初期已开始在不同教育层面上开展与大部分发达国家、部分发展中国家的交流与合作项目。这些合作项目不仅吸引海外学生来到中国进行国际化交流，同时也能实现中国学生前往海外不同国家进行文化输出与交流。但是近年来，我国的国际教育服务贸易依然存在一定问题。

1) 国际教育交流体制较为传统

自2020年新冠病毒感染暴发以来，部分项目开设线上交流项目，国际教育交流体制并没有实现明显且实质性的变化，依然以学生和教师的双向线下输出为主。

2) 国际教育服务贸易逆差持续扩大

虽然留学教育规模逐年扩大，出国留学与来华留学人数持续稳步增长，但赴外留学人数增长速度相对更快。因此，国际教育服务贸易依然形成了留学教育服务逆差，并且这种逆差正在逐年扩大。

3) 国际教育服务质量有待提升

教育部在《2003—2007年教育振兴行动计划》中明确将来华留学工作方针调整为"扩大规模、提高层次、保证质量、规范管理"，开始重点关注来华留学生教育质量，但依然存在一定留学质量问题。

从国际教育质量上看，我国高等教育质量在近些年虽然不断提高，但是世界排名较前的高校数量与发达国家相比仍有很大差距。在选择跨境交流学习时，学校声望和排名为留学生考虑的主要因素。因此，缺少世界级名校成为阻碍我国境外消费服务贸易发展的重要因素。

另外，中国目前只有少部分高校招生开设了全英/双语授课课程，其他课程仍以中文授课为主。同时，专门针对来华留学生开设的其他外语课程、学科专业数量及其占比也较低。由此，中国高校的课程安排尚不足以促进我国高等教育服务的出口。

此外，在部分高校中，依然存在留学生入学标准不统一、不清晰等问题，也不乏部分高校为了追求留学生数量、扩大学校知名度从而降低招生门槛、放松入学考核制度的现象。

留学生的培养过程也存在规范性不足的问题。比如在部分高校，对在华留学生的教学过程安排较为随意，在考核留学生的学习表现时，与本国学生相比要求较低，缺乏原则。部分高校缺乏对留学生学业成果的有效评价机制，存在对留学生降低考核标准的现象。

4) 教育服务贸易的大数据应用研究匮乏

当前，对于教育服务贸易的大数据应用和研究主要还是以欧洲和北美洲为主，亚洲地区依然在探索的过程当中。因此，国际教育交流与合作的体制以及国际教育大数据的研究和利用面临迫切的改革需要，各个层面的教育机构均需不断摸索，寻找更能适应现代社会和现代国际教育的发展道路。

优化教育资源配置方式并提高其投入产出效率，具有重大的现实意义。无论是对教师资源的优化配置、对创新国际教学模式的进一步探索，还是对教育资源投入结构不合理或投资资源的问题解决，都能进一步推进教育行业变革及转型。

8.2 大数据在国际教育服务贸易中的应用现状

在"互联网+"和大数据时代背景下，教育行业已经发生了根本性变化。在大数据时代，各行各业都在被驱动着进行创新，并开创新型的商业模式。对于教育行业而言，教学观念会随着信息技术的发展而发生转变，教学模式也会随着大数据技术的使用而日新月异。通过借助大数据技术，在教育行业推动国际教育大数据应用也显得十分重要，是适应今天全球信息化时代的要求。

8.2.1 教育大数据的定义、来源和特征

1. 教育大数据的定义

教育大数据（educational big data）指的是对教育领域由教育和学习过程不断生成的海量数据进行的采集、分析和应用。从广义上来说，教育大数据包括在教育全过程、全时空中产生的多种类型的全样本的数据集合，是一种强周期性的具有巨大价值的高复杂性的数据集合。从狭义上来说，教育大数据仅仅指在学校教育中所产生的数据。

在国际教育领域，通过对数字化手段的利用，各教育机构及教育层面便可以在不同的国家课堂上采用不同的教学方法，利用技术手段来缩减文化上的差异，促使国际教育实现个性化和多样化的发展。

2. 教育大数据的来源

无论是针对国内教育还是国际教育，教育大数据均主要来自各种教育实践活动，这些数据来自教学活动、管理活动、科研活动和校园生活中收集到的数据，也包括在非正式环境下，比如在家庭和社会的学习活动中产生的数据。这些数据来源可以归纳为以下几个方面。

（1）学生数据。学生数据指的是由学生和教职员工生成的数据，包括来自教职工管理系统和学生管理信息系统的个体基本信息、行为数据和状态描述数据等。

（2）课程数据。课程数据指的是由课程教学过程中产生的教育大数据，包括课程信息、课程资源、课程评价考核、师生交互信息等。当前，在线学习平台和课程管理平台成为课程数据的主要数据来源渠道。

（3）班级数据。班级数据指的是以班级为单位进行收集的教育大数据，包括学生提交的课程作业和考试信息、学生线上的学习数据和班级管理数据等。

（4）学校数据。学校数据指的是各种学校管理数据，包括学生管理、科研管理、财务管理、教务管理、学校基础设施数据等。

（5）国家数据。国家数据包括来自社会教育培训机构、政府层面教育行政管理或教育云平台产生的教育资源、教学教研、教育活动等数据。

3. 教育大数据的特征

教育大数据具备一般大数据的基本特征，但又有所不同。教育大数据的特征主要体现在以下几方面。

（1）规模巨大。一个学生在一节40分钟的课程中，所产生的数据可达到5～6GB。我国在校学生人数与参与国际交换的学生人数逐年增长，每时每刻都在产生教育数据。除此之外，我国还存在大量非正规教育活动，比如校外辅导机构、社会教

育培训机构等，这些机构产生的数据规模同样巨大。虽然和普遍使用大数据的零售业、通信行业等其他行业相比，教育大数据的规模相对较小，但依然远远超出传统数据处理工具的处理能力范围。

（2）流动速度慢。和零售业交易数据、通信数据和互联网搜索数据相比，教育行业的数据流动速度相对较慢。当前大部分国家开展教育活动均采用学期制，因此教学活动存在周期性，比如学校教育以学期、学年为单位开展教学活动，导致教育行业中的数据也存在周期性。同时，由于教育活动种类多样，比如教学活动、学校或教育机构管理活动、科研活动、校园活动和国际交流活动等，因此教育大数据来源渠道多样且复杂，也同样导致教育大数据的流动速度更慢。

（3）实时采集。教育大数据是在教育活动开展的过程当中被采集的，所以每一个教职工和学生在教育活动中的个体信息、行为轨迹和反馈评价都会被实时并精准地记录下来。而各大教育数据采集平台会进行全过程不间断的实时数据采集，使得数据能够做到及时更新，具有较强实时性。

（4）高复杂性。学校教育教学类别多样、过程复杂，生成的数据使得研究人员难以探索其规律性。同时，市场上还存在大量非正式教育产生的数据，比如各大教育机构进行国际交流活动所产生的具备高度多样性的数据，也为其数据分析提供了一定难度。在教育教学过程当中，除了学生学习记录、考试成绩、教师上课时长等定量数据之外，还产生了大量非结构化数据，比如国际各大高校提供的慕课（massive open online course，MOOC）等线上课程视频资源、学生文本评价等信息，其类别多样、信息量大，也为教育大数据增加了其复杂性。

8.2.2　教育大数据应用的必要性

在心理学中，冰山理论指很多事物就像一座漂浮在水面上的巨大冰山，能够被外界看到的行为表现或应对方式，只是露在水面上很小的一部分，不为人知的大部分则藏在水底。冰山理论可以用来解释很多学科的不同现象。无论是国内还是国际教育大数据领域，当前普遍认为对教育行业的数据采集分析工作还处于水平面之上的冰山一角。这些数据更加显性、更加易于采集和测量，长期以来教育行业通过这些显性数据研究教育行业的宏观发展。但是，随着今天信息技术和大数据技术的普遍使用，挖掘水平面以下的更为复杂、更难采集、更加隐形的数据可行性得到提高，这些数据对于分析现代教育行业，尤其是现代国际教育行业有着不可估量的巨大意义。

今天，我们可以基于多种教学和学习平台，比如国际各大平台可共享的大规模在线开放课程慕课、教学教务管理平台、学生线上学习平台等开展对教育大数据的挖掘和分析。这些数据不仅能帮助各大教育机构提高管理水平，更有利于提高教师的教学质量和学生的学习效率。

为更好地推进教育信息化，加强大数据技术在教育行业中的利用。我国也对教育信息化制定若干方案，从而对中国教育事业进行重点关注和扶持。2019年，中共中央办公厅、国务院办公厅印发了《加快推进教育现代化实施方案（2018—2022）》。该方案提出大力推进教育信息化，充分发挥信息技术对教育的革命性影响，探索"互联网+"条件下的人才培养新模式，并构建基于信息技术的新型教育教学模式、教育服务供给方式以及教育治理新模式。中共中央、国务院还于2019年印发了《中国教育现代化2035》，强调智能化校园的建设，对一体化智能化教学、管理与服务平台进行统筹建设。并强调利用现代技术加快推动人才培养模式改革，实现规模化教育与个性化培养的有机结合。

8.2.3 国际教育大数据的应用场景

教育行业是能充分发挥大数据技术作用的重要领域。通过大数据及技术，教育行业能发生革命性的变化。教育管理者可以采用多种技术手段，使教育行业中的决策变得更加科学、更加合理。如图8-1所示，当前大数据在教育行业中的应用场景主要分为五方面：教学改革、教务管理、学生管理、科研支撑和留学服务。

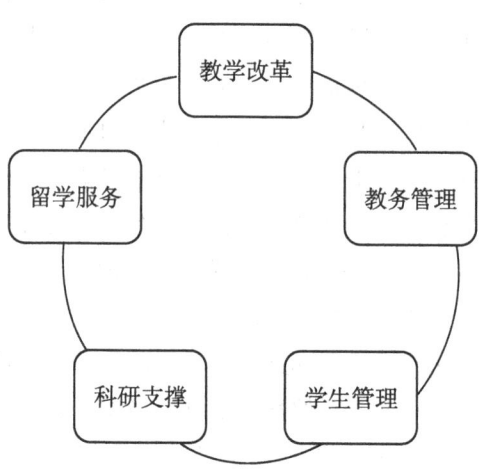

图 8-1 教育大数据的应用场景

8.2.3.1 教学改革

当前，大数据技术普遍运用于教学改革领域。通过搭建线上教学平台，教师和学生可接入各科目的慕课资源，获得更多高质量教学资源；教师可实时追踪学生的学习行为，从而对学生的学习情况、学习成绩进行分析，并改善学生的学习习惯、提高学生的学习成绩；教师可针对学生的学习偏好和行为定制个性化的学习方案，实现精准教学；课堂授课、课堂活动也可通过线上教学平台来完成，优化课程设计，对课程安排进行合理调整，灵活再造教学流程等。整体而言，大数据技术能从以下几方面协助进行教学改革。

1. 国际教学资源

慕课，即大型开放式网络课程，是一种将信息技术、智能技术与教育教学深度融合应用的新形式，近年在国内各层次学校和教育机构兴起。这些开放式网络课程使来自全球各地的师生都能获取更多优质的海内外在线免费资源，足不出户便可接收大量海内外高质量的国际教育资源进行自主学习。同时，还能为国际网络学习者提供其他教学服务，比如在线问题解答、在线评价等。

在国内，我国各省市教育行政部门、高校和课程平台运营机构也致力于打造和建设在线开放课程。在线开放课程建设旨在通过优质课程的有效共建共享更好的保证教学公平，促进教学手段的改革、教学模式的创新和教学内容的改进。根据实际情况，中国当前也探索了各层次教学机构慕课应用新模式，已经构建了MOOC、

SPOC（small private online course，小规模限制性在线课程）、MOOC+SPOC、线上线下混合式教学等多种在线开放课程新形态。

在建设在线开放课程前，资源设计者需要对课程学习对象、教学内容、教学目标开展深入的调查和研究，并围绕课程学习对象的学习需求和学情基础，对教学内容进行系统性重构，同时丰富其他线上教辅资源，比如电子教材、电子教案、电子课件、教学视频、作业、习题库等。在公开课程资源之后，还需要持续不断对在线课程资源进行维护与更新。MOOC 背景下需要重视在线开放课程教学设计，同时建立在线开放课程评价体系，提升 MOOC 背景下在线开放课程的应用效果。

除了教学类型的线上开放课程，教师还能通过在线培训课程资源进行自主学习和自我提升。在线培训课程资源指在网络环境以教师自主学习为主、专家非实时答疑指导为辅的异步在线培训模式所需的学习资源。这些线上资源变革了教师获取知识的方式，协助教师自主学习、实现教师之间的互动和交流，能有效提高教师的职业素养和专业能力，为教师进行教学改革提供基础。

在 2020 年新冠病毒感染爆发背景下，教育部提出开展利用网络平台"停课不停学"的总体部署，鼓励学生在家进行线上学习。众多网络学习平台响应国家政策号召，为社会公众免费提供网络课程资源，包括各地学校可根据实际情况免费使用的网络教学平台、资源平台、会议平台和相关教学工具等。除了现有的线上课程资源，为更好地提高线上课程资源的多样性和适宜性，各地政府、学校层面也鼓励教师在选择性使用平台免费资源的同时，对授课的课程进行线上录制，生成新的线上课程资源，从而丰富本土化的课程资源库。通过对线上课程资源的提供和建设，学校、教师和学生度过了在家线上教学和学习这一特殊时期。

2. 精准教学

精准教学（precision teaching）早期主要针对小学教育，旨在通过设计测量过程来追踪小学生的学习表现并提供数据决策支持。当前，由于在线学习平台、线上公开课程资源、微课、翻转课堂以及学习社交平台等的广泛应用，教育数据正在以前所未有的速度快速增长，并呈现出可捕捉、可量化、可传递的特征，这些都使得精准教学变得更加可行。

通过在线教学平台的大数据技术，教师能对学生的学习情况、行为等大数据进行全面、实时的采集，进行准确分析，并将其精准应用，从而增强学情分析和教师的个性化教学能力。大数据为精准教学提供了技术支持，教师可根据设计测量过程来追踪学生的学习表现，并为教学提供数据决策支持。

（1）数据采集和归类。教师和学生的教学及学习实际需求和使用习惯可以被采集并分类，存放在线上数据库中，这也是实施精准教学的前提和基础。在有需要时，教学者和管理者可以随时对这些数据进行调用。数据的采集可以通过线上和线下两条渠道进行开展。首先，在线上采集渠道，包括学生对学校教学和学习平台上提供的在线学习资源（视频、课件、题库等）的使用和学习行为数据。该采集方法尤其适用于对国际教育活动的开展，教学管理者能有效对身处不同国家的学习者的学习数据进行采集。线下采集渠道主要通过图像识别采集技术，比如对学生线下完成的作业、考试试卷进行拍照、扫描和上传而产生的数据。

（2）数据分析。对教学和学习的数据分析是实施精准教学的核心部分。专业技术人员需要对采集的数据进行筛选和清洗，剔除掉重复、错误及虚假的数据，从而保障数据的真实有效。随后，根据教学需求构建模型，结合数学统计、机器学习、数据挖掘等方法对数据进行精准的分析，最后形成可视化的学情诊断报告。

（3）数据应用。基于人工智能+大数据的精准教学能够对学生学习进度、学力、习惯进行跟踪和分析，从而在系统后台准确生成学生的用户画像，发现知识薄弱点，并形成学生的学情报告。对于教师来说，基于精准数据分析结果进行备课，能比传统备课具有更强的目的性和针对性。教师能结合学生的学情诊断报告，调整备课的重点、难点，并设计学生接受程度更高、消化能力更强的授课模式。对于学生来说，线上学习平台可以根据学情诊断报告为学生提供学习资源的个性化智能推荐，教师也可以根据学生对不同知识点的掌握情况、学生的思考层次和学习参与情况对学生进行个性化的指导，设计个性化的学习方案，引导学生改善其学习方法，协助其提高学习效率。在布置作业时，也可以充分考虑学生的个体差异，为每个学生量身定制个性化的作业设计。同时，教师也能通过教学平台的数据分析结果，及时发现得分较低、课堂参与度较低，或对知识掌握不完整的学生，并针对该学生及时发送教学预警。

本质上，精准教学是根据学生学习情况和教学实情来提高教学效率，今天在教育界已经获得广泛认可和推广。信息技术的发展和大数据技术在国内与国际教学领域的应用，使得基于学生学情状况的精准教学能有效实现教学目标和学情数据的匹配，使教学过程和学习结果更加一致化，使教学和学习更加智慧化，提高现代教育中因材施教的效果，促进国际教育活动的顺利及高效开展，对教学改革起到重大作用。

3. 全过程学习支持

大数据技术除了在教学平台提供国际教学资源，方便师生进行学习，并为学生量身定制个性化学习方案之外，还能突出学习路径导航，为学生提供全面、全过程的学习支持。

大数据技术能帮助教师对学生的各种课程学习数据进行全过程追踪和管理，比如学生的出勤情况、在线学习时长、页面停留时长、平台登录次数、资源访问次数、论坛发帖次数、作业完成数量等，而这些数据都是学生的学习表现评价指标。教师可以根据学生的学习表现情况的数据调整课程设计，比如对教学资源的发放、调整和补充。根据这些数据，教师也可以进行课堂互动的设计，比如在线随机选人、在线投票、线上讨论、头脑风暴等各种各样的课堂活动，这些活动不仅能有效激发学生的学习积极性，同时，过程中生成的实时数据也能使教师对学生个体和班级群体的学习表现获得更多更深入的了解，从而进一步调整教学策略。

在基于大数据的教学过程当中，教师要积极转换教学角色和教学思路，学生应该成为教学过程中的主体。学生应改变传统的被动接收教学内容的模式，学生应被引导培养其自主学习能力和主动探讨能力，培养更大的学习兴趣和学习动力。在这个过程中，教师则应转换角色，成为自主学习、适应性学习的引导者和组织者，实时监测学生的学习情况，根据学生在某一阶段学习中的不足和学习缺陷进行有效反馈，对学生的学习过程进行全面支持。

4. 学生学习评估

学习评估是对学生的能力、进步和学业成绩的衡量。尤其是在开展国际教育时，由于师生可能处于不同国家，教师对学生的学习情况获取存在较大难题。基于大数据技术的应用，针对学生学习情况的评估，教师可在课前通过网上自测系统和多层次的反馈系统，对学生进行起点评估，并按照需要基于反馈系统和课堂检测的结果对学生进行学习小组分组。教师在课程任务、线上平台的教学资源设计时，也可以根据学生的起点评估结果进行分层开展。在学生的学习过程中，学生可以基于师生、生生互动平台，通过提问、反馈和讨论等方式，进行学习体会的交流，更好地全程了解自己的学习情况和进度。教师同时也可以通过分类分层的线上学习和评估，有效降低学生学习成绩的不通过率，从而确保学生线上学习效果。而教师对于学生的学习情况评估也可以从传统的单一评价方式，转变成基于线上数据的多元化评估模式。评估内容不仅包括学生的课堂表现和作业、考试成绩，而还应涵盖学生在线上学习平台的学习行为数据（包括课堂签到、课程资源学习进度、课程任务完成情况、课堂活动参与情况等）、学生互评和学生自评数据等。通过这些数据，教师不仅能从线上教学平台上获取学生的分数，还能获得更多的学习指标，比如学生的学习时长、学习进度等。在这个过程中，教师们综合使用两种评价方法，分别是形成性评价和终结性评价来对学生的学习情况、学习成果进行全面评价。形成性评价是对教学过程的评价，可以帮助教师改进教学方法、提升教学质量；终结性评价是考察最终结果，是对教学活动全过程的检验。教师还可以根据评估结果开展对学生学习行为和习惯的预测，并根据这些数据及时调整教学内容，提升学生学习的自主性，达到改善教学决策和提升教学成果的目的。

无论是针对国内教育还是国际教育的开展，基于大数据的线上教学和学习平台都能以更加完善的过程监督和效果评价机制提供服务，从而保证学生的学习质量，有效帮助提高学生的学习效率。

8.2.3.2 教务管理

大数据分析能有效帮助教育机构优化教育机制，并做出更科学的管理决策。当今很多教育管理者已经意识到，大数据能有效提高管理效率和生产力，并帮助决策者制定策略、计划并优化运营。对于教务管理领域来说，教育机构的教务管理也会随着大数据技术的应用从信息化向智慧化方向发展。教务管理系统（educational administration system）是保证学校常规教务管理工作能够井然有序进行的重要工具。各大教育机构教务，尤其是高等院校，管理信息系统中已经收集了大量的教务和教学相关数据，包括排课选课信息、教材信息、教师基本信息、学籍档案信息、考务与成绩管理信息、考试安排信息等。将这些数据信息应用于对日常教务管理已经成为当前的发展主流趋势，能有效简化教学管理工作流程，进而提高管理者的工作效率。

1. 课程设置

各大教育机构的课程设置主要是基于人才培养方案来设定基本课程体系。课程与课程之间存在一定关联性，且应有科学合理的顺序安排。比如，更为通俗易懂的学习基础课程应安排在学习难度系数大的专业课程之前，才不会对后续学习造成阻碍。

但是，由于缺乏信息共享和课程关联的智能分析，课程设置的合理性有待考究。数据挖掘技术能通过关联规则算法在提高课程设置合理性上起到重要作用。关联分析指的是找大量数据集存在的关联性或相关性，描述事物中某些属性同时出现的规律和规则，其中 Apriori 是经典的关联规则算法。Apriori 算法能够实现对学生平时成绩信息、试卷成绩以及具体成绩细节进行挖掘，并计算出不同课程之间的关联度和关联规则，进而建立相关课程之间的关系模型。课程关系模型能为课程设置提供参考依据，协助教务管理者制定教学计划，从而使课程的设置和安排更加合理、更加科学。

2. 教材管理

在传统的教材选择流程中，由于缺少信息汇总的平台，学校首先需要对学院、教师和学生的工作流程、需求情况进行调研和分析。尤其是在开展国际教育时，教材的出版方可能来自不同国家，教材信息复杂性高、不可获得性高。因此，教材统计及订制流程冗长且复杂。首先，先由任课教师将所需订制教材手工录入 Excel 表格，再由专业负责人、教研主任或教务负责人进行汇总，最后提交至学校教务处进行进一步汇总。如果教务处发现教材问题，需再次联系该教研室，教研室通知任课教师进行修改并将修改后的教材信息提交至教研室，最后再次提交给教务处方可完成整个教材统计流程。

基于大数据技术的教务系统设计可以解决复杂的教材管理问题。教务系统可以为不同用户分配不同权限，在登录系统后根据权限提供不同功能菜单。对于教师来说，教师只需要以教师角色登录系统，便可浏览其开课信息，包括该课程的开设时间、授课对象的年级和专业等信息。教务系统将与学校合作的国内外出版社提供的教材信息和该校曾经使用过的教材信息录入系统，教师只需在教材管理板块直接输入计划教材的名称或 ISBN 国际标准图书编号即可直接查找教材，并在系统直接选定。如需进行教材预定修改，教师也可以在系统上直接完成教材信息修改并提交至教务处进行审核。

3. 选课排课

通过大数据技术，教务管理者还能对教务管理系统数据库当中的学生选课信息进行挖掘，得出学生选课关联关系。通过学生选课数据，设计更为合理的课程开设群集。教师也可以登录教务管理系统查看全校开课信息，并进行在线选课。这样的设置能帮助教务管理者掌握学校课程的师资情况，及时协调课程的任课教师，做到对学校教师资源的合理分配。

基于大数据的教务系统还能为教学管理部门的排课管理提供科学的数据支撑。通过对学生选课、教师选课等信息进行分析，教学管理部门可以探索最佳的排课方式。即使在开展国际教育时，授课教师可能身处国外，教务管理者依然可以寻找最合理的课程时间安排、教室和设备安排等，从而最优化课时的具体分配。另外，当前也有技术表示能通过对历史数据的挖掘，提出自动排课系统的设计方案。

4. 教学质量评估

教学评估指对影响教学活动的所有因素进行评估，是教学过程的重要组成部分，是有效教学的基础。传统的教师教学质量评估主要依据学生评价、督导组评价和教师自评。学生评价是学生针对教师的教学内容以及教学过程进行的客观评价；督导组评价是由学校部分权威教师组成的考核小组或学科建设专家团队对教师的教学效果进行的评估；教师自评指的是教师在课后对自己的教学过程和教学表现进行的自我反思和客观评价。随着信息技术的发展，大数据时代背景下的教学评估已经发生了变革。

通过对大数据技术的使用，对教师的评估不仅仅来自学生、督导组和教师自身的主观评价，还可以根据学生的线上学习行为、学习轨迹以及教师在线上的教学行为和轨迹来进行判断和评价。所以教师的教学质量评估是基于学生的学习过程和教师的教学过程来完成的，更注重教师教学的过程性。这些数据更加科学、准确和合理，可以为教师改进教学方法和其工作思路提供参考性建议。

除此之外，针对教务管理系统上学生对教师教学的测评结果和教师授课信息，还能开展聚类分析。聚类分析指的是在未知的情况下根据数据样本之间一定的相似度，将其划分为若干个区间，然后根据与已有数据样本区间的相似度来归类待划分数据，简单来说就是按照对象的特征来进行分类。聚类分析能挖掘教师教学质量评价的关键影响因素，分析学生就相关课程对教师教学质量关注的重要指标，帮助教师调整授课侧重点，并对学校进行教师团队管理起到重要作用。

5. 学位预警

在学生学习过程中，难免出现部分学生因考试成绩不理想、缺考、平时表现欠佳等原因导致课程成绩过低，甚至无法获得学位。在国际教育中，由于存在跨国线上网课、课程教学情况监管难等问题，无法获得学位的学生数量相比国内教学更大。通过对教务系统中学生成绩数据进行 Apriori 算法的数据挖掘，可以将得到的关联规则作为学生成绩预警因子。因此，教务管理者能及时发现这些学生不及格课程的隐藏规律,并对这些有潜在可能无法获得学位的学生提出预警,从而提高学生获得学位的概率。

8.2.3.3 学生管理

在教育管理中,学生管理是一项尤为复杂的工作。学生管理工作指的是学生入学、考试、考勤、校园活动、升学、就业管理等一系列工作。但在学生管理工作中,普遍存在管理工作者专业程度不足、学生众多且管理难度大等问题。为更好地解决学生管理问题,提高学生管理效率,当前我国很多学校,尤其是高等院校,都已经建立了学生信息化管理工作模式。学生管理的数据采集来自多个渠道,包括学生工作管理平台的信息录入、各大教育机构启动的人脸识别系统、校园一卡通的使用数据、学校导入评奖评优系统等。通过建立以数据分析为基础的学生管理平台,能对在校学生进行信息化和网格化管理。教育机构能通过对学生多维度数据的采集和分析构建学生综合画像,帮助学校学生管理者更有效地实现精准管理,也为学生提供各方面指引。

学生画像技术,是综合运用大数据技术、行为分析技术、模拟与预测技术等技术手段,围绕学生在学习、生活、个人发展、社会交往等多个角度产生的行为数据进行数据加工,为每个个体定义独立的个体画像。生成的学生个体画像能从量化的角度帮助学生进行自我评价、诊断与改进。同时,对学生个体及群体的直观且精确描述,也能为学校管理者在日常管理、制度建设、教学管理等事务上提供更有效的依据和基础。

通过多渠道对学生在校数据的采集和管理,学校管理者可随时查看学生在校期间的各种数据,包括学生的个人信息、学籍信息、成绩信息、获奖情况、一卡通消费情况、图书馆数据、门禁数据等,从而描绘出基于数据的学生综合画像。大量的数据采集能够为学生个体画像提供精准数据记录,基于数据分析与商务智能工具,确保画像数据的有效性、唯一性和一致性。学生的综合画像能为学校管理者提供多维度数据,并解决众多学生管理工作问题。

1. 精准资助

我国精准资助模式存在的主要问题之一是困难学生认定标准模糊。在传统上,学校主要根据学生家庭困难证明资料进行评议来认定家庭困难学生。在认定过程中,必须严格保证规则和分配的公平性,同时也需要照顾困难学生的自尊心。通过利用有效整合校园大数据建立的学生画像,学生家庭困难认定不再依靠学生填写的认定表,而是能对学生家庭非量化经济收入情况进行数据采集,并将学生家庭经济情况进行综合评价和计算,确定家庭困难学生名单。除此之外,学校管理者还能从学生和资助的相似性度量,通过多特征多标签映射学习,从而构建精准资助预测模型,更好地确定资助对象和资助策略。最后,通过学生对资助的反馈情况调整资助形式,优化资助策略。

2. 在校行为预警

通过学生综合画像，学校管理者可以随时了解学生在校的行为动态，并及时针对学生自身存在的不良行为习惯进行纠正，引导学生培养更加积极、更加健康的在校行为习惯。通过对学生在校的日常表现、消费情况、上网情况及门禁数据等数据信息进行收集和分析，构建基于数据分析的学生行为画像分析平台。管理员可以对学生的各项行为标签进行细化，并对各项行为标签按照一定标准进行级别划分。比如针对日均消费额，可以划分为较多、一般、较少、无等级别；针对违反门禁次数项目，可划分为太多、较多、一般、较少、无等级别。基于这些项目级别的划分，可了解学生在校的行为，对存在问题的学生及时发放预警信息，对学生进行安全管理、行为纠正，并建立优秀的学风和校风。

3. 心理健康预警

心理异常学生的发现和管理对于学校来说是难度大、影响因素多且复杂的工作。通过对学生广泛开展心理普查工作，并结合在校园对学生采集的大数据，包括学生的在校行为数据、就医数据和心理测评数据等，可以建立心理异常判定模型，并根据模型建立档案。学校便可以及时发现和跟踪可能存在心理疾病的学生名单，及时干预，并做好帮扶与教育工作。另外，学校还可以通过对学生的社交网络进行分析，了解学生的行动轨迹，从而对学生的社交圈进行描绘。由此，可及时发现潜在和隐形的心理异常学生并进行及时干预，避免出现影响学生学业和安全的问题。

4. 招生就业

对高等院校来说，招生生源紧张、社会就业压力等问题都成为学校的可持续发展道路上的绊脚石。招生和就业是学校的头等大事。处于大数据驱动的信息化社会，通过大数据技术对当前社会需求进行深入挖掘，并将社会需求信息与学校状态数据、专业招生和就业数据相结合，是有效帮助学校制定招生计划、保障就业质量和就业率的重要途径。

1）招生工作

教育机构的专业招生计划制定的前提是对社会需求进行量化考察。大数据技术能够帮助学校了解社会不同专业的人才需求量，并结合学校的专业招生情况、人才培养综合水平、专业历年计划完成率、志愿满足率和报到率等指标，来制定更加合理精确的专业招生计划。除了招生计划的制定，大数据技术还广泛应用在学校的招生宣传当中。当前，学校较常见的招生手段包括现场招生咨询会、中学宣传、电话及网络咨询。而通过这些手段可获得大量的考生信息，包括考生生源地、高考成绩、考生需求及意愿、考生报考侧重点等。根据这些考生信息，学校可以及时建立数据库，并根据数据库中的内容对考生开展更具针对性的招生宣传工作。比如，在进行某个地区考生数据收集和分析时，分析结果表示该地区考生更侧重学校的基础配套设施，比如宿舍及教室空调、教室多媒体设备等，在进行招生宣传时，可加大基础配套设施方面的宣传力度。

另外，随着高校信息化服务水平不断提高，网络招生宣传的重要性越来越大，线上线下结合的招生宣传方式成为当前主流，也为国际教育的招生活动提供更大的可能性。今天，各类教育机构、各层级学校都建立了基于大数据的微信公众平台。微信公众平台指的是商家、机构、个人可开展一对多自媒体活动的微信公众账号平台。在高校建立的微信公众平台上，考生能够直接线上完成报考流程，参与学校社区交流和互动活动、从招考问答库获得相关回复等。以微信公众平台的招考问答库为例，学生在该平台可以对招考相关的任何问题进行提问。学校招生办老师会通过管理端进行实时答疑，并对问答内容进行整理及录入问答库，在未来如遇到相似问题，问答库将进行自动回复。

2）就业工作

当前高校大学生在就业服务工作上呈现出个性化和多元化的服务需求。为学生制定和安排更具体验性、实践性和参与性的个体化精准化方案十分重要。为此，学校应该收集在校学生的基础信息、就业意愿、学生的专业技术能力水平、往届毕业生的工作情况与就业经验，建立大学生求职意向信息数据库。如果在数据库中发现就业意向薄弱、就业困难的学生，学校可以在就业信息平台上对他们进行个性化就业信息推送和指导，进行针对性的帮扶工作。另外，学校还能对有招聘需求的海内外企业、单位和组织进行用人意向和需求等相关数据收集和管理，建立用人单位招聘意向信息数据库。学校可将这两个数据库的数据进行智能匹配，完成"供给"和"需求"的合理协调。

8.2.3.4 科研支撑

高校科研管理工作也在不断利用信息化技术和网络资源。高校科研管理的主要问题是科研人员的个性化应用需求不断增长，但是学科馆员知识组织与服务能力不足，且知识集成化协同程度不均衡，较难满足科研人员的需求。各大高校可通过建立基于大数据的科研服务系统来解决该问题，主要能体现在科研数据管理和科研业务管理上。

1. 科研数据管理

当前，很多高校能够通过对数据挖掘和提取来提高科研数据储备、学术创新、综合水平能力，从而提高学校的科研成果和科研水平。建立科研数据管理服务平台是一个常见手段。学校能通过对统一的技术平台管理，为科研工作者提供国内外科研数据的查找、引用、整理、分析、存储等服务，帮助科研人员解决学术问题，能有效地对资源进行管理、对数据进行再利用。科研工作者，包括教职工、学生甚至是其他社会人员都能通过该平台进行科研数据的查找和利用，从而确保科研工作的信息准确性和工作效率。同时，基于大数据的查重服务也能确保避免伪造、剽窃等学术不端行为，达到学术监督的效果。

2. 科研业务管理

高校还能通过建立科研服务系统，提升其科研管理水平及效率。大数据在科研业务管理领域的应用主要体现在以下几方面。

（1）科研成果分析。高校可以通过历年的科研经费数量、国际/国家/省级/市级/校级等科研项目数量、科研奖项数量和成果转化数量等维度数据，对当前本校的科研成果进行全面审视和掌握，从而了解自身的科研结构与科研实力，并结合该校科研团队数量及其人员架构、科研实验环境、科研经费保障及配套设施等数据，分析优势与不足，设计针对性的调整方案。

（2）科研用户画像。基于对科研用户的日常科研行为进行全面监测、数据收集、挖掘与分析，平台能为科研用户构建画像模型，进而了解科研用户的科研成果、科研特征和科研领域，将科研用户进行科学量化，对其科研水平与科研能力进行合理评估。

（3）科研个性化服务。基于科研用户画像，平台可以将用户画像数据与科研用户的专业背景、研究偏好和成果相结合，建立个体兴趣模型，并为每一个不同的科研用户提供电子资源的个性化推荐服务。

（4）科研档案管理。高校可利用大数据技术建立科研档案共享平台和业务系统，对科研档案进行系统化和科学化的管理，将科研档案电子化并完成在线收集、分类和管理工作。由此可有效降低人为失误，高效完成科研档案管理工作。当工作人员需要调取科研档案信息时，可直接从平台中在线调用，对科研文件进行高效鉴别和筛选。除此之外，高校还能基于系统对科研档案存在的风险进行评估，并进行预测预报，及时提出有效的规避措施。

（5）科研经费管理。高校可通过大数据技术对科研经费进行精细化管理，实现科研项目从申报、评审、立项、经费到账、预算编制、项目执行、中期检查、项目结题的全过程管理。高校还可对科研经费进行采集和挖掘，建立科研经费专用数据库。通过该数据库，高校可监管科研经费的使用，了解纵向课题科研经费预算组成，比如设备费、材料费、人员费、差旅费等费用的占比。通过利用匹配法则，科研管理方还能对疑似关联交易、经费违规使用、不正当套取科研经费的行为进行实时预警。科研经费专用数据库能不断完善实现高校科研经费管理制度，并不断升级改造科研经费业务流程。

8.2.3.5 留学服务

本章介绍的留学服务主要包括外国留学生前来中国接受不同层级的教育服务，以及中国学生前往不同国家接受外国学校的教育服务两个方面，大数据在前者的应用主要集中在来华留学生管理上。但是无论从哪个方面出发，大数据技术都为留学服务的发展提供了不可估量的巨大作用。

1. 来华留学生管理

来华留学生指的是持外国护照，在我国高等学校注册，并接受学历教育或非学历教育的外国公民。虽然"趋同化管理"成为当前来华留学教育管理的方向之一，但对于来华留学生来说，和中国本土学生相比，在华的学习和生活依然存在一定差异性，导致学校在来华留学生的教学和管理上出现了若干问题。首先，语言障碍使得很多学校对来华留学生的培养方案设计不够完整，缺乏自主性和独特性。其次，当前部分学校的教学、教务国际化水平低，教学人员口语薄弱、教务和行政管理人员英语水平较低，无法很好地为来华留学生提供教学及管理服务。最后，来华留学生和中国学生对课程设置的需求有很大的区别。因此，在教学过程当中，很多学校对中国本土学生和来华留学生采取了相同的管理方式，导致教学效果差、管理问题严重。

通过对大数据技术的使用，高校可以针对来华留学生建立留学生管理系统。系统可以增设中英文双语功能，进而确保学校收集准确、完整的留学生信息，避免因为重复数据采集浪费人力、财力和时间。为更好地协助来华留学生进行学校申请并对其进行入学后的学习、生活管理，留学生管理系统可以包含申请管理、入学管理、教务管理、手续管理、学生管理等板块，提高管理工作的效率。除此之外，学校还能依托大数据技术对留学生学习的背景、行为等数据进行采集和分析，从而更加精准地对每个留学生的画像进行描绘。通过分析每个留学生的学习需求，引导留学生的学习过程，实现个性化学习和管理支持。

现在很多高校都建立了自己的官方微博、微信公众号、小程序等，来华留学生也出于学习、社交等原因注册了这些社交平台账号并日常使用。高校还能通过这些新媒体社交平台完成校园信息的第一时间发布，将新媒体技术与来华留学生综合管理平台结合使用，对来华留学生进行信息采集、反馈信息接收，以此提升管理质量。

2. 出国留学服务

中国作为世界上第一大留学输出国，2016—2019年出国留学人数达到251.8万人。在信息化时代背景下，在中国学生出国留学服务领域中对大数据技术的使用，也能有效提高科学管理水平和工作效率。大数据在出国留学服务中的应用主要体现在以下几方面。

（1）出国成绩证明。传统的出国成绩证明是由学校开出，再委托第三方或自行翻译后提交。依托大数据技术，共享的教务系统数据能充分发挥优势，自动生成中英文对照的成绩、证书报表。学生也能通过综合档案业务系统办理。在线上提交申请后，工作人员按要求准备好出国成绩材料，通知学生按约定时间前来取件。学生不再需要通过档案馆取成绩、翻译、档案馆审核、反复修改的整个过程，有效提升档案馆管理和服务效率。

（2）远程网络教育。远程网络教育（network-based distance education）是指通过音频、视频（直播或录像）及包括实时和非实时在内的计算机网络技术把课程传送到校园外的教学。当前在海外各大学校，远程网络教学的规模逐渐扩大、课程种类逐渐丰富、学位和证书认证逐渐普遍、技术手段逐渐先进，留学生可以采取多种渠道、手段和方式接受海外远程网络教育。比如，留学生可以在MOOC等互联网上可得的海外学习数据库进行检索，独立完成学习任务；也可以通过电子邮件、远程视频等方式与国外教师一对一进行交换作业、学术建议或学习计划信息，完成学习任务；还可以将线下课堂移至线上，通过 ZOOM、Skype、Webex 等线上视频平台或其他平台获得海外教师的学术指导，传递内容包含文本、图像、影像和声音等，还能远程传递其他学习材料和信息。当前的远程网络教育正在朝着更加智能、规范、全球化方向发展，在新冠病毒感染期间的海外留学服务中也发挥了巨大作用。

（3）留学意向。近年出国留学呈现前所未有的发展态势，对我国学生的出国留学真实意向研究为国家完善留学政策、推广留学优质项目极为重要。通过对互联网上留学相关信息的数据采集和分析，比如通过编写 Python 代码对社交媒体、论坛等平台的留学信息进行数据筛选、文本数据的清洗、文本分词、同义词替换和数据统计，最终将意向数据可视化。留学意向信息包括留学国家、专业意向，还包括其他关注问题比如奖学金、文化、环境、就业等。这些数据能够有效为意向留学的学生和留学服务教育机构提供参考建议，并协助完善中外留学研究体系。

（4）学历学位认证。在学生留学归来之后，需要对其在海外获得的学历学位进行认证。依托大数据技术，如今学生只需在线上进行认证流程，大大节省了学生人力物力和时间成本。学生只需要使用身份证注册并登录教育部留学服务中心网上服务大厅并在线填写认证申请表。其中，通过人脸识别技术，系统便能获取其出入境记录与基本个人信息。通过手机 App 和微信小程序与系统信息共享同样能获得此信息。在填写完申请信息、上传认证材料之后，便可提交申请等待审核结果。

8.3 大数据在国际教育服务贸易中的应用案例

如前所述，人工智能、云计算和大数据等信息技术能够在不同教育领域推进教育改革，促进教育信息化发展。通过提供定制化、多功能、全方位服务，教育大数据为教育公平提供了可能性，使得教育工作者、教育管理者、科研人员和学生都能获得更便利、更具有针对性和个性化的服务。大数据技术在教育领域中已经存在大量应用案例，具有实践性和参考价值。

8.3.1 超星学习通：大数据致力智慧学习

智慧学习指的是学习者在智慧环境中按需获取学习资源，灵活自如地开展学习活动、快速构建知识网络和人际网络，并通过大数据驱动解决复杂情境中疑难问题的学习过程，是一种基于数字化学习、移动学习、泛在学习等的新型学习方式。智慧学习能够有效提高学习者的创新能力，并最大限度地满足不同学习者的个性化需求。当前，市场上已经存在大量基于大数据开发的学习应用软件和平台，为学习者进行智慧学习提供技术基础。

北京世纪超星公司为中国教育机构提供教育解决方案。该公司主营业务是将档案、图书、学术资源进行数字化，为中国教育市场提供精品课、视频课、公开课、MOOC和SPOC在线教育平台，并为高校提供教学管理平台、移动教学平台、智慧教务系统。超星学习通App是一款基于微服务架构打造的课程学习，重构知识传播与知识服务的综合服务移动平台。该平台利用超星20余年来积累的海量的图书、期刊、报纸、视频、原创等资源，提供知识管理、课程学习、专题创作、办公应用等功能，为读者提供一站式学习与工作环境。该平台当前与国内各大教育机构合作，不仅有效促进国内教育的开展，其自如切换中/英界面的功能也能有效提高国际教育开展的效率和效果。

1. 教学资源

超星学习通App为学习者提供海量教学资源，包括第三方培训机构提供的资格考证、升学考研、语言学习、职场提升等线上培训课程，也包括覆盖基础教育、中等职业技术教育、高等教育等不同层级的示范教学包，还包括移动图书馆内的馆藏书借阅查询、电子资源下载等。学习者可以根据需求进行资源管理，比如收藏、创建个人笔记和互动分享等，为学习者开展自主、在线和互动学习提供可能。

2. 教学模式变革

通过与各大教育机构合作，超星学习通App还为教师进行教学变革提供了新的可能性，教师能通过该App实现互动课堂、线上线下混合式教学和翻转课堂等教学模式。

课程建设。通过学校教务处导入或教师自行添加课程，教师可将其授课课程进行在线建设。教师可以章节为单位，结合课程资料（课件讲义、视频资料、习题库、作业库、考试库、讨论题等），完成对课程内容的在线建设。学生可以直接加入课程浏览课程内容，并按照教师授课要求在线完成课程任务。

课程活动。超星学习通App提供多项课程活动，创造智能化、个性化、趣味性的学习情境，实现以情景创设和任务驱动的教学模式。这些课堂活动的设计能有效将教材知识的问题转换和创意设计，激发学生的学习兴趣，促使学生开展主动探究、问题解决和学科实践。课程互动包括直接在线发起课程签到（普通签到、手势签到、位置签到等），有效节省课堂考勤时间，即使教师或学生身处他国，依然可以实时完成线上课程考勤；在线投票及问卷发放，调查结束后立即生成结果比例数据，帮助教师进行学情摸底、难点排查、学生意见收集等活动；在线抢答和选人，通过设置类似活动活跃课堂氛围，激发学生学习的主动性；在线直播，教师在课程主界面进行课堂直播，学生可通过弹幕和留言等方式进行师生互动。该功能在国际教育领域，对促进线上教学的实时开展提供强有力的技术支持，帮助国际学生、教师实时完成线上同步教学活动，为在线教学和线上线下混合式教学提供可能性。课堂活动和课程资源的设计能够实现学生学习方式的深度转型，使教师更加重视学习者的主体性，强调人性化和个性化的学习。

3. 学习社交

学习者在超星学习通 App 平台上可添加好友，并实时关注好友信息动态。也可以加入或创建小组，实现基于学习内容的社交功能。学习者可以在小组内和其他小组成员进行知识的交流、分享和传播，实现学习社交。

除此之外通过对学习者阅读行为和习惯数据的统计分析，超星学习通 App 能将学习者阅读时长进行排序。在国际教学中，即使是来自不同国家、说着不同语言的学习者，其列表中的其他好友都可以浏览并相互点赞，培养学习者更好的阅读习惯并激发其学习兴趣。

教师可以在线上使用通知功能对特定学生、选择班级和全部班级发放教学通知，学生也可在课堂上和课下，通过讨论区、留言区发送私信等方式，和其他同学、任课教师进行交流，协助教师进行知识点重点、难点的解答。

4. 统计分析

超星学习通 App 提供基于大数据收集和分析的统计分析报告，包括课堂报告、学情统计与成绩统计三大板块，无论是开展国内教育还是国际教育，这几大板块均能提供线上自动统计分析功能，提高教学效果分析效率。课堂报告包括各班课堂活动统计、班级课程成绩综合情况统计及其对比；学情统计包括各班级章节学习次数、任务点完成情况、作业完成率及分数、章节测验、考试分数、讨论参与等数据统计；成绩统计包括综合成绩分布、个体学生分数等数据统计。通过直观数据统计，任课教师可全过程实时监控学生的课堂参与度、任务完成情况及分数情况，并在必要时对学生发放学习预警。这种学习情况可视化、分析结果可视化的功能，能够利用大数据技术洞察学生的学习需要，并为学生提供个性化学习支持。数据统计和分析能够在很大程度上节省教师时间，提高教师的教学效率和学生的学习效率，使课堂教学更加智能化、数据化。同时，统计数据结果也能协助教师更加注重学生的个体差异，实现个性化教学、过程性教学，并帮助学生实现智慧学习。

8.3.2 思迈特 Smartbi：教育决策科学化

思迈特 Smartbi 是一个成立于 2011 年的软件公司。该公司基于其超过 50 个数据挖掘算法组件、超过 20 个数据与处理节点、百亿量级多维数据库和五大机器学习成熟算法为各行业超过 3000 个客户提供一站式商业智能解决方案。其业务范围覆盖金融、企业、政府和教育几大领域。在教育领域，该公司提供的方案包括高校数据中心与应用方案、一网通推广方案、高校教育质量实时监测大数据平台以及研究生教学大数据平台等。

当前高校在教育决策领域普遍存在过程质量监管困难、个性化精细化的管理水平低等问题。思迈特 Smartbi 建立的高校数据中心与应用方案能有效为教育高校行业解决这些问题。该方案为教育高校行业提供多项基于大数据的教育决策服务，包括教学质量评估、课堂教学质量实时监测、教师画像、学生画像、学生心理健康评估、学生异常预警、校园信息化设备监测、人才培养大数据可视化与数据挖掘实训平台、招生迎新数据分析等。这些数据挖掘与分析能够帮助高等院校简化传统教育教学管理流程，进而提升管理效率和水平。思迈特 Smartbi 的高校数据中心与运用方案已经为近百所高校提供了校级版质量保障系统，借助信息化手段，辅助高校进行自我评估，同时为学校做校级质量数据挖掘分析，辅助进行高校教育决策。

该平台对高等院校校内数据进行全面采集，并进行标准化、规范化、准确化的数据盘点以及数据处理和利用。围绕不同高校的实际业务发展与需要，该平台能不断调整校内信息标准与数据状况，最后实现对校内数据资源的重复利用率，进而满足高校教师、学生的教学与学习基本需求，并有效促进高校教学、科研、管理等水平的提高，完成高等院校的改革与创新。

1. 校情分析

领导驾驶舱，也叫管理驾驶舱（management cockpit）是基于 ERP 的高层决策支持系统的信息系统。它能提供配置化直连或采集企业内外多种数据源，包括各类数据库、大数据平台、网络爬虫、FTP 文件等功能，全方位满足用户基于数据的个性化业务场景定制及管理需求，满足用户对指标的管控、查询、分析等多样化场景，为企业和机构提供详尽的指标体系，将采集的数据形象化、直观化、具体化。因此，该系统能帮助用户随时随地掌握企业的运行状态和经营情况，从而实现数据化运营。其本质是一个为企业高层汇总展示对于决策有重要影响的指标的图表页面。

基于大数据技术，高校决策方能轻松便利生成本校的领导驾驶舱，获得可视化的校情数据。同时，结合学生就业、学校舆情等生成的校情分析，也能对校级、院级领导进行教育决策提供辅助。

2. 高校教学质量评价

思迈特 Smartbi 能为其合作用户提供一站式的 BI 解决方案。其高校教学质量大数据分析挖掘平台能够为高校建立一套科学有效的教学质量评价体系。借助其大数据采集、整合能力，该平台能为合作院校提供 RDBMS、OLAP、Big Data、NOSQL 文件等多类型数据源支持和多源异构数据跨库查询。同时，通过对高校内部业务系统和外部互联网数据的采集，思迈特 Smartbi 能建立基本状态数据库，包括数据采集和校验、数据调整和上报、数据检索、数据上报、数据复用等基本功能，为教学质量的评价与分析提供数据支持。

除此之外，思迈特 Smartbi 还可以从学院、专业、课程等对学校的教学质量进行多维度自评。维度指标包含自我评价、专家评价、评价结果、问题整改等，并基于这个流程进行循环，形成闭环评价机制。

通过思迈特 Smartbi 的教育服务业务，教育决策者可以获得该学校的学科及科研能力综合评估、教学质量诊断、院系竞争力评估、教师画像等分析报告。以教师个人画像为例，通过搭建技术平台进行业务数据的采集，思迈特 Smartbi 可以建立数据仓库协助解读教师结构，了解每个教师的基本信息和科研、教学情况，进而分析预测教师成长情况。思迈特Smartbi能帮助教育工作者和教育决策者提前发现问题、解决问题，提高教学质量、实现资源的最优化。

3. 学生管理

基于大数据采集与分析，思迈特Smartbi还能帮助高校开展学生管理工作。其本科生学生画像和研究生学生画像均能为校方提供各种学生信息，从而协助校方进行学生的学业预警、孤僻人群预警、疑似失联预警、沉迷游戏预警等在校预警。

除了上述提到的校情分析、教学质量分析、教师画像、学生画像之外，思迈特Smartbi还提供定制化应用、大数据科创平台、学科建设平台、网络安全态势感知、图书馆馆藏资源分析、资产分析等多维度的教育决策解决方案，协助教育决策者和管理者对教育系统进行调控，修改和制定更加切合实际情况的决策。

8.3.3 国际中文教育云平台：加强汉语教育国际化

汉语国际教育作为中国"引进来"和"走出去"的重要举措，是中华文化世界化的载体。汉语国际教育以多种形式呈现，比如全球超过160个国家和地区设置的500多所孔子学院和1000多所孔子学堂。这些孔子学院和学堂遍布全球各大洲，有效地将中华文化和世界文化进行接轨。除此之外，各大高校也为在校留学生开设汉语国际教育课程，站在学生的文化背景上对其进行汉语的教育和推广，有助于留学生快速融入当地学习与生活。

1. 网络孔子学院

孔子学院是经中国国际中文教育基金会授权，中外合作方本着相互尊重、友好协商、平等互利原则设立的非营利教育机构。孔子学院旨在促进中文国际传播，加深世界人民对中国语言文化的了解，增进中外教育人文交流。在借鉴英、法、德、西等国推广本民族语言经验的基础上，我国在全球各大洲均设立以教授汉语和传播中国文化为宗旨的非营利性教育机构——孔子学院。随着科学信息技术的发展，为了打破时间和空间的限制、加深外国学生对中文知识的学习，我国搭建依托线上技术的网络孔子学院。由孔子学院总部/国家汉办主办，网络孔子学院是服务于全球汉语学习者及全球孔子学院师生的综合性门户网站。它肩负着提供汉语教学资源、中国文化交流、体验网上即时互动与个性化服务的重要作用。

2022年，英国开放大学（The Open University，OU）与北京外国语大学合作成立了世界上第一所网络孔子学院。这所网络孔子学院是两所大学共同创办的非营利性教育组织，为众多学生、研究人员、教师和其他更广泛的专业团体提供一系列接触中国语言和文化的机会，帮助他们了解中国文化并促进跨文化交流。该平台对外国学生提供汉语普通话课程以及全球孔子学院的慕课平台，包括免费和付费两种课程，全方位提供语言及文化教学。学生可根据自身需求选择直播教学或录播回看两种教学模式。国际汉语教师能从该平台获得海量教学资源，并搭建原创微课。此外，平台还提供汉语教师培训服务，为教师开展汉语考试并提供汉语教师资格认证业务。

通过提供远程国际汉语教学服务，该平台的创新理念和灵活的教学方式能为来自全球不同地域和文化背景的学习者提供学习汉语服务，帮助他们更好地了解中国文化和社会。同时，该平台也为国际汉语教师和研究人员提供各类在线活动、研究活动和外展研讨会。通过学习、讨论、辩论和反思等交流形式，该平台将能有效地为全球师生培养全新的洞察力和加深外国学生对中国文化的理解，打破中西方之间的语言及文化隔阂。

2. 国际汉语教育教学大数据平台

随着我国国家实力的提升和人类命运共同体战略思想为国际社会所认同，我国高等教育的国际化水平大幅提升，国际化步伐长足迈进。但同时，高等教育国际化也面临着巨大挑战，国际学生量的扩张不能带来质的相应提升。因此，高校留学生教学管理工作要克服传统方式工作量大、效率低下的弊端，提高留学生教学管理工作的现代化智能化迫在眉睫。高校留学生教学管理系统在业务上与现行教务、学籍管理存在差异，因此，实现留学生教学管理智能化势在必行。

当前，已有多所高校搭建了国际汉语教育教学校园云平台。通过融入联通主义、物联网技术、智慧教育、大数据技术、云计算等先进技术，汉语国际教育教学校园云平台能促进教育数据的无缝传输、信息的挖掘及应用，达到对教、学、教育决策的支持，进而推动汉语国际教育与互联网信息技术的深度融合，进一步促进汉语教学和中华文化的国际传播，为汉语国际教育的教育平台的发展提供了更多的可能。当前的汉语国际教育教学校园云平台的功能主要体现在以下几方面。

1）打破时空限制

通过对海量高质量汉语教学资源的展示，学习课堂能从实体教室搬到虚拟网络空间。海外学生在云平台中拥有系统优化的网络学习资源，能根据自己的学习习惯和节奏，自由地选择教师、学习场地以及学习的时间段，打破时间和空间的限制，从而进行更高效的自主学习。

2）进行学情分析

汉语国际教育教学校园云平台能根据留学生信息进行系统建模。学生信息不仅包括基础信息，比如学生的国别、年龄、性别、家庭背景和兴趣爱好等，还包括学生的过程学习动态，比如学生主动学习的内容及偏好等。依托大数据技术，该平台能实现对留学生的学习过程进行实时监督，对留学生的国别地域、年龄性别和学习习惯等方面进行精细化的数据搜集与分析，反馈留学生的学习期待和特征，并针对分析结果制定详细的教学应对策略。

通过对学生进行精准的学情分析，汉语国际教育教学校园云平台能为学生个性化发展制定在线学习服务、合理规划学习路径（如学前测试、师生配对、学习轨迹和知识点分析）以及视频推送等功能，从而实现基于大数据的个性化学习。

3）构建网络评价机制

汉语国际教育教学校园云平台提供学习测评模块，在汉语学习中的每个知识点都安排测验题，以保证留学生扎实地学习每一个汉语知识点，对留学生的汉语知识点应用能力进行评价与考核。通过收集留学生的测评数据，利用大数据、云计算等技术实时反馈留学生的习题正确率，分析错题，评价汉语学习水平，最终形成"个性化＋自适应"的测评体系。

无论是网络孔子学院，还是汉语国际教育教学校园云平台，大数据在国际汉语教育上都能有效帮助留学生以更低的成本获得更优质汉语学习课程。无论是什么国家、种族，什么经济文化背景和职业年龄的留学生都能从中获益，是对我国传统教育思想"有教无类"思想的实践，体现了朴素的教育平等精神和教育民主精神。

同时，通过汉语学习资源共享、文化信息碎片化传播以及交互式的多元文化交流等方式，国际汉语教学的大数据应用也为留学生提供更多了解和感受中华文化的平台和途径，促进汉语国际教育事业的纵深发展，使得中华文化更全面地融入世界多元文化之中。

8.4 大数据在国际教育服务贸易中的发展趋势

对教育行业来说，大数据技术的运用能有效地推动国内与国际教育服务贸易信息化，并对传统模式进行创新和变革。但发展教育大数据依然面临诸多困难，比如数据采集问题、数据模型构建问题、隐私保护问题等，针对这些挑战，大数据在教育服务贸易中的应用呈现出以下发展趋势。

8.4.1 数据采集多元化

线下教学仍是国内各大教学机构的主流模式。教育大数据的主要数据来源均来自线上教学活动，由于技术、环境、人员等因素影响，对于线下学习活动的数据采集仍存在不准确、不全面等问题，直接影响了师生行为数据、教学资料数据、科研数据等指标数据的准确性和科学性，进而对构建数据模型产生影响。

当前国内与国际教育大数据的类型逐渐多样、丰富，内容逐渐复杂、细化。因此，对线上线下教育大数据采集的技术和产品研发不断创新是当前教育大数据采集工作的一个重要发展趋势。为教育机构和其他教育大数据需求方提供线下数据采集产品不仅能促使数据分析结果更加准确、更加全面，更能为需求方和决策方提供更有力、更有效的解决方案。除此之外，各层次教育机构、教育者也应培养数据收集意识，时刻对学生和自身数据进行有意识的收集和整理工作。

8.4.2 国际教育视角的模型构建

无论是针对教学改革、管理还是科研，数据模型都是有效监测、评价、诊断和预测的核心支持。但由于数据模型一般是由开发教育信息化平台或第三方来完成构建，往往会存在对教育行业理解不透彻，或在教育领域专业性不强的问题。比如，在构建数据模型时，选择的数据源或指标权重经常出现不符合教育规律的现象，并未将教育领域专家的知识应用于数据模型构建。又如，在一些国际教育大数据产品中，明显存在数据分析方法与技术应用不足的问题。这些问题都直接导致应用成果存在缺陷，并直接阻碍教育大数据在实践中的应用。

因此，开发国际教育大数据技术与产品的企业不应该闭门造车，而应更全面、更深入地对教育行业中的教学需求及其他数据指标进行挖掘和理解。这些企业应该转换思维模式，不仅仅从信息技术行业角度对产品进行设计开发、对教育数据模型进行构建，更应该从教育视角去思考对产品的构思，更好地收集和采纳用户反馈，从而增强国际教育大数据模型的准确性和全面性，并及时升级和优化产品。另外，与各层次的海内外教育机构，比如基础教育学校、海内外高等院校或其他科研机构开展合作，获得校方的支持与资源共享。

8.4.3 隐私保护

和其他领域一样，国际教育大数据也面临着个人信息和隐私的泄露、滥用和保护等问题的挑战。由于教育大数据主要涉及教育者和受教育者群体，其中不乏来自不同国家的国际教师与学生，且其中包含大量未成年学生，对于个人信息的采集路径、潜在的隐私滥用和泄露方式等问题缺乏基本认知。因此个人信息安全和隐私保护问题尤为重要。同时，又由于互联网技术的开放性和快速升级等特征，使得教育数据泄露和滥用的问题防不胜防。

因此，应当加快对体系化、统一化的国际教育大数据隐私保护法律体系的建设，从法律上明确、规范公开数据与私有数据的边界，开展对个人信息和隐私数据的有效保护。明确规定数据只能在师生认可同意并已知的前提下方能使用。为更好地加强对数据隐私的保护，在使用数据时，应当采用分级授权机制，数据使用人员在数据管理与操作方面的权限进行严格区分，建立数据使用者负责制。并设置数据使用周期，数据在被使用完成后应立即删除。最后，数据被采集方（教师、学生）也应该提高自我保护意识和能力，加强个人信息泄露可能性的防范意识，并在必要时学会用法律手段保护自己，维护自己的权益。

本章小结

本章首先界定教育和国际教育服务贸易的定义和范畴，分别从教育体系、规模和存在问题三个角度简单阐述了传统教育，从中国传统教育存在的问题、国际教育服务贸易存在的问题引出大数据在国际教育行业应用的必要性。进而对教育大数据的主要来源和特征进行详细介绍，为教育大数据应用提供认知基础。随后，分别从教学改革、教务管理、学生管理、科研支撑和留学服务等五个角度详细分析大数据在海内外教育行业中的应用,并通过三个案例介绍国际教育大数据的应用场景:以超星学习通为案例描述大数据如何协助海内外各教育机构进行教学改革,开展智慧学习;以思迈特 Smartbi 为案例描述大数据如何协助高校进行教务和学生管理,使教育决策更加科学化;以网络孔子学院及汉语国际教育教学校园云平台两种类型的国际中文教育平台为案例,描述大数据如何协助国际汉语教育服务更有效开展,从而使汉语国际教育纵深化。本章最后从数据采集问题、数据模型构建问题和隐私保护问题分析了当前国内及国际教育大数据发展面临的挑战及相应的发展趋势。

参考文献

[1] Smartbi. 高校数据中心与应用方案 [EB/OL]. [2021-7-16]. https://www.smartbi.com.cn/.

[2] 超星学习通. 超星学习通使用手册 [EB/OL]. [2021-7-16]. https://special.chaoxing.com/mobile/mooc/tocourse/90394356.

[3] 陈桂香. 基于大数据的高校教育管理研究 [M]. 北京:科学出版社,2018:111-119.

[4] 陈群平,李静,耿亦兵,等. 当代国外高校远程网络教学发展概述 [J]. 继续医学教育,2001,15(2):29-34.

[5] 陈新河. 赢在大数据 [M]. 北京:电子工业出版社,2017:284-291.

[6] 单毅君,乔芳. O2O2O 汉语国际教育智能校园云平台的搭建与实施 [J]. 教育现代化,2020,7(04):73-75.

[7] 方海光. 教育大数据 [M]. 北京:机械工业出版社,2016:62-75.

[8] 傅饶,杨涵程. 基于大数据的国际教育价值评估 [J]. 创新应用,2021,38(9):200-201.

[9] 关金名. 基于数据分析的学生行为画像研究 [J]. 电脑知识与技术,2021,17(2):24-26.

[10] 靳希斌. 国际教育服务贸易研究——规则解读与我国的承诺 [J]. 北京师范大学学报(社会科学版),2004(01):14-19.

[11] 康妍. 线上国际汉语教学现状及平台与软件的优劣分析 [J]. 产业与科技论坛,2022,21(04):101-102.

[12] 蓝崑. 基于大数据的高校招生微信公众平台的建设研究 [J]. 科教文汇,2017(24):118-120.

[13] 李凤霞,徐玉晓. 国际教育大数据研究综述 [J]. 软件导刊·教育技术,2019,18(12):83-85.

[14] 李福敏. 大数据时代下科研经费精细化管理策略探究 [J]. 经营者,2018(17):30.

[15] 刘冷馨. 逆全球化下高等教育服务贸易发展的趋势与建议 [J]. 宏观经济管理,2019(06):77-83.

[16] 罗灵燕. 基于教育大数据的应用案例分析 [J]. 软件导刊(教育技术),2019,18(5):19-21.

[17] 吕淑艳,张亨国,吴文影. 法律视野下的高校大数据安全与隐私问题 [J]. 北京教育(高教版),2021(4):18-19.

[18] 潘超,郭禹宏,穆宏浪.大数据下基于学生行为画像分析的高校精准资助模式构建研究[J].信息系统工程,2020(12):74-76.

[19] 申时凯,佘玉梅.我国现代化教育大数据应用技术与实践研究[M].吉林:吉林大学出版社,2019:69.

[20] 石爱民.大学英语混合式教学评估[J].西部素质教育,2020,6(14):146-147.

[21] 寿嘉琪.信息化技术助力来华留学生管理工作的方法初探[J].中外交流,2021,28(1):842-843.

[22] 王叁寿.大数据商业应用场景[M].北京:机械工业出版社,2016:115-162.

[23] 王婷钰.我国留学教育的十年回顾与展望[J].河北师范大学学报(教育科学版),2021,23(4):73-80.

[24] 吴哈娜.浅谈大数据背景下的高校科研档案信息化管理[J].科学与信息化,2021(3):175-176.

[25] 吴婷.信息化背景下高校出国成绩证明的新模式探讨——以华中科技大学档案馆为例[J].广东教育(职教版),2018(10):29-31.

[26] 肖君.教育大数据[M].上海:上海科学技术出版社,2020:322。

[27] 徐晓飞,战德臣,张策.关于高校慕课建设规范及应用的思考[J].中国大学教学,2021(5):85-91.

[28] 徐志娟.大数据背景下高校科研数据管理服务创新途径分析[J].科学咨询,2021(23):36-37.

[29] 严正宇.用"大数据+微服务"构建学生综合画像[J].信息系统工程,2019(12):105-106.

[30] 杨现民,李新,邢蓓蓓.面向智慧教育的教学大数据实践框架构建与趋势分析[J].电化教育研究,2018,39(10):21-26.

[31] 杨亚菲.数据挖掘在高校教务管理中的应用[J].软件导刊(教育技术),2019,18(6):70-71.

[32] 张必胜.我国高等教育效率的动态分析——基于博弈交叉效率模型与全局Malmquist指数[J].国家教育行政学院学报,2019(10):65-72.

[33] 张明新,张爱兰.基于中学生学习行为大数据的精准教学[J].教学与管理(中学版),2021(2):31-33.

[34] 张文亮,姚思爽.基于大数据的我国公民出国留学意向研究[J].电子商务,2018(12):60-61.

[35] 张裕东,姚海棠,周家宇."一带一路"背景下我国境外消费教育服务贸易存在问题及发展对策[J].天津商业大学学报,2021,41(01):64-72.

[36] 赵悦.不同省份高等教育效率差异的研究[J].教育观察,2019,8(07):48-51,86.

[37] 周近,陈书文,张容.国内大数据教学评估模式分析[J].科技经济导刊,2019,27(34):125-126.

[38] 周满生.国际教育服务贸易的新趋向及对策思考[J].教育研究,2003(01):38-43.

[39] 朱家林.大数据在高职院校精准化就业服务工作中的运用[J].散文百家,2021(9):212.

第 9 章

医疗行业服务贸易大数据应用

> **学习目标**
> (1) 了解我国及国际医疗服务贸易概况。
> (2) 掌握大数据在医疗行业服务贸易应用的必要性和场景。
> (3) 了解医疗行业服务贸易大数据未来发展趋势。

9.1 国际医疗服务贸易概况

9.1.1 医疗服务定义

根据国家财政部、税务局《关于医疗卫生机构有关税收政策的通知》的定义，医疗服务是指医疗服务机构对患者进行检查、诊断、治疗、康复和提供预防保健、接生、计划生育等方面的服务，以及与这些服务有关的提供药品、医用材料器具、救护车、病房住宿和伙食的业务。该定义强调服务提供者是具有专业知识和技能，并取得执业资格的卫生技术人员。他们提供的服务必须遵照执业技术规范依法合规进行。医疗服务提供的是照护生命、诊治疾病的健康促进服务，体现了大健康概念，体现了对生命全过程的服务。

医疗健康产业一直以来都是关系到国计民生的基础性、战略性产业，现已成为我国第三大消费产业。截至2020年，中国医疗健康产业消费总额约占国内生产总值的5%。相比其他发达国家，例如医疗健康产业占其国内生产总值17%的美国，我国医疗消费水平尚处于初级阶段。随着经济的不断发展，我国的人均可支配收入和健康意识正在不断提升，医疗健康行业也正在进入长期稳步发展阶段。老龄化水平的加快、全民健康意识的加强，加上医疗技术的快速发展以及医疗卫生体制的深化改革，都为医疗健康行业的发展创造了巨大的机会和发展空间。

9.1.2 国际医疗服务贸易概念界定

1. 国际医疗服务贸易定义

医疗服务贸易是服务贸易的重要组成部分，凡是属于服务贸易的规定就适用于医疗服务贸易。根据世界贸易组织WTO服务贸易总协议，医疗服务分别划入商业服务、健康与社会服务两大类中，包括三个子类：医疗与牙科服务；助产士、护士、理疗医生、护理人员提供的服务和医院服务。

医疗服务贸易指国际交易的商品在医疗业方面劳务的交换，是一种特殊商品的交易。如商品贸易一样，医疗服务贸易既包括进口贸易也包括出口贸易。在狭义上，医疗服务进口贸易主要指本国病人的出境治疗，即国际支出医疗；医疗服务出口贸易主要指外国病人入境治疗，即国际收入医疗。

2. 国际医疗服务贸易类别

《服务贸易总协定》将服务贸易分为四种模式：跨境交付、境外消费、商业存在、自然人流动。该模式同样适用于国际医疗服务贸易。

1）国际医疗服务跨境支付

国际医疗服务的跨境交付（cross-border supply of services）的主要形式包括合同研究组织（contract research organization，CRO）、医疗转录、放射影像跨境传输、医疗账单和保险理赔、远程病理和咨询等。其中，合同研究组织是最具典型代表意义的跨境交付形式，其主要体现在以发达国家为主的大型跨国制药企业将医药研发业务外包给新兴发展中国家。

近些年，全球CRO市场规模增长迅速。从全球视野来看，美国占据全球CRO业务的市场份额的50%，是全球的CRO最大市场。当前全球CRO市场的主体国是以中国和印度为代表的新兴市场国家，主要的市场吸引力体现在其高素质且相对低价格的劳动力、大量临床试验群体及良好的医药市场前景上。

随着新药研发成本不断攀升，全球CRO的需求不断增加。另外，近年中小型制药企业已成为全球医药创新的主力军。这些中小型制药企业资产和人员相对大型企业较少，对CRO的依赖程度也更高。

2）国际医疗服务境外消费

国际医疗服务的境外消费最主要地体现为医疗旅游服务（medical tourism/ health tourism）。医疗旅游服务是当前全球增长最快的新兴产业之一，同时也是促进发展中国家国民经济发展的一种手段。最早，医疗旅游服务是指以具有资质的医生、护士在度假区或酒店为游客提供医疗体检活动。现在医疗旅游服务的定义更加宽泛，指旅游者根据自己的病情和医生的建议，选择合适的游览区，在旅游的同时享受健康管家服务，进行有效的健康管理，从而达到身心健康的目的。

国际医疗旅游服务共经历三个阶段。在第一个阶段，由于发达国家拥有更加先进和丰富的旅游资源，因此吸引了大量消费者涌入发达国家进行医疗旅游。在第二个阶段，发展中国家的医疗技术水平随着社会的发展不断提升，并能为全球患者提供更具传统特色的医疗资源。同时，患者在发展中国家等候治疗的时间和质量成本与发达国家相比较显得更低，使得发展中国家成为大量患者前往就医的旅游目的地。在第三个阶段，各国在开发医疗旅游产品时因地制宜，能实现对其特色医疗资源的充分挖掘，使得各国医疗旅游资源的差异化日渐增大。因此，在这个阶段，医疗旅游服务主要体现在发达国家和发展中国家的双向流动。

近年来，随着我国居民收入水平和购买力的不断提高，越来越多的患者选择出境进行医疗旅游，享受发达国家和地区先进的医疗技术和诊断设备、舒适的就诊环境、高质量的医疗服务。同时，我国传统的中医治疗、养生保健、太极和针灸等具有传统特色的医疗产品也吸引了大量外国游客前来就医。但是由于存在医疗产品同质化较为严重、医疗服务水平相对较低等原因，我国的国际医疗旅游贸易逆差呈现较为严重的现象。

3）国际医疗服务商业存在

国际医疗服务商业存在最主要的体现方式为医疗外商直接投资（foreign direct investment in health）。今天，很多大型医药公司为降低成本、提高利润，选择将研发部分业务外包或进行全球并购。医药公司进行跨国并购的主要对象是发展中国家的仿制药生产企业、成功的医药研发公司与初创企业。

中国已经成为全球仅次于美国的第二大医药市场，并且是全球化学原料药的生产和出口大国。医药制造业是中国最早引进外资的高技术产业之一。通过吸收海外先进的经验和技术，引进医疗外资能有效地促进我国医疗产业的健康发展。

当前，从医疗服务类型来看，我国外商直接投资的医疗服务多以医院和医疗保险为主，但其公共产品属性问题使得医疗服务的外商直接投资依然存在一定市场准入限制，因此合资或独资方式投资的私立专科医院在此领域较为常见，服务项目方面主要集中于口腔、眼科、妇婴等。从外资来源国家角度来看，我国引进的医疗外商直接投资主要来自美、英、日等发达国家。从国内医疗投资引进区域来看，中国的外商医疗直接投资区域差异明显，主要集中于北京、上海、广州等一线发达城市。

4）国际医疗服务自然人流动

国际医疗服务的自然人流动主要体现在医疗服务专业人才的国际流动（movement of health professionals）。全球医生跨国流动的方向主要体现在从发展中国家向发达国家流动，比如从巴基斯坦、印度等国流动至英国、美国和加拿大等国。发达国家之间也存在医生的双向流动，尤其是在签署自由贸易协定或经济一体化联系比较紧密的国家之间，由于移民条件的限制较少，医生在这些国家之间的流动也较为常见，比如爱尔兰和英国之间的医生双向流动等。

除了医生，护士和专业护理人员等其他医疗服务专业人才也存在国际流动。比如发达国家通常通过优惠的培训项目或移民政策积极吸引发展中国家护士前往就业。在全球范围内印度、菲律宾、巴基斯坦、牙买加、尼日利亚和南非为主要的护士输出地。美国、英国、加拿大、澳大利亚、德国等欧盟国家为主要的输入地。在发达国家，劳动力成本的不断提高和老龄化现象的加剧，都使得对护理人员的需求不断增加。因此，发达国家从发展中国家引进护士及护理人员已经成为未来国际医疗劳动力流动的重要趋势。

我国的医疗服务专业人才国际流动规模较小，且以短期交流为主。与其他国家不同，由于中国传统中医学的主导地位，我国的医疗劳务合作主要体现在中医药领域，且规模在近年大幅提高。据统计，我国每年派出的中医师约 2000 人，占派出的医疗劳务人员 60%。

除了医疗技术人才的交流，我国的医疗技术人才的国际流动还体现在以官方组织为主的援外医疗队。我国向世界各国派出的医疗技术人员主要的目的地为亚洲、非洲等地区。自 1963 年以来，我国向 51 个国家和地区派出援外医疗队，其中 43 个是非洲国家，援外医疗人员总数约为 2.4 万人次。

9.1.3 我国医疗行业发展的存在问题

随着经济的快速发展和科学技术的进步，国民对生活质量提高的需求日益增长，人民群众期盼有更高水平的医疗卫生服务，我国医疗行业发展存在的问题迫切需要得到解决。当前，我国医疗行业发展主要存在以下几个问题。

(1) 需求增长，资源分布不均。

根据国家卫生健康委员会发展研究中心核算研究，2019 年全国健康服务业总规模为 70 148 亿元，比 2018 年增长 12.4%，持续增加的医疗机构数量和其他医疗资源为满足行业需求提供基础。比如在机构方面，2019 年全国医疗机构总数已经超过了 100 万家，其中医院数量 3.4 万。全国医疗机构诊疗人次 87 亿人次，比 2014 年增加 14.7%。住院诊疗人次达到 2.7 亿人次，比 2014 年增加 30.4%。

中国医疗资源集中在大型三甲医院，但是该类医院仅占全国医院总数的 8%。同时，三甲医院主要集中在资源丰富的一二线城市，较难为其他地域国民提供服务，导致医疗资源及诊断需求分配不均，无法使大部分患者的需求得到满足，并降低问诊体验。

(2) 服务效率提高，发展依然不充分。

当前国内医疗服务能力和服务效率皆在不断提高。2016—2018 年，反映医疗服务广度的 DRGs 组数，全国三级医院由 535 组提升至 563 组；反映医疗服务能力的病例组合指数（CMI 值），三级医院由 0.95 上升至 0.97。同时，2019 年三级医院平均住院日为 9.2 天，比 2014 年下降 1.5 天，实现 5 年连续下降。

从政策角度来看，2021 年 6 月，国家卫健委联合国家发展改革委、教育部、民政部、财政部、国家医保局、国家中医药管理局、中国残联制定《关于加快推进康复医疗工作发展的意见》，增加康复医疗服务供给。意见指出，力争到 2022 年，逐步建立一支数量合理、素质优良的康复医疗专业队伍，同时加强康复医院和综合医院康复医学科建设。

但相对发达国家而言，医疗资源依然存在发展不充分问题。比如每千人口拥有医师数、护士数仍然偏少，感染性疾病以及精神科专业从业人员依然相对匮乏，三级公立医院的床位依然紧张等。同时，医疗质量安全水平依然存在差距，部分地区、机构、专业的医疗质量安全水平有待进一步的提升。

(3) 医保支付改革深化，信息化要求高。

我国医保制度分别历经劳保和农村合作医疗、劳保"瓦解"建立城市医保制度，和 2009 年至今的新医改背景下的医保制度几个演变阶段。当今，我国国民医保覆盖率已从 29% 提升至 98%，初步实现了"人人都享有医疗保障"。从 2019 年开始重点实施的按病种付费方式，全国已有 30 个城市开展了按疾病诊断相关分组付费国家试点，即 DRG 付费试点。目前 30 个试点城市全部进入模拟运行，有些城市已经开展了付费工作。该试点项目能为患者更精准、更个性地提供付费方式，但对医疗机构的系统信息化制定了更高要求，同时也可能会给部分医疗机构带来成本压力，引发过度医疗的问题。

9.1.4 我国国际医疗服务贸易发展存在的问题

国际医疗服务贸易不仅仅是一种服务贸易，也是一种文化贸易。它不仅涉及出口中药产品，提供中医诊疗、医疗保健和教学等服务，同时也在传播中华文化、医药理论和医学知识上展现重要的作用。当前我国国际医疗服务市场不断扩大，不过依然存在一定的问题。

(1) 国际医疗开展困难。随着全球范围内的人口流动逐渐加速，国际医疗与健康等服务的需求也随之增加。但是当前医疗口译服务、医学笔译服务、保险、制药等领域的国际医疗语言服务以及多语言医疗设备设施供应不足，该领域的市场需求迫在眉睫。国际医患的沟通障碍问题成为国际医疗发展的一大难题。此外，当前我国医疗体系国际化程度低，已发展成经济发展新风口的国际医疗旅游服务也面临政策法规短板、国际高端医疗服务水平较低等问题。

(2) 跨境医疗交流有待提高。在国际合作医疗机构领域，海外中医机构在近些年虽然数目众多并呈现不断增长趋势，但我国在海外合资或独资的中医医疗机构少。我国直接投资或合作合资的中医医疗机构所占比例很小，基本由当地资金和资源建设。在国际医疗人才角度，我国中医医疗人才的自然人流动规模小，在对外劳务合作的劳务人员中占比较低。尤其是交流期限大部分属于短期交流，实际长期在境外从事中医医疗服务的人数始终较少。另外，前往海外进行医疗旅游的消费者规模也较小，人群尤其体现在政要或报团进行医疗旅游的游客上，个体患者相对较少。

(3) 医疗服务贸易结构有待优化。一方面，中医药产品和西医药产品本身存在成分和质量控制的区别。因此，我国的中医药产品质量控制体系存在难以量化中药成分、难以对中医药产品进行鉴定的问题，国内缺乏品质监控和统一标准，同样导致中医药产品质量不稳定。另一方面，我国很多生产中药的企业因为生产工艺水平和企业科研能力依然有限，生产工艺落后，也导致很多中医药产品的质量控制存在一定局限。最后，很多中医药产品的使用说明书不规范、处方药与非处方药标识不清、包装材料质量相对低劣、商标设计不符合消费者认知习惯等问题也普遍存在。

而很多国家在进口中药时都具有严格的质量检测标准，这加大了我国中医药产品出口难度。

（4）国际市场扩张受限。中医药产品中回归自然、注重生命、追求健康的理念正符合当代人的健康诉求，加强了外国市场对中医药产品的认知。另外，在新冠病毒感染期间，中医药产品的全面参与和良好疗效也得到了社会各界的广泛认可。这些因素都导致当前中医药服务在海外市场的需求不断扩大。但由于出行成本、交通方式等制约，很多消费者前往我国接受相关服务存在一定困难。

医疗服务贸易是知识密集型服务贸易的一种，是传统贸易在数字经济时代的拓展、延伸和迭代。当前我国医疗服务贸易急需依靠大数据手段和数字技术，打破传统医疗交易服务的时空限制，加强海外人士对我国医疗服务、中医药产品的认可度和信任感，实现我国医疗领域的国际资金、技术和信息互动及共享，进而扩大中医药服务贸易市场规模。

9.2 大数据在国际医疗服务贸易中的应用现状

9.2.1 互联网医疗发展现状

互联网医疗，指的是互联网在医疗行业的新应用。互联网医疗包括以互联网为载体和技术手段的健康教育、医疗信息查询、电子健康档案、疾病风险评估、在线疾病咨询、电子处方、远程会诊，以及远程治疗和康复等多种形式的健康医疗服务。互联网医疗是当今中国医疗行业的主要发展方向，旨在解决医疗资源不平衡和国民日益增加的健康医疗需求之间的矛盾的一种医疗发展模式。

自2019年起，互联网医院建设呈现井喷式增长。艾媒咨询数据显示，2020年中国移动医疗市场规模已达到544.7亿元，移动医疗用户规模达到6.61亿人。从新成立互联网医院数量来看，2016—2018年每年新增互联网医院不超过100家。但2019年互联网医院新增223家，2020新增近500家。截至2020年12月31日，全国已建立互联网医院1004家。

尤其在2020年新冠病毒感染影响下，居民对于医药电商、互联网医疗平台使用需求进一步提升，推动用户规模快速增长。以在线问诊为例，其服务涵盖咨询和处方续签、复诊、医院预约及慢性病管理等。2015年中国在线问诊市场规模仅10亿元，2019年增至90亿元，2015—2019年复合增长率58.5%，预计2022年市场规模将增至680亿元。

作为互联网医疗最主要流量入口，在线问诊服务能有效提高医学专家参与度，并高效地存储和在线分析个人健康档案，从而更精确地匹配患者和可能的治疗方案，为患者提供个性化的医疗服务。近年在线问诊App数量和质量上均在不断提升和发展。例如平安好医生、好大夫在线等在线问诊App均提供各科医师的详细信息、以往用户在线问诊病例,以及患者评价等内容,最大程度提高用户的使用体验,促进互联网+健康的移动医疗发展。

在国际医疗领域,近年来国际互联网医疗大会(International Conference on Internet Healthcare)、"一带一路""互联网+"医疗大会、国际智慧医疗展览会等会议也相应召开。此类会议将全球的互联网医疗相关的机构与平台、政府、医疗健康服务机构等资源汇集一堂,以此强化互联网医疗健康领域国际合作、促进互联网健康产业的创新与协调发展。

9.2.2 现代医疗健康行业的挑战

随着社会经济的不断发展、科学技术水平的不断提高,传统医疗健康领域也在不断升级变革。大数据也为海内外医疗机构在收集患者信息、进行用户分析、提供优质服务和有效商业决策上提供了解决方案。但当今医疗健康行业依然存在挑战,比如添加医疗体系中,均存在大量非结构化数据,包括电子病历、客户访问信息、病情信息、医学影像、文献、医疗设备和仪器数据等。

当前医疗数据具备几个基本特征,构成了对现在医疗健康行业的挑战和威胁。

(1)规模巨大。清华大学统计学研究中心表示,全球医疗健康数据已有数百艾字节(Exabyte),并依然在加速增长。这些信息数量巨大,增长速度快、结构复杂,这给数据分析的筛选带来了很大困难。

(2)非结构化。在这些巨大规模的数据中,大约80%的医疗数据是自由文本构成的非结构化数据,其中不仅包括大段的文字描述,也包含非统一文字的表格字段。针对这些数字、文字、声音、图谱等数据,医生需要结合自己的经验、数据结果和对患者的症状描述来进行判断。对于大部分医疗机构来说,这些数据并没有得到有效挖掘和整合,使得医疗机构需要花费大量资金和资源来完成这项工作。

(3)不完整性。医生的主观判断、医生的文字描述、治疗中断、患者模糊不清的病情描述等原因都导致很多医学数据的不完整性,为医疗数据的开发和分析造成了困难。这些挑战使得医疗大数据在捕捉、存储、管理和处理分析上存在诸多困难,加上数据来源复杂和数据孤岛现象严重,导致国内的医疗数据产业尚处于起步阶段。当今医疗机构急需开发医疗大数据商业模式,通过医学自然语言理解技术,将大量非结构化医疗数据转化为适合计算机分析的结构化形式,提高医疗效率和效果。

(4)缺乏标准。当前,在不同地区的不同医疗机构、不同医护人员记录和提供的数据没有统一的规范标准,导致数据质量欠佳。同时,患者的基本信息和临床信息资源也存在分散和重复问题,导致有效信息闲置,且标准不一致,使得这些数据信息的有效利用率低下。

9.2.3 国际医疗大数据应用的必要性

国际医疗大数据指的是将大数据技术应用于国际医疗领域,包括收集和聚集各国患者信息、对收集的信息进行分析，并根据数据分析的结果，提高医疗效率和医疗系统的投资回报率等，实现通过大数据技术促进国内及国际医疗领域应用的快速和健康发展。发展国际医疗大数据是当今社会发展的趋势，其必要性主要体现在以下几个方面。

（1）全球民生需求。

根据近年人口普查老龄化数据，多个国家尤其是北欧国家，已经进入老龄化社会。数量庞大的老年人群患有慢性疾病，他们对医疗卫生服务的需求尤为迫切，人口老龄化加速带来了医疗需求的显著扩张。

近年来，人们健康意识不断提高，国民健康消费支出将会进一步升高。但是医疗健康产业依然面对"看病难、看病贵"的供需矛盾，医疗资源的不足和分配不合理、国民就诊体验欠佳等问题急需信息化医疗资源来提供解决方案。

（2）技术环境。

互联网技术、5G技术和人工智能等技术的发展有效推动线上医疗行业的发展。5G技术能够实现医疗终端设备的互联，而人工智能在管理、诊断智能化等多方面持续推动互联网医疗产业升级。而医疗硬件设备的提升与专业数字化医疗网络的搭建也为互联网医疗提供更长远的技术支持。

（3）政策红利。

近几年来，各国政府部门相继发布多项政策法规，推进医改进程，为医疗健康产业大数据发展提供重要基础。

中国国家卫生计生委、国家中医药局于2018年颁布《关于印发进一步改善医疗服务行动计划（2018—2020年）的通知》，强调不断完善远程医疗制度，扩大远程医疗覆盖范围；大力推进区域就诊"一卡通"，开发挂号手机软件、网站，建立统一平台，实现电子健康档案和电子病历信息共享，充分利用大数据、信息化技术增强人民群众就医获得感、推动医疗卫生服务模式改革。

2018年，国务院办公厅发布《关于促进"互联网+医疗健康"发展的意见》，鼓励发展健全的"互联网+医疗健康"服务体系、创新的"互联网+"公共卫生服务、优化"互联网+"家庭医生签约服务、完善"互联网+"药品供应保障服务、推进"互联网+"医疗保障结算服务、加强"互联网+"医学教育、科普服务，以及推进"互联网+"人工智能应用服务。"互联网+"相关的医疗政策大力促进了医疗大数据的发展，持续推动我国医疗健康产业以及国际医疗产业改革创新。

（4）市场需求。

我国中医药机构到海外各国开设药店、诊所、中医院等机构的审批复杂，且在其经营范围和股权上都受到严格要求，还未实现"走出去"。另外，由于时间、空间和出行成本等因素也导致各国患者难以前来中国接受中医药治疗。但今天数字技术使跨境远程看诊成为现实，各国医患可通过互联网和大数据技术实现线上会诊、交流。通过整合我国医疗服务和现代科技手段，能帮助我国医疗服务机构更有效地克服海外认知认同障碍、文化差异障碍、质量标准障碍等各种困难，使我国中医药服务更容易突破国外市场准入壁垒，扩大国际市场，实现"让中医药服务于全球"。

9.2.4 大数据在医疗服务行业中的应用场景

1. 医疗数据来源

（1）电子病历数据。电子病历（electronic medical record，EMR），是最常见、最主要的医疗数据，指的是电子设备包括计算机、健康卡等，保存、管理、传输和重现的数字化的医疗记录，用以取代手写纸张病历。电子病历的内容包括传统纸张病历的所有信息，比如患者的基本信息、疾病主诉、检验数据、影像数据、诊断数据、治疗数据等。

（2）检验数据。医院检验机构、第三方医学检验中心等医疗机构都会产生大量患者的诊断检测数据。作为医疗临床子系统中的一个细分小类，医疗检验数据可以直接显示患者的疾病发展和变化。目前临床检验设备得到迅速发展，通过LIS系统对检验数据进行收集，可以对疾病的早发现早诊断和正确诊断做出贡献。

（3）影像数据。医学影像数据指通过影像成像设备和影像信息化系统产生的数据。当前大部分医疗机构都成立了医院影像科，同时也有大量第三方独立影像中心收集、存储医学影像数据。这些信息被数字化、数据化后形成了丰富多样的、存储量庞大的医学大数据。

（4）费用数据。医院费用数据包括门诊费用、住院费用、单病种费用、医保费用、检查和化验收入、卫生材料收入、诊疗费用、管理费用率、资产负债率等和经济相关的数据。除了医疗服务的收入费用之外，还包含医院所提供医疗服务的成本数据，包含药品、器械、卫生人员工资等成本数据。

（5）药品流通数据。药品流通数据包括药品和疫苗的购进、运输、流通、库存、销售、接种情况等数据。这些数据广泛运用于医药流通企业的使用。他们可以通过药品的物流、库存、销售数据进行分析，从而获得用户健康、药品流通走向等信息，引导顾客进行准确选药、合理用药，实现及时且合理地治疗。

（6）体检数据。体检数据是体检机构所产生的健康人群的身高、体重、检验和影像等数据。这部分数据来自医院或者第三方体检机构。这些数据能够有效帮助体检者了解自己的健康状况，并从体检结果中获得其自身的健康风险评估，从而制定健康管理和慢病管理计划。

2. 医疗数据的处理过程

数据的处理一般分为六个步骤，该过程同样可以应用在医疗领域。数据处理过程包括：数据挖掘、数据收集、数据分析、数据存储、数据应用，并在最后一个步骤生成新的数据，并开始下一个数据处理过程周期。医疗数据处理过程如图9-1所示。

图 9-1 医疗数据处理过程

(1) 医疗数据挖掘。当前的各大医疗机构越来越重视医疗数据，比如慧辰资讯自主研发基于大数据技术的"HCR Physician 360 数据挖掘模型"，支持百亿级数据快速处理，包括机构化数据挖掘和非结构化文本挖掘，并具备强大的算法分析能力。

(2) 医疗数据收集。医疗机构对数据的收集形式、数量、种类日益多样化，除了医院电子病历数据收集、体检报告数据收集，还包括医院处方数据收集、医院账单数据收集以及当前发展迅速的智能穿戴数据收集。在其他各国，也在不同程度上对健康医疗大数据服务平台进行了搭建，比如英国国民医疗服务系统（NHS）、美国的美国卫生与公众服务部（HHS）管理的联邦政府网站 healthdata.gov 等。这些数据收集来源对医疗大数据的组成必不可少。

(3) 分析医疗数据。目前市场上已经有不少涉及医疗数据分析业务的企业，像碳云智能、经纬世纪、燃石医学、23魔方等医疗数据分析企业，针对临床决策、医药研发、医疗支付、健康管理、公共卫生管理等领域数据进行详细分析。

(4) 医疗数据存储。由于大数据本身具备的规模大，结构多样、增长快速等特性决定医疗数据必然也会涉及存储的问题。大数据平台以现有业务系统为基础，通过数据抽取的方式实现多源异构数据的采集和汇聚。目前，海内外医院的信息化系统大多采用关系型数据库，兼有少量的非关系型数据库架构，适合使用全量或增量的方式进行抽取汇聚。

(5) 医疗数据应用。医疗数据在存储整理之后，需要把有价值的数据转化为具有实际意义的应用，比如辅助医生诊疗、医院管理、居民健康管理等，让诊断、治疗和预防过程可以变得更精准。

3. 医疗大数据的应用领域

医疗大数据的形式和数量在近年逐步丰富起来，大数据技术在医疗行业所发挥的作用和意义也日益凸显，其应用领域如图 9-2 所示。随着互联网、人工智能、传感技术等发展，智慧医疗成为当前医疗健康产业的主要发展趋势。

智慧医疗（Wise Information Technology of med）指的是通过打造健康档案区域医疗信息平台，利用最先进的物联网技术，实现患者与医务人员、医疗机构、医疗设备

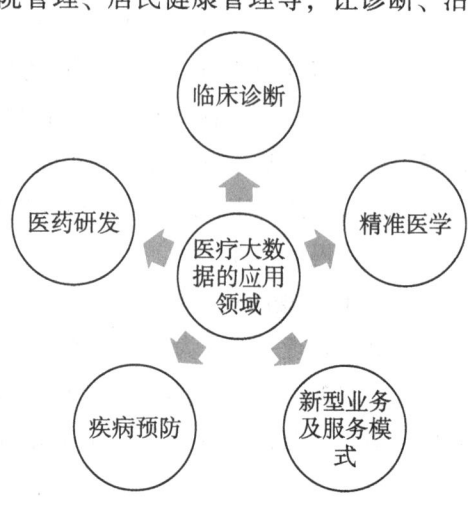

图 9-2 医疗大数据的应用领域

之间的互动，逐步达到信息化。基于当前快速发展的信息通信技术，智慧医疗能颠覆式地创新健康数据的采集、传输、存储、处理和展示技术，并借助人工智能、电脑算法、云计算等手段，实现真正意义的医疗智能化。我国各地政府也相继出台以"互联网+医疗"为特征的智慧医疗的相应配套政策。如今，很多城市都将智慧医疗作为智慧城市建设的重要指标之一和重要组成部分。纵观全球，国家内部和国家之间也在不断搭建并完善医疗数据生态系统，不断研究和探索医疗卫生的创新实践，为国内以及国际之间的智慧医疗提供技术基础。

智慧医疗在不同应用场景，都能使医疗数据实现价值输出。整体来说，医疗大数据的具体应用将从临床诊断、医药研发、疾病预防、精准医学、新型业务和服务模式等几个领域开展。

1）临床诊断

大数据在临床诊断领域发挥着不可忽视的巨大作用，海内外医疗机构可通过电子病历收集患者体征、疾病表征和治疗方式等临床数据，可以建立特定疾病的数据库，以此寻找能够降低医疗成本的方法，同时减少重复检查，改善患者体验。更为重要的是，医疗机构可根据数据的智能分析，针对不同种类诊疗措施进行比较分析，制定有效的诊疗路径，最后制定诊疗决策。临床诊断的数据主要应用于以下几个方面。

（1）前瞻性治疗。通过对数据库临床诊断数据的分析，对患者进行更有预见性的治疗，优化治疗过程并提高治疗效果。

（2）治疗措施比较分析。通过对医疗数据的收集与分析，比较不同干预措施的有效性，探索针对不同病人效率最高的治疗途径。

（3）个性化医疗。通过对个体患者的不同资料进行分类、整理和分析，为个性化医疗提供支持。这意味着医疗机构可以基于大数据平台为患者量身设计出最佳方案，以期达到治疗效果最大化和副作用最小化的定制医疗模式。

（4）临床试验设计。通过对统计工具和算法的使用来设计临床试验，并通过反复的测算对设计进行改善，寻找到最佳方案。

（5）优化临床决策。通过对最新的数据库的分析，提高对临床决策的支持，从而提高医护人员工作效率和诊疗质量。同时，通过优化业务决策支持，也可以确保医疗资源的适当分配。

2）医药研发

随着医疗大数据的逐步应用和发展，医疗信息化已从以业务流程管理模式的系统转变为以大数据决策为核心的系统。而海内外各大医药企业的医药研发平台也逐步建立以大数据决策为核心的系统，医药研发行业也越来越明朗。曾经有学术研究表示，通过不同渠道获取的数据可能确定各种化学成分对疾病的作用，基于大规模实验的机器学习也能验证上百万种药品的有效性，从而帮助医药企业降低时间和金钱成本。在医药研发领域，大数据技术从不同角度也得以实践应用，帮助更有效地推动医疗和药品的研发效率和前景。

（1）资源配置。在新药物的研发阶段，医药公司能通过大数据技术开展分析全球公众对不同种类疾病药品的需求趋势变化。因而，医药公司能通过数据建模的方式，确定更为高效的投入产出比，优化研发重点，从而更加合理地配置其医药研发资源，制定战略性的医药研发投资决策。

（2）医药市场预测。海内外医药公司能够通过大数据技术对医药产品的国内及国际市场需求进行预测，并分析医药产品在国内及国际市场上的分销路径，优化物流信息平台及管理，提早将新药推向市场。

（3）医药副作用研究。通过分析临床数据和病人电子病历数据，医疗机构可以了解和确定医药产品的适应性，从而避免因为使用临床试验法、药物副作用报告分析法等传统方法而产生的问题，比如样本数小、样本分布不平衡、采样分布有限等。因此，医疗机构便能从患者数据中挖掘到与某种特定药物相关的不良反应，从而确定药品可能存在的副作用。使用大数据技术，充分发挥现在信息技术提供的样本数大、采样分布广等优势，提供更具说服力、更具权威性的分析结果。通过研究医药产品副作用，能及时有效地对医药产品进行研发调整，并对药物进行重新定位，或设计更有针对性的医药产品营销方案。

（4）新药研发。医药公司在新药品的研发阶段，能通过大数据技术对药品的全球需求进行预测建模，并结合生物学、临床医学等学科，识别出最有可能开发形成药物的潜力化合物。同时，在临床试验阶段，大数据技术也能有效提高临床试验设计水平和试验效率，通过对临床试验的设计和病人数据的分析，探索研发最合适的药物新品。

3）疾病预防

现代医疗产业各个链条上对于重大疾病的预防的认知较以往更加深刻，疾病预防能够有效减少疾病的出现，从而维系医疗产业甚至是社会的安全稳定。因此，无论在国内还是国际上，现代医疗产业都将重心从疾病的"治疗"逐步向疾病的"预防"转移。

（1）医疗机构疾病预防。医疗机构每一天都会提交大量健康状况和免疫接种的相关数据，从而形成医疗数据库。这些数据除了记录常规疾病，更形成了一些罕见疾病的资源库，对医护人员和医药公司来说能够提供巨大意义。对常规疾病，信息化手段能够帮助医护人员对患者在疾病显现出来之前采取针对性措施进行干预。针对罕见而复杂的疾病，大数据平台也能充当有力的诊断助手，并提供医疗佐证。同样，通过对大数据的应用，医疗机构可以快速、及时、清楚地预测疾病的发展趋势，如果遇到大规模暴发疾病，医疗机构便能提前做好预防措施和医疗治疗资源的储蓄和分配，优化医院资源。

（2）公共健康监控。在遇到大规模疾病暴发时，政府、公共卫生部门等相关部门也能通过大数据平台提供的数据洞察疾病暴发时间和地区，并及时设计应对方案。

借助第三方大数据平台数据，比如通过分析覆盖全国的病人电子病历数据库，监管部门便能实现对重大疾病的预测并进行风险管控，对传染病进行快速检测、对疫情进行全面监控，从而对疾病的发生进行快速响应。

此外，大数据分析能够对患者的原始数据进行标准化整合，用以充实公共健康记录，这些丰富多样的公共健康记录能对规划和设计更合理的法律法规起到促进作用，从而鼓励设计更佳的医疗方案。

4）精准医学

传统上，因为患者个体差异大，疾病种类繁多且复杂，诊断和治疗难以实现标准化和精准医疗。但随着我国大数据技术的飞速发展，大数据技术得以与疾病诊断相结合实现精准医疗，使得在对病情的诊断、治疗和用药上更加精准。例如，同一种药物在不同个体患者的药效千差万别，正是由于每个人基因的差异性使某种药物对不同人的药效不同。

精准医学（precision medicine）指的是依据患者内在生物学信息以及临床症状和体征，对患者实施关于健康医疗和临床决策的量身定制。其旨在利用人类基因组及相关系列技术对疾病分子生物学基础的研究数据，整合个体或全部患者临床电子医疗病例。通过大数据技术，精准医学得以获得更大量、更丰富的数据，从而对某个特别现象相关的所有数据进行分析和处理，也可以更快速地获得事物发展的轮廓和脉络。相比传统的医学模式，精准医学可以考虑到更多因素，包括个体遗传背景、环境因素和生活方式等差异，是一种通过全面认识疾病的本质去实现个性化的新型医学范式。该医学范式能在合适的时间为个体患者提供合适的治疗。

我国当前也已制定符合中国国情的精准医学部署和规划。2015年，科技部召开国家首次精准医学战略专家会议，提出了中国精准医疗计划。会议指出，到2030年前，我国将在精准医疗领域投入600亿元，其中，中央财政支出200亿元，企业和地方财政配套400亿元。

为更好地实现精准医学，需要对基因测序的数据进行比对分析。基因组学今天正获得越来越多的科研人员和医护人员的关注，而基因组数据的生成速度快、数量巨大，大数据技术便能在其中发挥不可忽视的作用。基因诊断技术（gene diagnosis）指的是根据临床症状应用分子遗传学方法，抽取检测患者遗传物质的结构或表达水平的变化，从而辅助临床诊断。通过基因诊断技术，常规诊断方式得以打破和颠覆。传统的诊断是通过疾病的表现来推测疾病的产生，而基因诊断技术则是通过分子遗传学和分子生物学，并结合大数据技术，对被检测对象的特定基因结构进行直接监测，从而对疾病进行预测和诊断。通过将基因库与大数据处理技术结合起来，使基因库能随着数据的变更而进行实时更新，也可以在海量基因库中提取更具备针对性的、更有效的信息，提高医疗效率。

当前，精准医学计划在多个国家陆续启动，各国科研人员收集数百万人群的基因组信息用来构建权威、全新的人口健康大数据知识体系。比如我国于2018年建立了国家基因库生命大数据平台（China National GeneBank DataBase，CNGBdb）。这是一个致力于生命科学多组学数据归档和开放共享的数据库平台，其样本资源、数据资源、合作项目资源丰富，并拥有强大的数据计算和分析能力，旨在打造"基因界的谷歌"。CNGBdb 基于底层数据结构和数据，构建了不同专题数据库及分析数据库系统，包括人体数据库、癌症数据集成与整合分析平台、罕见病数据库和免疫数据库等。这些数据库涵盖了海量的数据，为精准医学研究提供了丰富的数据源。它们都能被应用于与疾病表型等其他信息进行关联分析、挖掘并转换为知识，从而协助制定医疗及健康决策。大数据为精准医学研究提供了强有力的技术基础，为疾病的精准预防、分类、诊断和治疗的整个流程都提供大量的样本资源。

5）新型医疗业务及服务模式

大数据除了在临床诊断、医药研发、疾病预防和精准医学领域能够提供服务，还能够为国民服务，解决当前医疗行业的"看病难"问题。大数据技术能有效促进医疗信息化的实现，进而提升医疗服务水平、完善医疗条件。通过"以病人为中心，整合医院资源"的手段，实现医院人、财、物的管理和电子诊疗的信息化，从而为患者提供更便捷的服务，是目前医疗大数据的发展方向。而这些手段也促进开创了多种类型新型的业务和服务模式，如图 9-3 所示。

（1）医疗平台架构。由于老龄化问题、国民健康意识提高导致就诊人数的日益增长，使得很多医疗机构超负荷运转。基于大数据技术建立的医疗平台架构，能有效提升整体运行效率。医疗平台架构能连接管理信息、医疗运营和临床信息等系统，从而实现不同业务之间有序集成和高效运转。

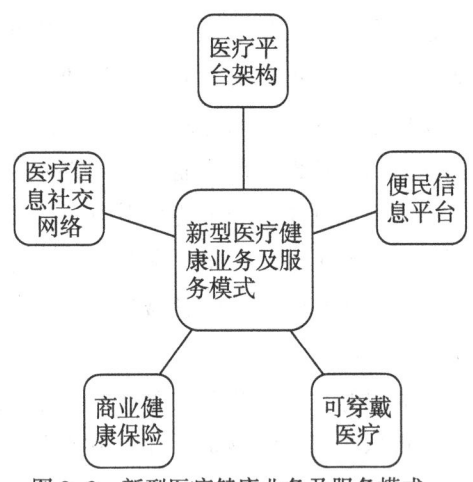

图 9-3 新型医疗健康业务及服务模式

比如某患者通过医院信息平台进行注册，然后前往医院进行检查，从而生成的患者特征比如个人基本信息、既往病史、身体特征、发病过程等信息。再根据这些信息得出患者疾病的初步诊断结果并提出相应的若干诊断方案。围绕以上信息，医院提出适应于患者的诊疗方案，并计算相应的各项费用预估，包括药品、检验、手术、治疗等费用。由于存在可能的若干种诊疗方案，每一种诊疗方案后都有相应的治疗状态数据与之相对应，主要分为治愈、好转、未愈、死亡等。这种基于大数据的医疗平台模型涵盖了患者从入院到出院的全过程记录，有助于医院的有效运营和数据系统管理。同时这个医疗平台架构的运行也可以对不同科室和医护人员的业务状态、医疗费用和绩效等进行考核和监管，有助于医疗运营的动态化和精细化管理。

在国际医疗服务贸易领域，我国也已建立并实现运行"中医惠侨'一带一路'

服务平台""国际中医药远程服务平台""国际中医药商场健康平台"和"中医药国际专业服务平台"等平台。这些平台能打破传统医疗交易服务的时空限制，在国际监管下实现中医药诊治服务标准，提升中医药诊治服务的国际竞争力。

（2）便民信息平台。通过大数据技术，医院可以提供多种模式快捷的门诊预约服务，为患者改善就医环境，并提供更方便、更愉悦的就诊体验。比如互联网预约平台，为患者提供几大功能模块服务，包括在线排队预约、分诊叫号管理、打印服务、查询统计、系统维护、短信接口、预约数据分析等。该平台能有效缩短门诊和医生检查的预约流程，加快各科室、各部门的工作速度，提高工作效率，从而对医院整体服务质量进行有效提高。除此之外，为了更好地向患者提供便捷服务，各大医疗机构也开设其他便民信息平台，比如微信公众号预约和支付宝服务窗口预约等预约平台。这些操作简单、通俗易懂的信息平台都能有效地为各年龄层人群提供服务，同时，也能为异地就医患者提供更大的便利。

除了门诊预约问题，国民看病难的另一个问题是支付环节复杂冗长。为了更好地解决该问题，移动支付平台应运而生。移动支付平台支持患者使用支付宝、微信等电子支付平台进行支付，尽可能为患者提供最大便捷。除此之外，患者还可以使用移动支付平台进行挂号充值，比如预约挂号，查看专家的排班情况，进行门诊以及住院的充值和退费；患者还可以自助查询，包括对药品的查询、对检查报告的查询、对远程会诊医院的查询等；甚至还能通过该系统进行医患互动，比如查看医疗机构和医生简介，在必要的时候进行投诉等。

（3）可穿戴医疗。可穿戴医疗设备（wearable medical devices）是指可穿戴于身体进行活动的、用于健康医疗用途的微型电子设备及其所属的互联网系统平台。包括体温传感器、热通量传感器、智能手表、脉搏波传感器、活动跟踪器、生物电传感器、光学传感器、智能服装等。该类设备通过软件支持、数据交互和各种功能模块，可实现多种功能，比如对人体的心电信号、心率、血氧饱和度、血压、血糖、激素、BMI指数、体脂含量、呼吸频率和体温等重要生理参数的监测、存储和传输。同时，还能监测患者的健康行为数据，比如每天的卡路里摄入量、喝水量、步行数、运动时间、睡眠时间等。作为一种重要的医疗设备，可穿戴医疗设备可为医学诊断提供重要的生理参数信息，丰富数据的交互性、整合度。目前，可穿戴医疗设备的市场发展依然处于早期阶段，其中最为常见的智能穿戴设备是智能腕间穿戴设备。近几年该市场已经涌现出大量各类功能设备，比如智能眼镜、智能跑鞋、智能戒指、智能腰带、智能头盔、甚至智能纽扣，其市场发展稳定且前景可观。穿戴医疗设备当前已应用于远程会诊、健康监测以及疾病管理等领域。

①远程会诊。传统的远程会诊指利用电子邮件、网站、信件、电话、传真等现代化通信工具，为患者完成病历分析、病情诊断，进一步确定治疗方案的治疗方式。随着信息化手段的进步和互联网、通信行业的发展，穿戴医疗设备在远程会诊中起到了巨大作用，尤其在经济、交通和医疗资源相对欠不发达的地区。通过佩戴智能

设备，患者正在进行的活动和健康数据可实时被监控和记录，并及时发送给医护人员。医生通过对患者病情的实时监测，可安排即时上门或远程会诊。不仅能节省患者去医院检查和测量的费用，更能实现服务分散、数据集中的诊疗方式，提升医疗资源利用效率，整合医疗资源。

②健康监测。智能穿戴设备通过传感装置、全球定位系统、射频传感器等对人体机能进行监测，通过对国民健康进行智能化监测，可以优化人体生活管理方式，并为国民提供个性化健康事务管理服务。另外，智能穿戴设备可用于各类体育训练和比赛中，对运动员体能状态进行监测和评估。通过监测运动员的心电数据、能量代谢消耗和心理负荷指数等数据，能评估运动员的训练强度和运动能力，对过度运动进行预警，并在必要时提供及时抢救。除此之外，还有多种类型的可穿戴医疗设备应用于睡眠医学研究、孕妇及胎儿监测、远程心脏监护等多个领域。

③疾病管理。智能穿戴设备也被应用于疾病的治疗以及预防。基于设备采集的人体日常数据，可建立对应的疾病和临床诊断模型，医生通过这些模型结合人体画像制定出科学、快速和及时的诊断意见、治疗方案和用药方案。这样不仅能有效缩短问诊时间，更能缓解医疗机构资源压力。在各种疾病治疗领域，都涌现出了大量新型可穿戴智能设备，比如外骨骼仿生系统，能让患者接受减压运动平板治疗，重塑中枢神经系统功能；混合辅助肢体设备能通过接收大脑传出的肌肉运动信号，控制并强化肌肉力量，从而协助和促使脑卒中和下肢瘫痪患者行走。在疾病预防方面，智能穿戴设备也发挥了巨大作用。

但是，当前可穿戴医疗也面临了一些挑战。比如，用户被采集的数据隐私是否能得到合理性控制，部分设备携带不便且价格昂贵是否能实现更大范围的普及，可穿戴医疗监护设备在具有屏蔽性能的电磁兼容检测环境中无法实现数据传输，行业内缺乏统一标准造成了各平台之间数据互联互通能力低下等，都是有待相关行业研究人员去解决的问题。

（4）商业健康保险。商业健康保险，是以被保险人的身体为保险标的，保证被保险人在疾病或意外事故所致伤害时的直接费用或间接损失获得补偿的保险。商业健康保险包括多种保险项目，比如医疗意外保险、疾病保险、医疗保险、收入保障保险和长期看护保险等。随着我国民众对医疗、健康保障的需求日益增长，大数据技术、"互联网+"当前也普遍应用于商业健康保险领域，促使医疗健康保险行业改变其经营模式和业务模式，更有针对性地提出健康管理方案，进而开创新型的商业健康保险业务模式。大数据技术能有效帮助医疗机构和保险公司及时收集居民病历档案、医疗费用花销情况等数据。同时，对居民的电子病历数据进行整理和分析，也能协助精确掌握和预测居民的健康状况，从而更精准地判断保险费用额度，为居民节省在医疗保险上不必要的花销，并为医疗机构和社会公共事业降低医疗资源浪费的可能性。

在大数据背景下，商业健康保险的变革主要能体现在以下几个方面。

①新型医疗保险产品。保险产品开发是指保险公司基于自身发展和保险市场需求及其变化状况的需要而创造新产品，或对现有产品进行改良、组合，以适应市场需要、提高自身竞争能力的过程或行为。通过大数据技术，商业健康保险相关企业及机构可以挖掘和分析理赔数据、分析疾病的治疗方案、各类诊疗的费用信息。同时数据库中的信息还能帮助健康医疗保险企业掌握不同地区的疾病发生的情况差异，并探索其中的规律。通过对这些信息的整合和分析，商业健康保险得以设计更多的创新型的健康医疗保险产品，并覆盖到更多的疾病领域。在国际医疗旅行领域，也相应推出为前往海外就医的患者提供的国际医疗旅游保险产品，比如 Seven Cners 公司已于 2017 年推出全球第一个国际医疗旅游保险项目，通过各大国际医疗旅游服务企业、国际外科中心或医院组成的网络，从而有效降低在海外进行外科手术的患者在旅途和手术过程中的风险与成本。

②医疗保险信息共享平台。该平台以行业健康险数据为基础，对各方数据的深度挖掘和应用，从而协助保险公司提高效率、降低成本、控制风险并改善服务，使得理赔服务更加便捷。健康保险平台对数据的整合，提供风险模型、精算定价、医疗健康行为模式、信用体系、医疗付费、在线健康教育等服务。

③物联网手机应用程序。目前医疗信息化的重点已从在线医疗转向移动医疗，移动医疗将成为智慧医疗的主体。手机医疗应用程序的开发和使用门槛低、投入小、见效快，对发展智慧医疗的意义十分重大。物联网手机应用程序指的是运用物联网开发健康管理类应用程序记载并且收集健康医疗相关数据，包括自我健康管理数据、"互联网-健康医疗"数据、电子病例以及保险购买状况的手机应用程序。居民凭身份证进行注册并使用，便可查看这些数据和信息。除此之外，居民还可使用该手机应用程序的快捷通道购买保险、快速理赔通道进行保险理赔并通过保险费用交纳通道进行保费交纳。

④保险精准营销。通过对数据库中患者人口统计资料数据、消费数据、信用卡使用情况的分析，可以精准判断消费偏好和购买力。从而对不同的客户风格和需求实施精准营销。如果出现不再续保或退保的情况，还可根据数据分析服务的缺陷进行改善，降低客户流失率，并为数据库积累下一个营销周期数据，实现智能化、数据化、精细化经营管理。

（5）国际医疗信息社交网络。随着信息科技的发展，越来越多的医护人员、医学科研工作者和患者选择在社交网络上共享和交流医疗信息。日常生活中，人们可以通过社交媒体传播信息或分享彼此之间的观点意见和经验。在国际医疗健康领域，也存在各类医疗类社交媒体，包括医学专业网站、移动应用和以传播医学科普信息、扩展公众医疗知识层面为主的社交媒体平台。在这些医疗类社交媒体上，来自全球的用户可以参与病例讨论，获取临床咨询意见，分享相关资源，并引导其他患者选择优质医疗资源等。医疗工作者可借助大数据分析手段，从这些医疗信息社交网络平台的数据资源中挖掘出有价值的信息。

①情感分析。医疗信息社交网络上存在大量用户生成的主观性文本，比如患者的就诊经历、患者对就医环境或就医体验的主观评价等。研究机构可以对医疗信息社交网络上出现的文本情感进行分析，主要技术分为基于情感知识的方法和基于机器学习的方法。前者通过现有的情感词典和语言知识来对医疗信息社交网络上的主观性文本的情感倾向进行分类，后者利用机器学习中的分类方法，来对医疗社交媒体中的主观性文本包含的情感进行分析。通过情感分析，其他类似病情的患者可以进行治疗决策，医护人员和医疗机构可以改善其服务质量，医药企业也可以此进行药品改进和新药品开发。

②医患交流。搭建允许医生与患者、医生与医生、患者与患者之间交流的医疗信息社交网络，能够根据不同疾病相关主题或兴趣建立社交网络板块，有效地把不同的患者和医生集聚起来，方便他们及时地进行信息交流，实现医患之间的相互通信，方便医疗数据的传输和公共信息的共享。通过基于网络社交媒体的数据挖掘，也能深入分析医生和患者的行为，为医院及相关医疗机构提供其医疗行为的舆情反馈并建立口碑。

③医学科普。当前互联网上出现了大量以传播医学科普信息、扩展公众医疗知识层面为主的医疗信息社交网络。这些社交网络以各类医学科普类杂志期刊、具有专业背景的执业医生、医疗专业科研人员等其他机构或个人开设的微博、公众号及其他平台为主。这些平台信息更新速度快、信息量大，能够为海内外患者、医务人员、医疗机构、医药企业等提供丰富的健康医疗相关信息。

大数据技术在健康医疗领域将不断催生更多新型的业务模式和服务模式，从而促进医疗行业的进步和发展。

9.3 大数据在国际医疗服务贸易中的应用案例

9.3.1 碳云智能-私人智能健康管理

2015年，碳云智能科技有限公司在香港成立。该公司认为碳作为已知生命的最基础元素，可以被数字化。智能意味着数字生命可以被人工智能化；而云，则意味着数字生命可以被网络化。

碳云智能致力打造一个在数字健康管理领域的数字化、智能化和网络化的数字生命生态系统。通过利用生命大数据、互联网、信息学、统计学和人工智能引擎探索生命，整合遗传、生物以及患者反馈数据，依托横跨不同地域文化的数字健康网络平台，碳云智能向消费者及合作伙伴提供包括运动、营养、护肤、健康管理、疾病预防管理等在内的定制化产品服务和健康解决方案，希望能帮助人们更好地管理和改善消费者的健康生活方式。

当前，碳云智能已经成为数字生命健康的管理领域，以大数据为技术背景的全球独角兽公司,为消费者提供数字化精准健康管理服务。碳云智能为消费者提供的产品和服务包括专属的数字生命账户、丰富的健康管理应用、智能的移动健康管家等。

1. 数字生命账户

碳云智能搭建其数字生命计算平台,将 Tesla P40 显卡应用于多类生物数据挖掘分析加速。该数据分析能实现小样本高维度生命数据的特征提取、机器学习分类及基于深度神经网络的健康状态预测等。对于用户而言,每个人都能下载公司开发的智能化场景服务 App "觅我",该 App 帮助用户打造其专属线上数字生命账户。在这个账户中,详细记录和展示着每个个体的基因、代谢、肠道微生物等 10 余项分子级生命数据,以及一站式智能检测设备所采集的体征数据,并对用户的动态健康数据进行全面检测和持续监测,帮助真实还原用户的生命运行状况。

通过对生命数据的全面检测和长期监测,"觅我" App 为消费者提供全面详细的生命和健康数据,帮助消费者有效推测出身体未来的发展变化。这些信息使得消费者能够在无需去医院进行体检的情况下,也能深刻认清自身的健康情况,了解潜在疾病征兆信号,智能预知健康变化。

2. 智能健康管理

碳云智能的 "觅我" App 打造了一系列的健康管理应用,应用主题涵盖营养、运动、护肤、健康、医疗、慢病等六大板块。

例如在运动板块中,针对运动爱好者,该 App 提供基因检测和运动数据追踪预测服务,通过数字化的方式,帮助用户定制个性化的运动解决方案。

在营养板块中,碳云智能推出一款被称为觅优益的定制化益生菌膳食补充食品。该产品与肠道微生物全基因组检测相互补充,基于对肠道内益生菌情况的个体定向检测和人群数据分型,为用户提供个性化的营养干预方案,最终帮助用户建立一个稳定健康的肠道环境。同时,该 App 还为用户制定个性化的饮食指导,提供饮食评估、饮食记录以及个性化营养套餐等指导服务。

在护肤板块中,针对有改善肌肤状况诉求的用户,该 App 提供皮肤检测服务,帮助用户对其自身皮肤成分进行分析,并基于检测结果为用户推荐个性化精准皮肤管理产品。

3. 移动健康管家

"觅我" App 内置智能健康管家,能够全方位监测、记录和管理用户的健康数据。对于用户来说,他们只需要记录音频或图片形式的饮食生活习惯,"觅我" App 便会自动分析记录各项营养素摄入,衡量营养素的达标或超标情况,并在身体数据异常时进行相关提醒及改善建议,对用户健康进行全方位管理。

4. 第三方平台开发应用

碳云智能还为用户提供第三方平台开发的健康及疾病管理应用服务。比如 DigitalMe——美国 PatientsLikeMe 公司为慢性病患者打造的一个健康管理平台,为患者记录和分享其症状、治疗过程,以及相关情绪方面的垂直数据,并通过记录基因和其他生物数据,创建个性化的数字健康档案,改善用户健康情况。

碳云智能作为唯一规模化检测适应性免疫应答的公司,借助Healthtell公司的ImmunoSignature检测芯片,获取个体免疫特征、表面抗原决定簇、转录后修饰,以及核酸等方面的信息,更好地洞察患者某些特定的疾病状况。

9.3.2 中国医药集团走向国际化——基于大数据的药品流通

中国医药集团(以下简称国药集团),是由国务院国资委直接管理的中国规模最大、产业链最全、综合实力最强的医药健康产业集团。作为中国医药商业的领军企业,国药集团在很早便开始打造集团IT基础设施云、物流云服务平台,构建医药健康全产业链的数据平台,促进新型智慧医药供应链的形成。

1. 医药流通平台

国药集团通过大数据技术,搭建医药流通全过程的电子化追溯平台,实现医药产品从厂商生产完成到销售终端机构,包括医院、药房和诊所等合法经营机构之间的全程追踪、追溯与召回,从而有效地提高医药流通的监管水平。通过其建立的主数据管理系统,国药集团将旗下10多家二级公司、400多家子公司的ERP系统全都集成在该平台上。平台涵盖60多万条主数据编码记录,覆盖多方面数据,其中包括药品、非药品、供应商、客户、组织机构等在日常生产、经营、管理过程中用到的数据。

2. 智慧医药生态链

国药物流还打造了国内医药行业首家基于云计算的供应链服务平台——赛飞供应链物流一体化云平台。该平台能有效实现从分销商、零售商,到医院、物流中心的资源整合,打造全面的药品追溯体系,提供安全、可及、可视、高效的服务。通过该供应链物流一体化云平台,药品在生产之后无需配送到各大药房,而是可以直接配送到医院、诊所的科室和手术室,大大节省了医疗成本,并提高了医疗效率。

国药集团还设计了药品信息共享云服务平台。该平台向政府监管部门、药品制造企业、药品流通企业、医疗机构和患者提供一个全程的服务平台。平台提供的服务类型包括药品信息监管、药品安全信息服务、企业打假、企业基础信息服务和药品综合信息查询。化学制药协会已经把制药企业的药品进行标准化并进行分享,平台便以客户为中心,把标准编码、原有国药的编码推广到行业,协同企业上下游供应链,提供综合数据查询服务,最后服务患者。

国药集团基于药品流通领域追溯大数据的应用,为药品紧急调拨配送、药品流动趋势、医药储备可视化等提供数据支撑,以此打造一个以客户为中心的生态链C2B平台,为客户形成新的智慧生态链。

3. 互联网医院总平台

作为互联网+医疗服务建设与运营的企业,国药集团与实体医院打造线上线下全流程互联网+医疗服务平台。该平台充分发挥"批零一体"网络优势，有效解决广大市民用药"最后一百米"的问题。国药控股探索出以零售药房为支点的前置服务点服务创新配送模式，全面提升互联网医院处方药品配送等级，实现药品配送服务标准化、透明化，为居家患者提供优质完整的药品服务，将患者药品配送时间从平均6日缩减为2~3日，有效提高配送效率。

此外，在2021年第二届中非经贸博览会上，国药集团展示了其国际互联网总医院平台。通过国药集团互联网总医院平台，国药集团建立起"全服务链、全产业链、全生态圈"的国药模式。国药集团互联网总医院平台的生态模式，涵盖在线问诊、线上购药、远程医疗等应用场景。

9.3.3 国际移动健康医疗App——健康医疗便利化

随着信息技术的发展和智能手机的普及，移动医疗已成为医疗管理的热点问题。医疗健康领域中移动应用程序（App）产品如雨后春笋般涌现出来。医疗健康领域的移动App指的是采用通用移动终端实现一项或多项医疗用途的移动应用软件，一般安装在移动终端操作系统上，比如用户的手机、平板电脑或其他移动智能设备上。相对传统医疗手段，移动医疗App改变了患者的就医方式，为患者提供更精准的服务，提高了医疗效率，降低了医疗成本，并能实现医疗资源的整合。当前，市场上的移动医疗App种类繁多，包括单纯健康数据管理类App、在线诊疗健康服务类App以及慢性疾病监测和信息管理类App，均为人们的保健和医疗提供了极大便利。这些App通过专业权威的内容分享互动、丰富全面的医疗数据积累、高质量的数字医疗服务，连接医生、科研人士、患者、医院、生物医药企业和保险企业。为上亿大众用户提供多项服务，包括优质健康科普、大众知识服务、在线问诊平台、健康产品电商及线下诊疗等。其服务范围包括医疗科普、处方建议、在线咨询、对症找药、服药安全警示、药品/保健食品信息查询、附近药店查询等。通过大数据技术，对健康医疗数据进行整合，为广大消费者提供专业的科普内容，并将医生和患者联系起来，为患者提供在线一对一的医生问答和诊断服务。同时，医疗App还提供儿科、妇科、产科、皮肤科等科目疾病的全面查询，服务包括其症状、病因、诊断和治疗、生活注意事项、疾病预防和就诊等，以及提供各类药品查询服务，患者可以直接在搜索栏输入药品名称，即可获得药品功能、用法用量、禁忌、成分等信息。在健康百科领域，还提供医院汇总查询、常见疫苗查询、检查辅助查询、体检报告解读、急救知识普及以及用药指南等服务。比如患者选择用药指南标签，即可按照病种分类查询各类药物，并可观看用药指南视频。在问诊咨询板块，患者可根据内科、外科和其他科目分类板块进行选择主治医生，向拥有医师资格证、医生专业技术资格证、医师执业证的医生进行病情问询。医生根据患者填写的信息开具电子处方，患者可以在线购买处方药并直接送货到家。

微医（wedoctor）是国际上规模最大、最具成长力的数字健康独角兽之一，核心业务覆盖医疗、医药、医检、健保等领域,为广大用户提供线上线下融合的一站式医疗和保健服务。作为行业内唯一覆盖"互联网+医疗健康"全产业链的数字健康平台,微医以其"微医云"平台为基础,持续提升医疗服务能力、降低药品价格、提高医保基金使用效率、创新医疗器械研发,帮助各地打造"以人民健康为中心"的数字健康共同体(health maintenance platform,HMP)。

(1)预约挂号。除了寻医指导、患者问诊等功能,微医 App 还为患者提供预约挂号功能。微医 App 汇集全国各地重点医院和知名专家信息,患者可筛选医院等级、候诊时间和特色服务,直接在线上预约挂号。通过对医疗资源信息的整合,微医 App 帮助更多的患者更方便地在医院进行挂号,而无需再前往医疗机构排队等候挂号,有效节省了患者的就医时间和就医成本。

(2)微医讲堂。微医讲堂为微医 App 另一经营板块。该板块提供各大医院医生讲课视频,向广大民众分享医疗知识,疾病自查方法和相关疾病须知等信息,使得消费者在家就能看名医生讲课。微医讲堂还提供直播服务,鼓励全民互动观看来自各大医疗机构的权威医学专家进行视频直播。该服务有效为大众进行健康医疗信息科普,为患者培养健康习惯并实现医患双向实时互动。

目前我国移动健康医疗大多以移动智能设备健康 App 为主,移动健康医疗 App 往往与云计算结合使用,能有效降低信息化成本、减少重复建设、提高资源利用率、增加业务灵活性及提升服务专业性。但是当前,移动健康医疗 App 内容相对复杂,所以较难通过单一程序进行监管。同时,患者在使用时也可能面临个人信息泄露、数据安全和网络安全风险等问题。为了解决这些问题,相关行业必须建立完善的分类监管方案、规范行业标准并加强用户隐私保护。

9.3.4 博鳌乐城国际医疗旅游先行区——国际医疗旅游大数据应用

医疗旅游是指患者根据自己的病情以及医嘱,进行医疗与旅游结合的目的地选择,达到旅游+健康管理管家服务的目的,当前已发展成全球增长最快的新兴产业之一。国际医疗旅游则指跨国进行医疗旅游。

我国从 20 世纪 90 年代就已经开始探索发展国际医疗旅游事业。其中,中国海南省依靠其独特的旅游资源和优越的自然环境,于 2013 年由国务院批复设立博鳌乐城国际医疗旅游先行区。作为打造海南自由贸易港的任务之一,国际医疗旅游目的地的设立成为建设国际旅游消费中心的重要内容。通过对国内外顶级水平专家团队和海外医学院、研究所优质项目及资源的引进,博鳌乐城国际医疗旅游先行区已逐步在多项医学领域取得重大突破。

博鳌乐城国际医疗旅游先行区通过数字基础设施建设,构建门户型医疗综合信息网络平台,为投资者、健康消费人群以及医疗人员提供"一站式"政务服务。5G、大数据、云计算、人工智能等先进技术也能有效加强该先行区的国内大型知名公立医院和国际顶尖优质医疗机构在远程诊疗、学术研讨和培训方面的合作交流。

另外，区块链、3D 和 GIS 电子围栏等技术手段，能实现全过程覆盖监管特许药械申请、审批、采购、通关、运输、仓储到使用的过程，确保特许药械来源可追溯、去向可查证、责任可追究、信息不可篡改。

以真实世界数据、飞秒激光眼科治疗系统和电子处方中心为例，大数据技术在博鳌乐城国际医疗旅游先行区国际医疗旅游领域上的应用正在不断被探索、挖掘和开发。

1. 真实世界数据

按照美国食品药品监督管理局（Food and Drug Administration，FDA）的定义，真实世界数据（real world data，RWD）是指从传统临床试验以外其他来源获取的数据。这些来源包括，大规模简单临床试验、实际医疗中的临床试验、前瞻型观察性研究或注册型研究、回顾性数据库分析、病例报告、健康管理报告、电子健康档案等。在研究结果的外推方面，真实世界研究因覆盖人群更为广泛、数据源自临床实践而更具有优势。

2019 年，海南博鳌乐城国际医疗旅游先行区已开展临床真实世界数据（应用试点工作，该试点工作旨在将患者在真实的临床环境中产生的健康相关数据应用于各种临床研究设计）。

海南博鳌乐城国际医疗旅游管理局正在筹建临床真实世界数据研究平台项目，依靠该平台，在医疗健康领域可发挥规模优势，有望提高数据质量和研究效率。

2. 飞秒激光眼科治疗系统

飞秒激光眼科治疗系统是一个集成的扫描激光系统。针对全球各国前往博鳌乐城进行旅游就医的眼科患者，通过对这些接受原发性白内障摘除术和人工晶状体植入的患者病例报告进行术前、术中以及随访数据进行收集，并将数据录入 Medidata 系统研究数据库。同时，采用自然语言处理的数据采集模式对医院日常收集的线上研究数据进行自动化提取，可实现对手术完整性的评级以及所有与器械相关的不良事件作为终点进行评估。

3. 电子处方中心

2022 年我国在海南博鳌乐城国际医疗旅游先行区建立海南电子处方中心，也是全国首个独立建设运营的电子处方中心。按照电子处方中心规定，除国家药品管理法明确实行特殊管理的药品外，其他国内上市销售的处方药，全部允许依托电子处方中心进行互联网销售。该中心打通零售药店、医药流通、生产企业与医院的壁垒，衔接医保线上平台直接结算，减少流通环节。因此，居民医保信息系统、电子健康卡、健康海南以及全民健康信息平台等能实现数据互联互通。患者只需进行线上操作，便可在平台上进行复诊续方、在线配药等互联网医疗服务，也为国际医疗游客提供更低成本、更便捷、更深入的国际医疗旅游服务。

9.4 大数据在国际医疗服务贸易中的发展趋势

当前海内外健康医疗产业正在快速发展，而大数据技术的应用也使得该产业呈现出更快速、更科学、更合理的发展态势。大数据在医疗行业中的发展趋势主要体现在以下几方面。

1. 国际医疗大数据共享

国际医疗大数据主要由医疗机构、医药企业、消费者个人产生。在大部分情况下，这些数据并没有被完全挖掘、开发，并向产业开放。所以，对于海内外医疗卫生机构、社会公众来说，这些数据存在不同程度的共享壁垒，从而产生数据孤岛效应。医疗机构收集的数据相对孤立缺乏联合协作，存在重复采集患者数据的现象，导致医疗资源的大量浪费，降低医疗效率。当前，国际健康医疗大数据共享和开放已成为世界各国的普遍共识。国际医疗大数据共享能够有效打破内部壁垒，从而提高工作效率、降低时间、货币和人力成本。为更好实现医疗大数据共享，我国已建立健康医疗大数据中心，并研发了医疗信息集成平台，协助医疗数据的共享和互通，从而提升数据利用率，实现医疗资源集约化管理与利用。

2. 移动医疗

随着信息技术的发展和消费者对移动终端智能设备的使用率提高，在国内与国际市场移动医疗都正深刻改变着医疗服务的方式。移动医疗（mobile health）指通过使用移动通信技术，例如用掌上电脑 PDA、移动电话和卫星通信来提供医疗服务和信息的医疗模式。移动医疗的形式可以是以基于安卓和 iOS 等移动终端系统的医疗健康类手机 App，也可以是基于移动智能终端搭建的方便医生与患者、医生与医生、患者与患者之间交流的医疗信息社交网络。移动医疗允许终端设备比传统更小型化，从而使健康医疗保健变得比以前更便捷、更快速、更有效、更划算，也可以为患者提供个性化服务工具，使患者享受更具预测性、参与性和预防性的健康医疗服务，是当前医疗大数据的一个主要发展趋势。

3. 国际医疗服务模式变革

大数据技术在国际健康医疗产业中的应用在不同程度上推动着医疗服务模式的变革。移动医疗、人工智能技术、可穿戴智能设备的应用使得医疗机构在患者无需前往医院的情况下，也能主动监测患者的身体状况；国际医疗大数据信息平台为患者提供了更便利的就诊模式，以更节约时间、精力和货币成本的模式进行挂号、预约甚至远程会诊；大数据在国际医疗健康保险行业中的实践为消费者提供了更个性化的保险产品和服务等。在医疗行业，每天都能涌现出新的科学技术产品和基于信息技术和大数据的新型医疗手段，不断地促进医疗服务模式的变革。

本章小结

本章从对医疗服务贸易和基于大数据的医疗行业现状开始,分别介绍了当前国内及国际医疗行业需要变革的必要性和面临的潜在挑战。为更好地描述大数据在国际医疗行业中的应用,本章详细介绍了医疗数据来源和医疗数据的处理过程。随后,分别从临床诊断、医药研发、疾病预防、精准医学、新型业务和服务模式等几个角度出发,对大数据技术在医疗服务行业中的具体应用进行详细阐述,并选择碳云智能、中国医药集团国际化、移动健康医疗 App,以及博鳌乐城国际医疗旅游先行区作为案例,分析大数据技术在国内以及国际医疗服务贸易的应用场景和作用。最后,展望了大数据在国际医疗行业中的发展趋势,包括国际医疗大数据共享、移动医疗发展和国际医疗服务模式变革等。

参考文献

[1] 曾治宇,彭琳,张晓星,等. 海南博鳌乐城国际医疗旅游先行区医疗器械真实世界研究初探[J]. 中国食品药品监管,2022(06):34-39.

[2] 陈勇,郭志东. 对标世界一流建设全球化创业方向示范基地——博鳌乐城国际医疗旅游先行区调研报告[J]. 今日海南,2021(03):58-60.

[3] 仇小强. 大数据和精准医学时代临床研究思维的转变[J]. 中国癌症防治杂志,2017,9(2):85-89.

[4] 郭聪,杨承淑. 国际医疗语言服务的需求分析与人才培养[J]. 外国语言与文化,2020,4(2):79-91.

[5] 国药集团的物流分销[EB/OL] http://www.sinopharm.com/1121.html

[6] 姜媛媛,胡西厚,周晓. 基于物联网的健康管理服务模式[J]. 中华医学图书情报杂志,2014,23(7):51-54.

[7] 晋菲斐,姚晨,马军,等. 高效可行的临床真实世界 数据采集模式探索——海南博鳌乐城国际医疗旅游先行区的实践[J]. 中国食品药品监管,2020(11):21-31.

[8] 廖成娟. 国际医疗服务贸易的发展、影响与启示[J]. 卫生经济研究,2016(5):56-59.

[9] 廖美娟. 我国医疗旅游研究综述[J]. 科技创业,2021,1(10):144-146.

[10] 宓云耕,孙铁康,钱虹. 移动医疗应用程序产品安全性评价研究进展[J]. 中国医学装备,2021,18(02):162-165.

[11] 秦三利,齐江华,张仲男,等. 基于医疗大数据新型冠状病毒肺炎疫情防控策略的探讨[J]. 甘肃科技,2021,37(09):72-75.

[12] 申时凯,佘玉梅. 基于云计算的大数据处理技术发展与应用[M]. 北京:电子科技大学出版社,2019.03:112-114.

[13] 舒燕. 医疗服务贸易自由化的全球趋势与我国特征[J]. 中国卫生经济,2021,40(02):73-76.

[14] 宋波,杨艳利,冯云霞. 医疗大数据研究进展[J]. 转化医学杂志,2016,5(05):298

-300,316.

[15] 苏高.大数据时代的营销与商业分析 [M].北京：中国铁道出版社，2014.

[16] 谭开龙，邱志勇."互联网+"与大数据在医疗保险中的应用 [J].信息技术与信息化，2019（9）：215-216.

[17] 碳云智能产品和服务 [EB/OL] https://www.icarbonx.com/

[18] 王东宇，王素，江雯雯，等.中国医药制造业外商直接投资与出口贸易活动关系研究 [J].安徽医药，2020，24（6）：1225-1231.

[19] 王叁寿.大数据商业应用场景 [M].北京：机械工业出版社，2016.

[20] 王晔，刘红，雷长海，等.基于移动终端的医疗信息社交网络设计 [J].医疗卫生装备，2015，36（3）：70-72.

[21] 吴辉，张虹，王丽萍.基于大数据的医疗平台架构与业务应用模型研究 [J].现代科学仪器，2020（4）：165-168.

[22] 夏茵."互联网+"背景下移动医疗质量与安全问题分析 [J].中医药管理杂志，2021，29（09）：63-64.

[23] 谢荣军，袁永友，王玉婷.数字技术对中医药产业服务贸易转型升级与创新的影响 [J].税务与经济，2022（05）：87-93.

[24] 张坤.我国中医药服务贸易发展的现状、问题与策略 [J].价格月刊，2021（05）：68-74.

[25] 张玲华，侯胜田，王海星.中医药医疗服务贸易发展现状及建议 [J].中国中医药信息杂志，2016，23（03）：1-4.

[26] 张润彤，赵红梅，许媛，等.数据驱动的大型医院门诊系统服务效率与患者流研究 [J].管理科学，2019，32（6）：72-85.

[27] 张颖熙.全球化背景下我国医疗服务贸易发展分析 [J].学术论坛，2019，42（1）：88-95.

[28] 朱俊，马琳，鲁超，等.社交媒体在我国医疗实践中的应用 [J].中华医学图书情报杂志，2014（6）：9-12.

[29] 邹政，邬远超.基于大数据的智能穿戴设备在医疗健康领域的可普及性研究 [J].科学与信息化，2021（15）：135-136.

第 10 章

交通行业服务贸易大数据应用

> **学习目标**
> （1）了解中国对外交通运输服务贸易概况和国际交通大数据的应用现状。
> （2）熟悉国际交通大数据的必要性和应用场景。
> （3）了解大数据在国际交通运输服务贸易中的发展趋势。

在经济全球化背景下，我国对外贸易往来日益频繁，作为服务贸易的重要一环，国际交通运输服务贸易得到了快速的发展。然而，由于起步较晚，当前我国国际交通运输服务行业还未发展成熟，依然存在交通服务贸易机制不完善、基础设施落后、贸易主体国际竞争力较弱、服务质量和效率不高等问题，亟须进一步健全完善国际交通运输体系。伴随着大数据的到来，智慧交通的发展将为当前国际交通运输状况的改善提供新的解决思路。

10.1 中国对外交通运输服务贸易概况

10.1.1 中国对外交通运输服务贸易发展概况

作为服务贸易的重要组成部分，国际交通运输服务贸易是指一方通过为另一方提供旅客或货物跨国境空间位移的交通运输服务以及相关附属服务，从另一方获得相应报酬的贸易活动。按照运输方式进行划分，国际交通运输服务包括海上运输服务、铁路运输服务、公路运输服务、管道运输服务和国际多式联运服务等。随着我国对外经济活动日益增多，国际贸易往来越来越频繁，交通运输服务贸易实现了快速发展。我国国际运输服务贸易进出口发展情况如图 10-1 所示。2016—2021 年期间我国国际运输服务贸易出口大幅增长，出口额由 2016 年的 338.3 亿美元增长到 2021 年的 1271.9 亿美元，增幅达到 276.0%。运输服务进口尽管呈现波动状态，但整体上仍有一定幅度的增长，进口额由 2016 年的 805.8 亿美元增长到 2021 年的 1335.5 亿美元，增幅为 65.7%。运输服务贸易在服务贸易中占据越来越重要的地位，2016—2021 年期间运输服务贸易出口额、进口额以及进出口总额在服务贸易中的比重呈现明显的上升趋势，2021年的占比均超过了30%。此外，2016—2021年期间我国国际运输服务贸易一直处于逆差状态，但得益于进口额的快速增长，贸易逆差有所改善，逆差值由2016年的467.53亿美元减少到2021年的63.6亿美元，为缩小服务贸易总体逆差做出了不小的贡献。

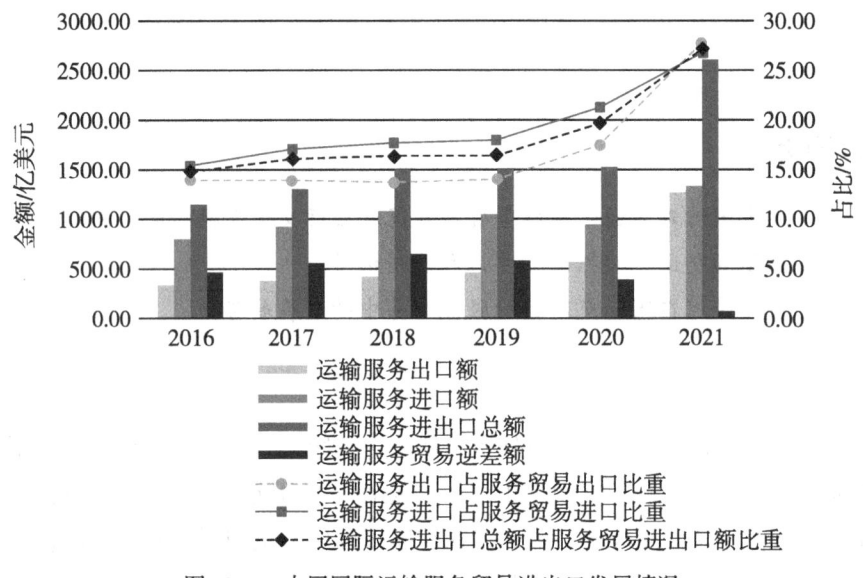

图10-1 中国国际运输服务贸易进出口发展情况

数据来源：中国国家统计局

10.1.2 中国对外交通运输服务贸易存在的问题

我国对外交通运输服务贸易起步较晚，作为服务贸易的一部分，其很大程度依赖于货物贸易的发展。尽管近年来实现了快速发展，但交通运输服务贸易仍存在不少短板，不平衡不充分问题仍然突出。具体而言，中国国际交通运输服务贸易当前尚面临如下困境。

（1）贸易进出口结构失衡，贸易逆差依然存在。从图10-1的分析中可以发现，近年来我国国际交通运输服务贸易出口的增长速度远超进口的增长速度，贸易逆差显著缩小。然而，当前我国交通运输服务贸易进出口结构仍处于不平衡状态，贸易逆差有待进一步改善，亟须通过提高国际竞争力、促进服务出口等途径推动交通运输服务贸易以及服务贸易整体的健康发展。

（2）交通运输服务缺乏国际竞争力。我国对外交通运输服务业尚未成熟，缺乏足够的国际竞争力。多数国际交通运输企业规模较小，无法发展综合型业务，在与国外大型交通运输企业的竞争中处于劣势，不利于我国国际交通运输服务出口，从而影响国际交通运输服务行业的发展。

（3）缺乏足够资金支持。资本是所有产业发展的重要基础，缺乏足够的资金支持，该行业的发展将失去先决条件。中国经济社会在取得巨大进步的同时，价格和劳动力成本也在与日俱增。但我国在交通运输服务行业的资本投入仍然比较低，不能满足当前交通运输服务业发展的需要。资金不足将直接导致交通发展不平衡，交通运输发展结构不合理，比如大、小交通系统之间联系较少，难以形成网络链效应。

（4）网络建设安全性不足。作为国民经济基础性和战略性产业，交通运输在一国政治、经济、军事、文化建设中发挥着无可替代的服务性作用。随着交通运输信息化依赖程度越来越高，互联网+交通业态开始形成规模，作为关键基础设施行业，无论是国家安全的对抗，还是非法团体或个人的觊觎，都使得我国面临的网络空间威胁不断加剧。同时，由于交通运输服务业覆盖了公路、水运、铁路、民航和城市公交等多方立体化领域，其依赖的网络信息系统越来越复杂，相关从业人员网络安全意识能力不足和系统存在安全漏洞等问题明显突出，网络安全形势异常严峻。

（5）难以适应人民群众不断提高的出行需求。在物质需求得到满足后，人们会越来越注重享受需求。经济社会的高速发展以及人们出行需求的增加，对我国国际交通运输服务的质量也提出了更高的要求。目前，我国交通运输行业服务人员的专业技能依然不足，难以满足居民需要的高服务体验，对交通运输行业整体成长和经济效益的增加存在抑制作用。

10.2 大数据在交通服务行业的应用现状

10.2.1 国际交通大数据的特征

国际交通系统中海量的交通数据具有很高的利用价值，运用大数据技术对这些数据进行有效处理与分析，能够提高交通系统的智能化水平，进一步完善交通运行体系。与传统交通数据信息相比，交通大数据的不同主要体现为六大特征，分别是数据体量巨大、需要被快速处理、数据类型多样化、各种信息并存、数据应用价值丰富，以及数据可视化应用等。具体的特征描述如表10-1所示。

表 10-1 国际交通大数据的特征

特征	描述
数据体量巨大	数据来源广泛，包括结构化数据与非结构化数据，数据可长期存储
需要被快速处理	交通流的时变性以及交通管理与服务的时效性要求快速的数据处理
数据类型多样化	数据具有广泛的来源途径和丰富的类型，交通系统具有多状态的特征
各种信息并存	数据真假并存，可能存在缺失、错误、冗余等问题
数据应用价值丰富	数据具有时间、空间等多方面特征，具有丰富的应用价值
数据可视化应用	可以实现交通运行状态、城市路网特性等的可视化

10.2.2 国际交通大数据应用的必要性

交通运输系统在运营中会产生大量数据，运用大数据技术对国际交通系统的数据进行采集、处理和分析具有许多好处：①大数据可以利用交通数据，对交通日常运营进行实时监测，从而提高运营效率；②大数据技术可以帮助交通系统采集、处理交通安全方面的数据，建立安全模型优化交通安全措施，进而提高交通系统安全性。

智能交通运输系统是未来交通运输系统的发展方向，在综合运用现代通行技术、计算机技术、导航定位技术、图像分析技术等基础之上，将交通运输系统所涉及的人、车、路和环境有机地结合在一起，从而使交通运输系统更加智能化，能够更好地实现安全、通畅的交通。

而智慧交通是在智能交通的基础上，进一步融入了物联网、云计算、人工智能等新技术，对交通运输领域从基本管理到运输到引导人们出行等方面进行全方位的调控。这种支持作用，可以让交通运输系统的时空感知能力极大提升，在保障交通运输安全和提高交通运行效率等方面发挥着重要作用。交通运输行业是天然的大数据应用行业。随着互联网与产业结合的不断升级、物联网、车联网的快速兴起，3G、4G、5G无线网络的普及，行业数据量已经开始爆发式增长。目前交通运输行业数据来源主要为基于互联网的公众出行服务数据、基于行业运营企业生产监管数据和基于物联网、车联网的终端设备传感器采集数据。智慧交通运用先进技术实现人、交通路线和交通工具等的有机结合，实现协同运作和智能运作。智慧交通可以用大数据辅助交通规划辅助决策。以一卡通为例，交通部门可以根据一卡通的乘坐数据，分析交通拥堵时间和路段，从而优化公共交通安排。大数据技术还可分析驾驶员行为，通过收集驾驶习惯、交通路线等数据，为驾驶员招聘提供参考，也可为安全驾驶提供建议。智慧交通另一功能是对人们的交通行为进行预测，通过大数据技术对城市的出行人数、出行方式、时间地点等收集分析，从而为交通部门决策提供帮助。

另外，智慧交通能够帮助精确地匹配供需，数据能解决的核心问题就是做供需双方的智能精确匹配，在海量的数据基础下，出行的需求被不断的细分，而且是实时匹配，在考虑当时的交通运输情况、车向、车速等因素之后，选择最优的方案。

10.2.3 国际交通大数据的应用场景

（1）交通数据的采集、处理与分析。运用大数据技术可以对国际交通领域各方数据进行收集，并对数据信息做进一步的处理和分析，深入挖掘交通数据价值。数据类型可以是以交通工具为对象的车辆速度、车辆 GPS 轨迹等数据，也可以是以人为对象的、与人们出行相关的数据，如手机 GPS 数据等。

（2）交通数据的快速传输与共享。运用大数据技术，可以对国际交通领域产生的大量数据进行有效存储和快速传输，从而建立实时的国际交通监测系统，保证国际交通的正常运转和安全，促进数据资源的管理、整合、开放与应用。交通平台对数据的实时性以及数据快速处理能力有很高要求，大数据技术恰能满足这些要求。

（3）优化交通系统，提高服务质量。将大数据技术充分应用于国际交通系统，使交通系统能及时、充分地满足人们的交通需求，使得人们能提前准确掌握交通信息，提高出行体验。

（4）提高国际交通安全度。随着国际交通规模不断上升，交通安全问题日益受到关注。大数据技术可以实时收集道路状况、天气等数据，结合历史信息对潜在的交通事故进行预警，帮助交通部门预测并及时应对交通事故，提醒出行者注意出行安全，减小事故发生概率，从而提高交通系统整体安全度和事故应对能力。

10.3 大数据在交通运输服务贸易行业的应用案例

10.3.1 中国智慧贸易港口建设与大数据应用

1. 基于人工智能、物联网、5G及大数据的中国智慧贸易港口建设与应用

人工智能可应用于港口业务各流程。在识别环节，人工智能技术可以取代人工识别，减少误差。在水平运输环节，无人驾驶可以降低成本提高效率。在垂直运输环节，使用机器人工作可以提高运输安全性。

物联网可用于智慧港口建设。港口可运用识别和定位技术采集数据，建立信息平台，从而准确掌握港口内工作情况；运用物联网技术，将车、集装箱等进行编号管理，实现全流程信息互联，进而提高作业效率。

5G技术是智慧港口建设所必需的条件。5G技术具有延时低、可靠性高等优点，应用5G技术可以推进港口业务流程的信息化、数字化，不断提高港口交通的安全性、便捷性。

大数据技术有助于智慧港口的优化升级。通过收集海量数据建立模型，监测港口业务流程，及时发现异常，实现精准管理，进而提高港口服务质量，建设高效的物流系统。

2. 广州智慧港口建设与大数据应用

广州港将互联网、大数据与智慧港口建设相结合，搭建大数据信息中心，建设智能作业、监控、调度、物流和服务平台。

（1）大数据中心。港口是国际交通系统重要节点，产生了海量数据。广州港对各环节、各方面的数据进行收集，建立大数据中心。

（2）智能作业平台。广州港口在识别环节运用 AI 技术，改变了传统 OCR 识别方式，提高了识别效率和准确度。

（3）智慧监控平台。智慧监控平台通过视频监控、北斗定位等技术，对港口进行多层面监控，可以随时监测各港区的运作情况。

（4）智慧调度平台。广州港对各区域的工作数据进行整理分析，通过算法进行生产调度决策；将港区作业各环节进行电子化，提高效率和安全性。

（5）智慧物流平台。广州港全面整合港口上下游的物流链、信息链和价值链，推动上下游一体化发展，加强各种运输的衔接，加快新技术落地，全面提高交通效率，推动产业链、价值链上下游协同发展。

（6）智慧服务平台。智慧服务平台充分发挥互联网快捷、交互式的特点，提供物流实时信息、电子支付、线上办理手续等服务，建设一站式国际交通运输服务系统，实现快捷、安全的业务办理。

10.3.2 国际交通服务企业大数据应用——Uber 打车与滴滴出行

Uber（中文译作"优步"）是一家总部位于美国硅谷的科技公司，由加利福尼亚大学洛杉矶分校辍学生特拉维斯·卡兰尼克和好友加勒特·坎普（Garrett Camp）于 2009 年创立。因旗下同名打车 App 而名声大噪，是全球第一家通过智能手机 App 实现一键实时叫车服务的企业。2010 年 10 月，Uber 在旧金山正式推出第一版 App——Uber BLACK。2014 年 3 月 12 日，Uber 在上海召开官方发布会，宣布正式进入中国大陆市场，确定中文名"优步"，并与支付宝合作。2014 年 10 月，Uber 在北京推出人民优步（People's Uber）。同年 12 月，百度与优步在北京签署战略合作及投资协议，达成全球范围内的战略合作伙伴关系。协议签订后，百度和 Uber 在技术创新、开拓国际化市场、拓展中国 O2O 服务三个方面展开合作。

滴滴出行，是腾讯公司投资的一家移动互联网公司，致力于移动交通的发展，为乘客提供便利。2012 年，滴滴打车在北京中关村诞生，同年 9 月 9 日正式在北京上线。2011 年，滴滴打车宣布独家接入微信，支持通过微信实现叫车和支付。在运营的短短 30 天内，订单总量突破 500 万份，让"科技改变出行"的愿景得以实现。2016 年 8 月，滴滴出行宣布与 Uber 全球达成战略协议，滴滴出行收购优步中国的品牌、业务、数据等全部资产在中国大陆运营，不过优步依旧保持独立运营。2019 年 9 月 23 日，Uber 与阿里巴巴、Twitter 和 Facebook 共同成立 Presto 基金会，用于大规模分布式数据处理。Uber 已经进入中国大陆的 60 余座城市，并在全球范围内覆盖了 70 多个国家的 400 余座城市。Uber 打车与滴滴出行改变了传统打车的业务模式，其运营原理非常简单，与电话叫车服务类似。

1. 传统打车场景

传统打车行业存在这样的问题：人找车难，车找人也难。在传统的打车体验里面，一个乘客要打车，必须走到路边，伸一下手，在视线没有被遮挡的情况下，出租车司机才能看到。假如楼宇这边有一个司机，对面有一个乘客，因为空间的距离使得他们二人无法看到对方。出租车司机即使看到乘客，但不知道乘客要去的目的地，特别是遇到司机要交班的情况时，他对目的地的方向更有强烈的诉求。

2. Uber 打车与滴滴出行的大数据匹配应用场景

2014 年 10 月 20 日，Uber（优步）宣布将拼车服务"人民优步"在国内 8 个新的城市推出，包括天津、深圳、上海、广州、成都、杭州、武汉和宁波。透过 Uber 平台，搭乘者可以找到拥有车辆的车主，向车主分担相应的出行成本得到拼车服务。每一趟行程都是通过 Uber 的系统，并且在搭乘结束时，Uber 要求搭乘者和车主互相评分，以便系统可以为双方进行服务匹配。同样，滴滴出行线上支付改变了传统打车的业务模式，从线上打车到下车支付车费，滴滴打车利用移动互联网将线上与线下相结合，降低了司机与乘客交流成本，提高打车效率，有利于乘客提高出行体验，有助于降低司机空驶率，提高打车服务质量。

10.3.3 不同国家交通服务大数据应用

1. 西班牙交通大数据

欧洲作为交通网络极为发达的地区，在交通大数据方面也具有丰富的经验和自己独有的发展网络。欧盟将整个欧洲各国紧密联系在一起，先进的城市交通发展经验可以互通有无，因此各个国家的大数据交通技术也得以快速普及。

例如西班牙首屈一指的智能城市巴塞罗那，在大数据交通和智能交通方面的发展就非常有代表性。巴塞罗那的民众出行时，可以随时查看各个地点的出租单车供应情况，这与我国民众出行时可以随时查看共享单车分布有点类似。巴塞罗那政府还推出了免费充电站为电动车充电，民众可以随时查看这些充电站的情况。此外，巴塞罗那政府还将市内的巴士站升级为了智能巴士候车亭，其智能化主要体现在以下几个方面。

（1）智能触控系统。智能巴士候车亭设置了很多智能触控设备，乘客在候车时可以在这些设备上查看相关交通资讯，还可以使用近场通信技术（near field communication technology）和快速响应矩阵码（quick response codes）下载多个与交通、旅游和娱乐有关的应用程序。

（2）大量的 WiFi 连接渠道和可供智能手机充电的充电设备。

（3）智能广告屏幕。这些智能广告屏幕可以根据候车乘客的性别、年龄和其他特征来对乘客进行智能判断，从而推送和展示不同的广告。

此外，巴塞罗那政府还推出了智能快速支付系统，民众出行时可以在线快速支付停车费用。所有的停车位都安装了感应器，民众可以随时获得停车位的相关信息，根据大数据算法，政府的交通管理平台会向民众实时推送停车位相关信息以帮助民众快速找到最优位置停车以减少交通污染和损耗。

除智能巴士候车亭和智能停车系统外，巴塞罗那还设置了大量的智能交通灯。失明人士可以携带小型智能遥控装置，在过马路时，该装置会在交通灯成为绿色的时候发出提示音表示可以过马路了。而且智能交通灯还可以配合紧急情况下的通行，若发生火灾或其他险情时，应急车经过智能灯时，智能灯会将通行信号切换为绿色，以保证应急车快速通过。

2. 日本交通大数据

早在1990年，日本人井口雅一就首先提出了智能交通系统的概念，日本的大数据交通建设领先于亚洲其他国家，也是值得我国学习和借鉴的典例。日本的智能交通、大数据交通建设融合了美国和欧洲的长处，形成了具有自身特色的大数据交通现状，具体来说，有如下几个重要的特点。

（1）防范交通事故。日本的大数据交通建设在防范交通事故和保障交通安全方面表现得非常突出。早在20世纪90年代，日本就开始大力推动数据交通和车联网的建设。从1995年开始，因为数据交通建设逐步完善，日本的交通事故死亡人数持续下降，并一直保持着极低的事故死亡率。日本车联网会发送预警信息，并提供事故紧急救援服务。前者是指通过移动互联网等向用户发送交通信息，如实时危险情况和天气情况等。这些信息都是经过大数据挖掘和分析产生的，能够非常精准地反映出交通隐患，提醒驾乘人员及时注意。事故紧急救援则侧重于时间和效率的保障，使得交通事故发生之后能快速救援，降低死亡率。以丰田车联网为例，事故发生后，用户可以一键联系工作人员，由工作人员通过定位指引救护人员和警察赶往现场；若事故严重，车辆则可以直接通过车联网系统自动联系后台，以保证救援人员及时到达。这样的大数据交通系统可以最大限度地保障交通参与者的安全，全方位降低损失。

（2）车企参与和市场化程度高。日本在发展大数据交通的过程中，主要是由汽车巨头与电子巨头紧密合作，在政府的主导下，充分发挥市场优势，让数据得以即时传输和实时调用。丰田等汽车巨头从20世纪80年代开始便积极与电子厂商合作，共同研发了车体电子控制、车载电子信息等装置，提高日本汽车电子化程度。这为大数据交通的发展奠定了基础，使得数据信息的采集和存储变得容易，也能够缩短未来大数据交通进一步建设和研发的时间。自2007年后，日本本国生产的汽车都强制导入了OBD2系统，这套系统可以自动检测车灯、发动机热交换器等设备问题故障，也可以监测排气传感器、轮胎气压、电动汽车的电池状态等，还可以读出车速、油耗、行驶里程等汽车数据。用户的手机中只要下载了相应App，就可以实时掌握车辆信息及其他信息。政府相关部门和企业也可以通过紧急制动的统计数据标识出事故多发地段并用语音提醒用户注意等。

（3）信息共享充分。日本企业和政府在交通数据的共享和使用方面做得比较突出，企业会将各种数据共享给政府，政府会根据自身收集和存储的数据资源向企业提供更好的服务，使得大数据应用成本得以进一步降低，在面对国际竞争力时更有优势。比如本田公司的 Internavi 车联网可以根据全日本车辆信息和交互系统信息、本田内部存储的 FCD（floating car data）和交通堵塞数据来计算堵塞道路。这些道路信息是政府需要的，结合市政交通系统，政府就可以分析交通拥堵的原因，采取行动改善交通环境。本田车联网的信息共享给政府，日本政府就可以减少一些重复性建设和支出。而本田公司自身也与地图导航软件充分合作，通过对道路信息的大数据挖掘和分析精准指导用户躲避事故和堵塞路段选择最优路线，提升服务效率、减少汽车油耗并降低环境污染。

10.4 大数据在国际交通运输服务贸易中的发展趋势

大数据交通已经发展多年，正在逐步成熟，交通大数据的开发利用，将使得国际交通运输更加快捷、安全、环保、便利。但也存在诸多挑战，大数据时代国际交通运输需要综合相关部门，整合交通数据资源，建立共建共享的大数据信息平台。随着行业细分，交通大数据未来想要更好地服务于公众，就需要不断改进技术，不断融合多个层面的内容，使得大数据交通更加智能化和人性化。

（1）个性化服务凸显。中国大数据交通产业起步较晚，但是因为涉及的是基础民生问题，各大商业公司快速布局，让这一产业呈现出飞速发展的势头。过去，中国大数据交通需要依赖美国等发达国家的技术，但如今中国已经成为大数据交通产业的领头羊。未来大数据交通产业会向个性化服务进一步渗透发展，甚至于实现在"智能车路协同技术"、自动驾驶领域、互联网汽车、ETC"交通资源优化"等方面定制专属服务。大数据交通的发展将能够利用大数据积累，对出行者日常出行习惯等进行数据分析，做出精准建议和判断，并根据出行者的性格特征、身体状况和所处环境等进行分析来提供独特的出行方式。类似的个性化服务不仅可以为出行者提供与众不同的出行体验，还能够节省出行时间，优化交通方式，实现交通资源的有效利用。

（2）交通相关产业进一步扩张。目前，大数据交通已经形成了完整的产业系统，理论研究、产品生产、平台服务等都已经呈现出规模化特点。未来国际交通大数据将从车出发，关联各领域和应用场景，进行跨界发展与创新。通过汽车入口，大数据可以将一切进行完整融合。此外，在导航方面，未来大数据导航系统不仅提供地图服务，还可以及时发出预警，减少交通违章。大数据研发投入也将进一步增加，不断促进科研成果转化，并逐步形成新的交通信息服务市场。

（3）交通数据标准化建设进一步加强。随着大数据应用逐步深化，需要建立跨部门的交通信息平台，建立统一的信息标准规范，制定严格的安全措施，实现信息互联共享。

（4）支付体系更为便捷。建设互联的交通电子支付系统，建设全国联网的交通收费结算和服务体系，继续加强ETC的建设，提供更便利的电子支付服务。

（5）立体化交通管理系统逐步实现。利用大数据技术，以交通信息平台为基础，协调公路、铁路、民航等各系统，实现高效的跨区域、多方面的交通调控，建设立体化的交通管理系统。

（6）交通管理工作模式变革。利用海量的交通数据对交通情况进行实时分析，改变传统的调研方式，通过大数据制定科学的交通管理方案，帮助有关部门建立有效精准的交通管理模式。

（7）以需求和目标为驱动的智能交通系统。从交通管理实际出发，根据管理目的发展和采纳新技术，建设满足当下和未来发展需要的智能交通系统。

（8）各种新技术普遍应用于智能交通管理。将大数据、云计算、人工智能等新兴技术广泛应用于智能交通管理系统当中，实现交通状况实时分析、交通信息共享、精准识别违章等，使得人们对于快速、便捷、安全出行的需要得到充分满足。

本章小结

本章首先介绍了传统交通服务行业发展概况和存在问题，肯定了交通运输服务在经济社会发展中的重要意义和进行升级转型的客观需求。然后介绍了国际交通大数据的特征，指出国际交通行业与大数据融合的必要性和应用场景。通过中国智慧贸易港口建设与大数据应用、滴滴打车、西班牙和日本等不同国家交通服务大数据应用，对大数据在交通服务贸易行业的应用实践进行了详细介绍和阐述。最后探讨并展望了大数据在国际交通服务贸易中的发展趋势。

参考文献

[1]《2020年交通运输行业分析调研报告》. 2019 - 12：https://wenku.baidu.com/view/6d26b30fa56e58fafab069dc5022aaea998f41be.html

[2]《2020年智能交通行业现状及前景趋势》. 2020. https://wenku.baidu.com/view/176613aeea7101f69e3143323968011ca300f79c.html

[3]《2020智慧交通行业现状及前景分析报告》. 2020. https://www.sohu.com/a/427858145_100094240

[4] 曹祎遐，周庆运. 智慧港口开启航运创新生态系统 [J]. 上海信息化，2020（08）：34-38.

[5] 陈建英，黄演红. 互联网+大数据：精准营销的利器 [M]. 北京：人民邮电出版社，2015.

[6] 国家工业信息安全发展研究中心. 大数据时代 [M]. 北京：电子工业出版社，2020.

[7] 交通运输部综合规划司. 交通运输行业稳定恢复提质升级 [N]. 中国交通报，2021-05-19（004）.

[8] 李军. 移动大数据商业分析与行业营销：从海量到精准 [M]. 北京：人民邮电出版社，2016.

[9] 马英杰. 交通大数据的发展现状与思路 [J]. 道路交通与安全，2014，14（04）：55-59.

[10] 卿春著. 大数据生态与行业应用方案研究 [M]. 北京：中国地质大学出版社，2017.

[11] 冉斌. 互联网+交通运输——交通运输的新变革 [M]. 南京：江苏科学技术出版社，2017.

[12] 苏高. 大数据时代的营销与商业分析 [M]. 北京：中国铁道出版社，2014.

[13] 孙继军. 探讨新形势下交通运输业面临的困境及改善措施 [J]. 科技视界，2020（07）：276-277.

[14] 童淳强. 云计算+大数据让智能交通"飞"得更高 [J]. 中国公共安全，2016（10）：86-89.

[15] 文莉. 我国交通运输业：问题、现状及发展趋势分析 [J]. 现代经济信息，2014（17）：404.

[16] 杨琪，刘冬梅. 交通运输大数据应用进展 [J]. 科技导报，2019，37（06）：66-72.

[17] 余林锋. 广州港智慧港口建设的实践与展望 [J]. 产业创新研究，2020（13）：4-5，15.

[18] 张绍华. 交通大数据的发展现状与思路的探索 [J]. 科技传播，2019，11（04）：175-176.

[19] 赵光辉. 大数据交通：从认知升级到应用实例 [M]. 北京：机械工业出版社，2018.

[20] 中共中央 国务院. 《国家综合立体交通网规划纲要》. 2021-02：http://www.gov.cn/zhengce/2021/02/24/content_5588654.htm

[21] 中研普华. 2020-2025年中国智慧交通行业发展态势与前景展望研究报告 [R]. 中国产业研究院. 2020-05.

[22] 于春全. 智能交通系统（ITS）发展与创新 [J]. 数字通信世界，2016（09）：24-27.

[23] 刘利，杨莲娜. "一带一路"背景下中国运输服务贸易的国际竞争力研究 [J]. 皖西学院学报，2018，34（01）：62-67.

[24] 宣善文. 中国运输服务贸易国际竞争力分析 [J]. 经济问题，2019（02）：109-115.

[25] 梁海，彭意华，褟颖青. 中国运输服务贸易国际竞争力分析 [J]. 区域金融研究，2020（S1）：34-38.

[26] 刘珊. 对当前我国国际运输服务贸易的现状分析 [J]. 时代金融，2016（18）：217-218.

[27] 徐申航. 我国国际运输服务贸易发展问题研究 [J]. 中国储运，2022（02）：207-208.

[28] 刘泽慧. 中国与新加坡国际运输服务贸易竞争力比较研究 [D]. 黑龙江大学，2022.

[29] 陆化普, 孙智源, 屈闻聪. 大数据及其在城市智能交通系统中的应用综述 [J]. 交通运输系统工程与信息, 2015, 15 (05): 45-52.

[30] 徐晓贝, 张继锋. 大数据在智能交通系统中的应用探究 [J]. 数字通信世界, 2021 (10): 192-193.

[31] 张黎平. 大数据在智能交通系统中的应用研究 [J]. 中国新通信, 2021, 23 (01): 111-112.

第 11 章

通信行业服务贸易大数据应用

> **学习目标**
> （1）了解中国国际通信服务贸易发展概况。
> （2）掌握大数据在国际通信服务贸易的特征、优势和应用场景。
> （3）了解国际通信服务贸易大数据未来发展趋势。

信息通信技术（ICT）服务贸易是国际服务贸易领域的重要组成部分，它是典型的知识、技术密集型产业，同时一国 ICT 服务贸易的发展与技术创新，也将带动其他产业服务贸易的发展。改革开放以来，我国在信息通信行业实现了从弱到强的跨越式发展，以华为为代表的一批先进通信企业在国际通信服务市场占比越来越大，在通信技术方面，我国也逐渐实现从"追赶者"到"领跑者"的身份转换。以 5G 为例，我国电信运营商大力推动 5G 网络建设，累计开通 5G 基站超 70 万个，实现了全国地级以上城市及重点县市全覆盖。同时，积极探索 5G 与大数据、人工智能等多技术融合，推动 5G 技术在医疗、教育、工业、交通等多场景应用落地。中国通信产业新技术的发展和落地应用，表明中国通信业充满活力和潜力，这将为我国通信产业提高国际竞争力起到支撑和推动作用。

11.1 中国国际通信服务贸易概况

11.1.1 中国国际通信服务贸易发展模式

国际通信服务是指为信息和信息产品、信息设备储存和软件等方面提供的国际服务，包括邮政服务、电信服务、视听服务等。1995 年以来，我国的通信服务贸易除了在少数年份有所下降之外，总体呈增长趋势。2001 年中国加入 WTO，给中国的国际通信服务贸易取得了发展的有利条件。2016 年以来，中国的国际通信行业加速发展。从贸易规模来看，我国的通信行业服务贸易规模逐年扩大，增长速度较快。截至 2020 年末，中国国际通信服务贸易同比上涨 28.5%。

在进出口方面，过去中国国际通信服务贸易发展较为平稳、均衡，处于贸易顺差的年份略多于处于贸易逆差的年份,且贸易顺差、逆差额较小。近年来由于中国信息基础设施的发展和5G等新通信技术水平的提高,使得服务贸易出口增长速度高于进口,中国国际通信服务贸易总体呈现贸易顺差,且有逐年扩大的趋势。纵观通信服务"走出去"的发展实践,中国国际通信服务贸易出口主要采用了如下三种模式:①电信运营商在国际市场上开展通信业务;②国内电信运营商与外国电信运营商开展通信技术服务贸易;③国内通信企业通过资本输出的方式,在海外以子公司、合营公司等形式运营电信业务。

(1)"新基建"发展助力提高通信服务国际竞争力。

2018年12月,中央层面首次提出"加强新型基础设施建设"。随后在党中央持续强调和部署下,"新基建"相关政策路线日渐明晰。2020年4月,国家首次明确"新基建"包括5G基建、大数据中心和工业互联网等七大领域。据统计,2020年我国在大数据中心、5G基础设施、工业互联网等"新基建"重点领域投资规模约达1万亿元。我国在"新基建"领域的巨额投资,为中国通信行业的发展壮大和技术创新提供了资金方面的保障。我国"新基建"和通信行业的发展和进步,有助于提高我国通信产业相关服务的国际竞争力,拓展服务贸易的范围。

(2)"一带一路"带来重大机遇。

中国"一带一路"倡议为我国通信服务贸易的发展带来了重大机遇。近年来,中国与"一带一路"沿线国家签订多项合作协议,中国将与各国合作促进国际通信基础设施建设,统一国内外行业标准,推进互联网、数字经济等领域的经济与科技交流,不断加强中国与"一带一路"沿线各国的互联互通水平。由此可见,"一带一路"的建设为我国通信业拓展国际市场、推动技术交流与创新带来了重大机遇,中国通信运营商应积极响应"一带一路",加强与各国电信业在新一代通信技术等领域的交流和合作,参与各项信息基础设施建设项目,不断推动中国通信行业服务贸易蓬勃发展。

(3)通过国际合作开拓国际市场。

在开拓国际市场时,中国的通信运营商可以与海外通信运营商展开双边合作,从而以较低成本和难度开拓国际互联网、长途电话等业务。例如,中国移动等运营商与其他国家/地区的运营商广泛签订了国际漫游等方面的合作协议,针对国际业务热点地区设立子公司或分公司进行运营,通过国际合作的方式不断拓宽国际业务范围,推动国际业务创新。

(4)通过海外直接投资展开经营。

随着中国各大运营商实力日渐雄厚,它们开始尝试通过直接投资以打开国际市场,经营国际通信业务。例如中国运营商可以争取获得当地电信运营牌照,然后开展电信业务;还可以通过直接投资海外现存电信运营商的方式来打开该地区市场。实践中,中国运营商早在2002年就开始尝试通过并购开拓新市场,但由于种种因素而鲜有成功案例。直到2007年,中国移动成功收购巴基斯坦一家电信运营商,随后于2014年更是获得了巴基斯坦4G移动网络的运营权。对中国移动而言，它肩负着推广中国自主的4G通信标准（TD-LTE模式）的使命。截至2016年第三季度，TD-LTE在全球的用户已超过8亿，这标志着中国移动海外经营的巨大成功。

（5）提供技术和咨询服务。

中国运营商在国际市场不仅可以向用户提供电信服务，还可以技术输出、提供工程方案和咨询服务等方式开拓国际市场。具体而言，中国电信运营商可以通过旗下的设计与工程相关部门，为海外客户的工程提供技术支持和解决方案，为海外企业的运营管理提供咨询服务，将我国先进的工程技术和运营管理经验以服务贸易的形式向世界输出。

当今世界通信市场竞争日益激烈，中国通信企业需要不断加速自身转型，推进业务创新和战略创新，全面整合国内外相关资源。例如在2016年，中国电信企业收购尼日利亚电信运营商80%的股权，以自身先进技术带动当地电信的升级换代。这体现了中国通信运营商通过技术输出进行海外投资，从而推动中国通信服务贸易发展的战略。

（6）科技创新地位进一步巩固。

习近平总书记多次强调，创新是多方面的，要深入推动科技、产品、企业、管理等多维度创新。我国通信行业经过数十年的发展，技术水平不断提高，许多领域实现了从跟跑到领跑的转变。如今我国电信行业在5G领域已位于世界领先水平，这意味着通信业需要从"效仿、跟随"模式转变为"开创、突破"模式。但是，尽管越来越多地区实现了5G商用，但5G领域尚未出现"现象级"的应用，与5G相适应的技术标准、行业模式等有待进一步探索，创新需求仍然旺盛。中国在通信技术，尤其是在新一代通信技术5G方面的投入和创新，将提高我国国际通信产业的整体技术水平，推动贸易结构转型升级。

11.1.2　中国国际通信服务贸易存在的问题

（1）投入与产出不相匹配。

由于5G的建设与运营成本远高于4G网络，因此通信企业在建设5G网络时面临的成本高昂。而且，5G建设的成本回收周期较长。在个人市场上，虽然我国5G用户存量较多，但由于5G尚未出现"现象级"应用，导致目前新增客户速度已经放缓，后续增长乏力；企业市场上，受宏观经济形势影响，目前企业对5G应用的投资持谨慎态度。在5G跨行业应用方面，目前"5G+工业互联网"应用较广泛，相关市场规模预计达1.24万亿元，但由于行业模式差异化等原因，导致5G在其他行业、领域的应用面临融合成本高的问题。因此，对于5G技术来说，如何降低5G设施的建设成本，如何为5G技术找到更多的个人工作、生活和商业应用场景，成为推动5G产业良性发展，推动5G通信服务出口亟须解决的关键问题。

（2）部分领域核心研发能力尚需加强。

经过数十年的产业发展、人才培养和技术创新，目前中国通信产业的国际竞争力已大大提高，在一些领域如5G领域的产业发展水平和技术水平已位居世界前列，完成了从追赶者到领跑者的身份转变。但在另外一些领域，如芯片行业，中国的技术创新水平则有待提高，与国际同行相比仍处于落后地位。芯片行业对于现代通信产业的发展十分重要，而在这一领域中国企业的技术水平与龙头企业相比仍有较大差距，很大程度上仍需依赖进口芯片。如何发展中国国产芯片产业，解决被西方发达国家"卡脖子"的难题，将是今后中国国际国内通信产业发展所需解决的关键问题。

（3）国际贸易摩擦的挑战。

随着中国出口经济的发展和技术水平的提高，西方国家在贸易方面与中国发生的贸易摩擦越来越多。在国际通信服务贸易领域，一方面西方国家对中国有优势的5G技术服务的出口实行贸易保护政策，限制中国5G相关通信服务在西方国家市场的发展；另一方面，对于中国目前较为落后的通信产业领域，如芯片领域，则进行产品进口和技术引进方面的限制，这些措施阻碍了中国相关产业的发展和进步。此外，一些西方国家通过"长臂管辖"的方式对我国出口电信服务和产品进行干预，我国通信业的发展面临复杂挑战。

在一些西方发达国家日益实行"逆全球化"贸易保护政策的背景下，需要通过技术创新和开发新市场，来应对部分国家对我国国际通信产业的进出口限制带来的不利影响。

11.2 大数据在国际通信服务贸易的应用现状

11.2.1 通信大数据的特征和优势

当下通信业的创新主要是围绕通信数据和新一代信息技术展开。面向"十四五"，中国电信提出云改数转战略，中国移动提出数智化转型，中国联通强调着力强劲高科技引擎，科技创新将是当前电信企业发展完善产品和服务的重要路径。

大数据与通信的结合拥有自身独特的特点。总体而言，通信技术与大数据技术相结合，可以充分发挥其作用以满足多方面的需求，在这个过程中计算机及通信技术不断创新，通信技术的应用得以加强，从而能够为用户提供更加专业、多元的服务。此外大数据技术可以使通信数据资料得以稳定准确传输，增强传输的可靠性，从而更好地保障数据信息的真实可靠性。具体而言，大数据时代下的通信优势主要有如下几点：

（1）计算能力强大。伴随着通信行业的迅速发展，网络用户对计算能力的要求越来越高，传统的仅靠用户个人电脑进行计算的方式已很难满足当下用户对计算性能的需要。而云计算可以将大量的计算任务转移到功能强大的计算池当中进行计算，大大提高计算能力，结合分配调度算法，能够胜任大量计算任务。这样云计算技术就可以在给定个人计算机性能的前提下，使用户对计算能力的需要得到满足。

（2）保证数据存储安全。对云计算中心而言，安全地存储数据是至关重要的。一般而言，云计算中心会制定严格的安全管理策略保证数据安全；其次，云计算中心会及时地进行数据的备份工作，一旦数据丢失，就可以通过先前备份好的数据进行数据还原。

（3）满足了多平台整合要求。在4G、5G移动互联网快速发展的背景下，用户能够通过手机、电脑等进行工作和交流。通信公司等企业可以通过客户端和终端收集用户产生的大量数据，根据这些数据分析用户的观看行为、评论和潮流趋势，进而更好地为用户服务，提高人们的使用体验。

11.2.2　国际通信大数据的应用场景

移动通信运营商拥有多年的数据积累，从数据来源看，通信运营商的数据来自于移动语音、固定电话、固网接入和无线上网等业务，涉及公众、家庭和政企等各方客户，包括实体、电子和直销等各渠道接触到的信息。每一部智能手机的使用都离不开一张手机卡，通信运营商因此也获得了极大的发展，国内通信市场更是形成了中国移动、中国联通、中国电信三足鼎立的局面。各种社交App的进驻，使得通信运营商的传统业务——语音通话、短信受到了极大的挑战，随着微信、手机QQ等App功能的完善，语音通话、短信已成为可有可无的功能。在传统业务受到挑战的背景下，大数据技术成为电信运营商发展新业务，不断创新发展的关键。

目前，国内外电信运营商都致力于采用大数据技术进行运营。据调研公司Informa Telecoms & Media的调查结果显示，全球120家电信运营商中约有48%开展了大数据业务，运营商大数据业务成本平均占总IT预算的10%。因此，通信运营商由流量经营转为大数据运营已成为大势所趋。通信运营商运用大数据主要有以下4个层面。

1. 营销层面

通信运营商可利用大数据技术助力市场营销。通过大数据技术，运营商收集大量用户数据，进而分析用户的使用情况、消费习惯等信息，使得信息、产品推送和售后服务等更为及时准确，提高用户的使用体验和品牌忠诚度。中国移动2013年卖出了1.5亿部T制式智能终端，在全球市场上，T制式的智能终端和W以及C制式智能终端原本一直处于一个稳固的比例；而正是这1.5亿部智能终端的搅局，使得TD-SCDMA芯片已经成为市场的主流。中国移动2011年的销售计划是2.3亿部，这对于各家分公司而言都是一个难以实现的任务，尤其是在过去无往不利的"贴营销成本"模式利润下降时，达到这一销售目标就更为困难。而大数据的应用则为各家分公司带来了希望。通信运营商利用大数据对消费者的终端偏好和消费能力进行分析，只需要查看消费者的历史使用终端以及社交圈中关键成员的使用终端，再结合每个终端的生命周期,抓住消费者的换机时机,就能够在发现某些特征事件之后向消费者推送相应的终端信息。正是基于这一精准的营销手段,有的中国移动分公司甚至以零营销成本完成了全部定制机的任务,而且全部通过电商渠道实现销售。

2. 网络层面

使用大数据技术,通信运营商可实时分析网络流量及其变化,及时调整、优化网络配置,进而提升网络服务质量并降低运营成本。根据消费者的各类数据,如消费、通话、位置、浏览、使用等数据,通信运营商就能够依靠各种各样的大数据算法建立消费者的"三维模型",甚至能够利用消费者的联系记录构建出消费者的社交网络,来进一步完善该模型。这样一来,通信运营商就能够运用数据挖掘的方法,发现各种圈子并对其影响力进行分析,从而找出其中的关键成员,再结合大数据对家庭、政企消费者的识别技术,发现自己的关键消费者,并对其使用情况进行实时监控,在发现其异动情况时,也能够及时做出应对。

3. 运营层面

电信运营商可以通过大数据技术全面收集企业运营的业务、财务等各方面的数据,通过综合分析更好地制定经营决策和竞争战略。基站建设是通信运营商运营管理中的重要模块,如何进行基站选址一直是让通信运营商头疼的问题。而利用大数据技术,通信运营商则可以通过对消费者的流量消费情况、使用周期、位置特征进行分析,根据流量分布情况进行4G、5G基站选址。通信运营商还可以根据大数据对基站进行成本收益分析,进而关闭效益不佳的基站。事实上,确实有些公司为了完成业务指标将基站建设到了人迹罕至的地方。

除了基站位置之外,通信运营商还能够通过对某块区域的流量使用时间进行分析,从而根据时间预测出基站的容量,并对基站资源进行动态的优化调整。比如,可以在白天对商业区多配置一些资源;而对于住宅区,则可以在晚上多配置一些资源,从而提高基站的运行效率。

4. 业务创新层面

通信运营商可以在确保用户隐私权的前提下,利用大数据进行业务创新。运营商可以利用大数据收集市场信息用于经营决策,还可在传统的网络服务之外,在信息服务领域进行业务创新。例如,客服成本是运营商成本的重要组成部分,中国移动客服每年服务消费者就超过500亿次,平均每月系统呼入量达32亿次,人工呼入量2.47亿次,每个接线员每个月要接听5000~6000个电话。而大数据技术则能够实现通信运营商消费者服务的智能化和自动化。在中国移动收购了科大讯飞的部分股份后,中国移动的"10086"热线已经能够利用语音转文字、文本分析等技术,自动分析来电内容并对其进行分类,从而识别出其中的热点问题。如果发生了网络、资费这样可能造成大量投诉的情况,系统还会及时发出预警,帮助中国移动制订改善计划。除此之外,中国移动还在开发有关于智能测量消费者情绪的技术。

11.2.3 5G大数据商用

自2015年世界无线电通信大会后,全球通信产业对5G的研究和应用逐渐提速,不少公司在正式的5G技术标准出台之前就开始了各种技术测试,业内出现越来越多畅想5G时代美好生活的声音。而经历了历次通信技术的进步后,普通民众开始期盼互联网和无线通信技术的发展速度更快。很显然,人们已经不满足于4G服务,业界的躁动更是勾起了人们对5G的好奇心,点燃了人们对5G时代的无限期待和想象。

1. 5G的含义和特征

5G即第五代移动通信技术,是继2G、3G、4G之后的最新一代蜂窝移动通信技术。而蜂窝移动通信(Cellular Mobile Communication)指的是以蜂窝无线组网方式,在终端和网络设备之间通过无线通道连接起来,进而实现用户在活动中可相互通信(可与固定电话相对比)。这种方式的主要特征就是终端的移动性,并且具有跨区切换和跨本地网自动漫游功能。

5G的法定名称为IMT-2020,即"International Mobile Telecommunications-2020"。它将带来一个全球互联的时代。5G除了标准统一外,还具有诸多新的特点,所有这些为5G带来了更广阔的应用空间。

(1) 高速度。如果问及2G、3G、4G、5G的区别是什么,大多数用户的答案都是网速更快了。在过去,每一代新的通信技术出现之后,给人最直观的体验便是速度加快。确实,随着网络在人们日常生活中的重要性不断提高,民众对网速的要求越来越高,感受也大不相同。理论上,5G的下行速度可快至10GB/s,是4G的近百倍,且5G的基站峰值要求不低于20GB/s,这意味着你不用担心在万人齐聚的演唱会上无法将照片或视频上传至朋友圈,在人流量大的车站发不出去语音。在5G时代,因抢带宽而导致的4G变2G的情况将不复存在。

(2) 泛在网。如果说高速度是普通用户最容易感知到的特点,那么泛在网则是5G的一个突出亮点。泛在网就是广泛存在的网络,它以实现在任何时间、任何地点、任何人、任何物都能顺畅地通信为目标。泛在网整合了多样化的信息通信技术,包含了物联网、互联网和通信网等所有已有的网络。当泛在网的目标得以实现时,人类将真正进入万物互联的时代。届时,地下车库不再是网络盲区,小型基站将遍布整个车库,以支持汽车进行自动启停等操作;当人们身处高山峡谷、深山老林等自然环境恶劣的地方时,再也不会因为无法联网而必须绞尽脑汁地寻找有利地形,小型基站的存在让人和所有联网设备可以随时保持在线状态,整个网络资源触手可及。

(3) 低功耗。人类发展一直伴随着能源问题,如何解决能源问题也是通信领域不得不考虑的事情,而5G在加速互联的同时还带来了功耗的降低,给了能源问题另一种解答方式。以前,水表和电表的查验方式是挨家挨户查,如今,水表电表的查验都采取一种远程监控的方式。但通常来讲,这些MTC终端可能需要部署在无法供电的地方，电池是这些设备最常用的供电工具。遗憾的是，电池供电极为有限，对于 MTC 终端来说并不可行，人们迫切需要它们能够满足超低功耗要求，而 5G MTC 终端仅用两节 AA 高能电池，便可提供长达 10 年以上的续航能力。5G 的低功耗也印证了关于发展解决问题的观点，如果人类难以在短时间内在能源方面有所创新，那么在低功耗的道路上走得更远，不失为一种明智的选择。

（4）低时延。低时延看上去类似高速度，简单来说，低时延就是信号从一个终端传输到另一个终端的响应速度更快了，但要注意，这里的速度提高是端到端的。5G 的超低时延使得很多领域看到了转型升级的可能性，比如在工业互联网领域，德国某研究所在 5G 网络下对飞机喷气式发动机所用的扇叶盘进行测试，发现利用毫秒级的低时延能力控制和实时监控生产工艺，可以将打磨时间降低 25%，质量提升 20%；在远程医疗服务中，低时延更能保证治疗的有效性。除此之外，对于像自动驾驶、VR 等对时延有很高要求的领域，5G 通信网络的引入将大大提高生产效率和可靠性。

（5）万物互联。回顾之前的发展，通信技术就是在一步步地走向互联，1G 到 4G 有效地解决了人与人之间的通信，而 5G 则向着更广阔的空间迈进，人与物、物与物的通信成为可能，"随时随地万物接入"也就实现了万物互联。从连接的本质来看，相较于原来孤立的、不连续的连接，万物互联是实时的和全方位的连接。比如，特斯拉汽车里就有几百个传感器监控汽车运行的情况，并进行行车记录，包括司机有没有握好方向盘，在行驶过程中是不是有使用手机等行为。汽车一旦出现故障，厂家可以马上定位问题的原因，而不需要像其他汽车维修中心那样在修理之前还要花上几个小时去排查故障原因。当然，人们还将目光投向了更遥远的地方，IBM（国际商业机器公司）曾提出"智慧地球"的概念，通过把感应器嵌入和装备到全球电网等各种物体中形成物联网，并通过超级计算机和云计算整合物联网，最终形成"智慧地球"。

（6）重构安全体系。在大数据技术属性方面，我们曾提到数据的安全问题，5G 也面临同样的问题。在实现了更为广泛的人与物、物与物之间的连接后，一旦出现安全漏洞，其所带来的风险将会是系统性的，破坏力将大大增加。依然以汽车为例，在 5G 时代，如果城市交通系统或是自动驾驶系统被不法分子攻破，可能整条街道甚至整座城市的汽车都将被黑客控制，这种场景简直不堪设想。

2. 5G 与大数据融合发展

5G 在广度和深度上为大数据带来巨大变化，一方面，5G 通过提升连接速率（相对于 4G 提升 100 倍）和降低时延（达到 ms 级），在单位时间内创造的数据量呈几何级增加。比如，从话费单的角度看，如果维持 50M 一条记录的存储模式，则计费话单条数在单位时间内会提升 100 倍。另一方面，在速度加快的同时，手机上网流量资费水平迅速下降。"提速降费"使得移动互联网流量大幅增长，我国用户月均使用移动流量达 7.2GB，比全球平均水平高 20%；移动互联网流量消费同比增长

107.3%，达 553.9 亿 GB。越来越多的用户可以享受到移动通信进步所带来的福利，同时也生产了更多的数据。

第二个改变是，5G 丰富了数据维度和收集渠道。从 1969 年互联网出现至今，仅用半个世纪的时间便席卷了整个世界，渗透到世界的各个角落。互联网的意义在于拉近了人与人之间的距离，让交流不再受制于空间。此后，凯文·阿什顿（Kevin Ashton）教授提出物联网的概念，互联网思维开始覆盖人类的整个生活，我们身边所使用的物品逐渐接入了互联网。人类社会正在从 4G 时代人与人的连接走向 5G 时代万物的连接，从智能手机、智能手表、智能眼镜等穿戴设备，到智能电视、扫地机器人等家用设备，再到智能建筑、智慧城市，无不与互联网息息相关。

首先，5G 使得单位面积的联网设备数量可以达到 4G 的 100 倍，物联网的感知层将产生海量的数据，人和物、物和物之间的连接所产生的数据类型将突破社交数据的固有格式，将数据维度和体量推向另一个层级。同时，物联网也进一步刺激了大数据的发展，所有通信基础设施的强大，都在为大数据的崛起铺平道路。在可预见的未来，全球数据量将以每两年翻一番的速度增长。随着数据量的增加，大数据系统需要采集和处理的数据也将大大增加。

同时，物联网使得数据采集的渠道也呈爆发性增长，无论是汽车、可穿戴设备、智能电视、无人机还是机器人等都是采集数据的渠道。从连接的内容看，5G 将催生出真正的车联网、智能制造、智慧能源、无线医疗、在线娱乐等新型应用和场景。未来，AR、VR 等非结构化数据的比例将进一步大幅提升。

当然，5G 也会对当前的大数据技术和平台提出更高的要求。随着数据总量和种类的增长，在物联网和人工智能等领域将出现越来越多的创新应用，很难有哪一种单一的计算平台可以有效应对如此复杂、多样、海量的数据采集和处理，混搭式的大数据处理平台将成为发展趋势。海量、低时延、非结构化的数据特点将进一步促进数据处理和分析技术的进步，流式处理技术的发展将会是一个明显的变化，如果不对海量的非结构化上网日志数据进行流式预处理，对离线存储的数据进行再处理的成本就会变得很高。在 5G 通信网络中，有数量众多的终端和传感器，加上边缘计算技术的引入，导致端点和边缘承担的作用愈发关键，数据在这些位置交付，为实时决策、个性化服务或延迟敏感的行动提供了参考。

随着移动互联网的发展，未来任何 OTT（互联网向用户提供各种应用服务）业务面向的客户均为全网客户，不再有地域之间的区隔，因此，外部大数据客户对于大数据平台的需求也是全网的。而诸如车联网、5G 切片等业务类型，由于其终端用户会在全国范围内移动，就会要求使用相同的网络环境并获得相同的业务体验，这就意味着无论从核心节点、分布节点还是边缘节点接入大数据平台，都有权限访问全网业务及客户数据。所以，5G 时代的企业大数据平台，向外部大数据客户提供"一点接入、全网服务"的能力显得尤其重要。

由此，5G 对于大数据的发展至关重要，它不仅可以提供更丰富的数据，也会满足大数据对时效性、传输速率以及数据量的要求。很明显，5G 的这些改变是 4G 无法企及的，5G 将助推大数据加速发展。

3. 5G 大数据面临的挑战

1）个人及企业数据的泄露

伴随着互联网时代的到来，网络普及度越来越高，近年来基于网络数据窃取的网络攻击也愈发频繁。在 4G 时代，网络攻击者为了窃取关键信息，通常针对政府部门、事业单位和科研院所的网站发起 DDoS 攻击。为了保护信息安全，世界各国都基于本国网络特征制定了安全部署方案，不过由于数据量的爆发式增长，网络攻击与社会活动事件呈现出紧密结合的趋势，在信息安全技术没有及时更新的情况下，网络攻击行为愈发高频，有时令人防不胜防。2018 年，由于 APT 攻击的活跃，我国就有多个行业受到了一定影响。而在国外，Facebook 同年曝出的信息泄露事件，也让各群体开始认真审视数据爆炸时代将个人信息置于网络"个人空间"可能存在的风险。可以预见，随着各个行业的信息基础设施所承载的数据量越来越大，这样的网络攻击只会越来越多。

5G 时代的到来进一步促进了信息增长，除了政府等机构拥有大量的个人信息之外，企业所拥有的数据量也会呈现出指数级增长的趋势。相较于政府，企业的数据较为集中，信息安全防护程度不足，黑客进行信息攻击时所需付出的成本较低，因而企业更容易成为黑客们集中攻击的对象。之前沸沸扬扬的华住、万豪酒店个人信息泄露事件就已经为企业敲响了警钟。另外，即便不考虑黑客的因素，在数据价值愈发凸显的今天，在企业内部管理不严的情况下，内部人员利用职务之便窃取客户数据进行贩卖的现象也时有发生。让人担心的是，不法分子在获得个人数据信息后，同样也可以依靠大数据技术形成精准的用户画像，其产生的犯罪后果将更加严重。

2）基础设施面临安全挑战

2019 年 7 月 11 日，澳大利亚最大电信商 Telstra 突发故障，导致全国性的大面积断网，国家银行、救护系统和大型商超一齐掉线，收银与自动取款机等设备也因此长时间处于宕机状态，对当地居民的生活造成了极大影响。根据专业人士的估计，此次断网光零售业受到的损失就超过了 1 亿美元。而在 2019 年 7 月 21 日，委内瑞拉在晚间遭遇了一场突发停电，直接导致全国数百万人陷入黑暗，针对此次突发停电现象，委内瑞拉新闻部长豪尔赫·罗德里格斯称此次大停电是因为委内瑞拉国内的主要水电站受到了"电磁攻击"的影响。

暂且不论上述事件中基础设施瘫痪是因为当地的网络基础设施建设存在问题还是遭遇境内外势力的恶意攻击，基础设施的安全性都理应得到最高程度的关注。毕竟基础设施关系到一个地区居民生活的方方面面，若瘫痪，带来的将会是整片区域居民生产和生活的停滞。随着网络时代的到来，基础设施的维护和控制愈发依赖网络进行，同时也出现了可能会被网络攻击的特点。尤其是这些网络攻击可以来自世界各地，不受时间和空间的限制。无疑，这对于基础设施的安全提出了更高的要求。

5G 技术将会被更多地应用到与生产和生活息息相关的基础设施建设中，这会导致基础设施对于信息技术的依赖越来越大，对人们生活习惯的改变也愈发深入。因此，基础设施运用大量新技术之后，须同步完善基础设施网络安全建设。

3）信息服务部门可能遭受网络攻击

新技术极大地改变了人们的生活方式，以出行为例，自民航、火车线上购票和网络管理实施以来，其成效有目共睹，人们不再需要去代售点甚至火车站购票，省去了来回奔波的时间成本，同时也缓解了春节、黄金周等出行旺季线下网点的售票压力。

在 5G 时代，技术为居民出行所带来的便捷不仅体现在购票环节，智慧车站、智慧机场将相继出现，问询引导和疏导客流等工作都会在技术赋能下有条不紊地进行。另外，无人操控等应用也将加速落地。不过，5G 技术在发展过程中总会存在着漏洞和风险，给不法分子以可乘之机，类似民航、火车等服务部门不仅掌握了大量民众的数据信息，还担负着旅客运输等责任，一旦因为数据泄露问题发生安全事故，会直接威胁到人们的生命财产安全。

4）网络话语权博弈

如前所述，舆情监测与引导是 5G 时代智慧政府所应当肩负起的责任。在互联网时代，尤其是 4G 时代之后，在移动端上网用户数量激增的背景下，通过线上平台进行新闻以及信息的传播已经成为主流。可以肯定的是，在 5G 时代，线上平台的信息传播力会进一步加强，视频类信息制作与传播加速，这点从当前如日中天的直播行业与短视频平台的崛起可见一斑。

信息社会，各种平台都承载着传播舆论的功能，随着网络传输速度的加快和接触网络形式的多样化，信息的传播也会越来越迅速。因此，别有用心之人想要制造负面或虚假信息，可通过制造谣言或者颠倒黑白的形式展开。普通民众接触互联网的门槛越来越低，一方面，他们可以通过互联网获取更多的信息和知识；另一方面，网民涵盖了社会的各类群体，有时也会存在网民一时无法分清真相被人"带节奏"的情况。随着 5G 时代的到来，舆论对居民生活乃至青少年成长的影响更大，舆论场也将成为我们与网络黑客甚至敌对势力博弈的主战场，这就要求我们必须将网络博弈中的被动防守战略转换为主动控制战略，从源头进行管控。

11.3 国际通信服务贸易大数据的应用案例

11.3.1 华为公司致力于全球大数据通信服务

华为是一家优秀的中国 ICT 产品和服务供应商，向国内外客户提供信息通信产品及技术解决方案，面向全球运营商、企业和个人用户等不同客户，广泛地开展业务。华为始终保持危机意识，坚持技术创新，不断提高自身技术水平和拓展新的业务领域，在国际上享有盛誉。华为的产品和解决方案已经应用于全球170多个国家和地区，服务全球运营商50强中的45家及全球1/3的人口。

我国通信企业于20世纪90年代末逐步进入非洲市场，这极大地提高了非洲地区的电信基础设施水平，提高了当地民众的电信使用体验。华为是中国企业成功进军非洲市场的绝佳案例。华为从1996年开始"出海"，20年时间里成为国际通信巨头，这主要得益于它在发展中国家市场较高的占有率。自其走进非洲以来，几乎与所有非洲国家进行了网络基础设施或设备方面的合作，华为设备在非洲市场大受欢迎，许多企业都通过华为进行数字传输。华为创始人任正非也因此荣获非洲"数字融合荣誉奖章"。在面临众多顶级电信企业竞争的非洲市场，华为能取得如此成绩实属不易。

华为云致力于"让云无处不在，让智能无所不及，共建智能世界云底座"的愿景和实践成果。面对全球数字化转型浪潮，华为云认为，成功的关键在于全数字化、全云化，一切皆服务。

（1）基础设施即服务。基于全球布局的数据中心和加速网络，提供一致体验的"全球一张网"，让业务快速地全球可达。目前，华为云在南非的可用区、在阿布扎比的Region已正式投入使用，华为云与伙伴在全球的27个地理区域运营65个可用区，已覆盖170多个国家和地区，不断为全球客户提供全面的本地服务能力。

（2）技术即服务。技术创新尤其是数据处理技术创新是企业竞争优势的重要来源。华为持续将十余万研发工程师、每年百亿美元以上研发投入的成果开放，以云服务的方式提供给千行百业的客户、伙伴和开发者，打造软件开发流水线DevCloud、数字内容开发流水线MetaStudio、AI开发流水线ModelArts、数据治理流水线4条全自动云原生流水线，帮助全球开发者更便捷、快速地进行应用开发和业务创新。

（3）经验即服务。华为云推出开天aPaaS，沉淀华为及伙伴的优秀行业经验，整合5G与大数据资源。目前已全面开放50多个场景化云服务、128个Kits、2万多个API服务，让优秀得以广泛复制，助力全球企业快速数字化。同时，华为云于2021年提出"华为云+华为终端云"的"云云协同"策略，将华为云的基础设施和华为终端云的移动应用数字生态进行深度协同，为客户和伙伴提供统一的服务与体验。

未来，华为云将继续加大对中东和非洲地区初创企业、OTT企业的扶持力度，充分发挥"云云协同"创新优势，通过持续技术创新、大数据中心等"新基建"、全球本地化服务和优质的商业生态，加速企业成长。华为1998年进入肯尼亚市场后，迅速成为非洲通信市场主要参与者，目前在非洲40个国家（地区）开展业务，为非洲大陆提供逾半数4G网络服务。过去20多年，华为持续深耕中东、非洲市场，为中东和非洲逾3500家企业客户和超过12亿人口提供了开放、灵活、安全的ICT基础设施，帮助更多的人跨越数字鸿沟，事实上，非洲约80%骨干网络基础设施都是华为等中国企业投融资建设的。从2019年起，华为就与南非多所大学合作，为相关专业学生提供免费在线或线下5G技术培训，集中在智慧城市、人工智能和大数据技术应用等领域，估计培训学生总数达6000人。华为在非投资也在不断扩大，缩小非洲数字鸿沟，致力于开发提高城市智能水平和安全水平的技术。2021年4月，肯尼亚政府与华为签署总额1.55亿欧元（约合1.75亿美元）的协议，用于实施信息数据存储中心和智慧城市建设项目。

11.3.2 中国三大通信公司利用大数据拓展国际业务

中国电信运营商通过签订双边国际业务合作协议，开展国际电路出租、国际互联网、国际长途电话等业务，不断拓展国际业务种类和规模。

1. 中国移动的大数据应用

中国移动通信集团公司是一家基于GSM、TD-SCDMA、TD-LTE制式网络的移动通信运营商。作为移动大数据的应用者，中国移动集团公司通过近几年不断努力，在数据应用方面所取得的成绩有目共睹，在云计算实践应用方面也不断探索，力求在全球市场，将大数据应用与云计算平台完美结合。就中国移动的业务支撑能力而言，在业务量方面，全年受理营业300多亿次，完成统计报表数亿张；支撑网连接数十万台营业和客服终端，既包括中国移动自有营业厅，也包括部分合作营业厅、代销代办点和第三方等。在支撑能力方面，全年处理几万亿张计费话单，几千万张结算单，全网OLTP处理能力接近40亿TpmC，存储的有效容量将近20PB。这些数据都表明中国移动是一家名副其实的大数据的应用者。大数据下互联网时代对中国移动无疑是个巨大的机遇，中国移动经过多年的发展，积累了大量的数据，这对于中国移动来说是一笔巨大的财富，这是其他企业短期内无法超越的，如何利用这些数据，发现新的商业模式，进军世界市场，对中国移动来说既是机遇也是挑战。中国移动推出的掌上App，是大数据时代互联网的产物，它可以足不出户实现很多功能与服务，例如充值缴费、流量管家、查询账单和已订业务。中国移动App大大方便了日常生活，而且它的积分兑换礼品板块对用户有着很大的吸引力，因为移动用户通过交话费、移动上网等消费能够产生积分，积分也可以累积，由此可以刺激消费，是一种比较巧妙的营销手段。

2. 中国联通的大数据应用

中国联合网络通信集团有限公司是中国唯一一家在纽约及中国香港、上海三地同时上市的电信企业，在国内31个省（自治区、直辖市）和境外多个国家和地区设有分支机构，连续多年入选"世界500强企业"。中国联通作为移动运营商具有巨大的数据优势，能够结合大数据技术进行更多业务创新。

为了建设大数据的统一平台，中国联通需要建设海内外企业数据中心和资源池，对此，中国联通的最大挑战来自于过去的两级系统、两级架构，公司的管理、组织架构、IT系统等都是两级架构。中国联通在集中运营方面的进展非常明显，针对国外市场，部分集中系统已经建成，还有很多计划在实施中。这是一个清晰、明确的战略，中国联通从上到下已达成共识，转型也在稳步推进中，所有新系统的规划和建设全部以全球数据为中心，注重数据的透明、刚性、规范、质量、安全。

3. 中国电信的大数据应用

中国电信集团公司是我国一家大型国有通信企业，"世界 500 强企业"之一，主要业务为固定电话、移动通信、卫星通信、互联网接入及应用等。中国电信提出了大数据发展思路，并以综合平台、智能管道为依托，以丰富大数据为基础，聚焦重点大数据应用，在自身核心业务的基础上，结合大数据商业模式以找到新的利润增长点。中国电信的大数据技术主要应用于语音、视频、流量和位置等四方面的信息收集和数据分析。中国电信也推出了手机端，电信手机移动营业厅 App 界面清新、简洁。中国电信利用大数据在拓展国际业务中具有一定的优势。

11.3.3　国外不同通信公司大数据应用

外国通信行业企业对大数据技术的应用领域较为广泛。对内方面，通信企业运用大数据技术优化网络建设、推进精准营销等，以此提高企业营运效率和营销效率，提高用户的体验。对外方面，通信企业运用大数据技术收集用户数据并进行分析，与其他行业企业进行合作，通过大数据技术提供精准的营销方案和商业报告等，进而开辟新的业务。

（1）国外通信企业内部大数据应用。美国 AT&T 公司对用户的网络使用情况进行实时分析，通过大数据技术收集各地区用户网络使用状况数据，进而对各地区网络基站的半径进行动态优化调整；AT&T 公司还通过分析网络业务的历史数据，对未来基站布局和网络规划进行精准设计。英国 O2 公司推出免费的 Wi-Fi 服务，使用大数据技术分析用户信息，为接下来进行用户画像和精准营销打好基础。

（2）外国通信企业外部大数据应用。西班牙电信公司推出智慧足迹产品，通过大数据技术分析消费者行为，进而为外部零售商门店选址、制定促销策略等提供参考，为政府规划停车场提供建议。美国 Verizon 公司收集用户的地理位置数据和 Web 浏览数据，结合人口统计数据对用户群体数量、需求和地理位置进行精准分析，再与企业进行合作，优化营销方案和商业决策。

11.4　大数据在国际通信服务贸易中的发展趋势

（1）重启行业增长。在新市场、新需求、新技术的驱动下，通信业有望重启中高速增长。在海量连接的培育下，在超高清视频、云游戏等领域有机会出现现象级 5G 应用，大大推动未来 5G 进一步发展。在 TO G 和 TO B 端，5G 将在工业、农业、医疗等生产和生活各领域进一步应用，助力千行百业实现数字化转型的同时，也将形成通信业新的增长驱动力。

（2）加速创新转型。数据作为数字经济关键要素，发挥着基础资源和创新引擎两大作用。面向"十四五"，电信运营商均提出了将创新驱动作为高质量发展的战略支撑，通过创新实现运营、服务和产品等各领域的全方位提升，进而实现通信行业在国际市场竞争力的全面提高。

（3）助力国家发展。通信行业的发展与国内经济环境密切相关，通信企业也能为中国经济发展做出巨大贡献。目前电信企业是5G、云计算等新型基础设施建设的主力，新基建领域的投资将为我国经济增长和数字化转型提供有力支持。在科技创新方面，电信运营商和通信企业需要持续推进芯片等领域的技术进步，为国家产业链安全做出更大贡献。在制度改革方面，需要继续深化改革，创新企业制度，实现为改革探索新路径。在开放共享方面，通信业需要联合相关行业和企业，合作提高信息互通共享水平，为建设"数字中国"做出贡献。

本章小结

本章首先对中国国际通信服务贸易发展模式和目前发展存在的问题进行分析，肯定了通信产业建设和服务贸易在经济社会发展中的重要作用。随后介绍了通信大数据的特征和优势，指出通信行业服务贸易与大数据融合的现状和主要应用场景，并详细阐述了5G通信的概念和特色以及5G大数据国际商业应用。通过华为公司致力全球大数据通信服务、中国三大通信公司和外国通信公司利用大数据拓展业务等案例，具体分析国际通信服务贸易大数据的广泛应用。最后，展望了大数据在国际通信服务贸易中的发展趋势。

参考文献

［1］陈建英，黄演红. 互联网+大数据：精准营销的利器［M］. 北京：人民邮电出版社，2015.

［2］陈卫康. 大数据技术在5G通信网络中的应用研究［J］. 中国新通信，2021，23（13）：20-21.

［3］陈卓炜. 大数据时代对通讯工程师带来的机遇和挑战［J］. 冶金丛刊，2016（04）：70.

［4］崇林. 基于运营商大数据的互联网海量用户行为分析系统设计与实现［D］. 南京：南京邮电大学，2016.

［5］丁虹. 大数据时代运营商转型的思考［J］. 中国电信业，2015（10）：58-59.

［6］董丽娇. 5G时代网络意识形态治理体系探究［J］. 未来与发展，2021，45（10）：20-25.

［7］范秋辞. 通信行业供给侧改革的几点思考［J］. 通信企业管理，2016（10）：9-11.

［8］胡诚洁. 面向虚拟运营商数据化运营的位置信息预测和挖掘技术研究［D］. 南京：南京邮电大学，2016.

［9］胡光，李筱培. 广电媒体孕育下的新媒体如何凸显"短、频、快"的优势——以"无线石家庄"为个案研究对象［J］. 卫星电视与宽带多媒体，2020（06）：215-218.

[10] 李军. 移动大数据商业分析与行业营销：从海量到精准［M］. 北京：人民邮电出版社，2016.

[11] 盘和林，邓思尧，韩至杰. 5G大数据：数据资源赋能中国经济［M］. 北京：中国人民大学出版社，2020.

[12] 史斌，周双阳. 电信行业如何应用大数据［J］. 通信世界，2013（20）：47.

[13] 武志军. 无人农场：前景可期 痛点犹存［J］. 中国品牌，2019（08）：66-67.

[14] 徐倩，贺丹林，伍仕杰. 大数据和云计算在通信行业中的应用［J］. 中阿科技论坛（中英文），2021，（01）.

[15] 许恒昌，刘璇，王小月. 修筑新发展航道，重塑发展新动力——通信业2020年总结与2021年展望［J］. 中国电信业，2021（03）：42-47.

[16] 周双阳，赵蓉. 运营商的大数据应用［C］//陕西省通信学会2013年学术年会论文集，2013：169-170.

[17] 吴劭宸. 双循环发展背景下中国通信服务贸易发展困境及竞争路径［J］. 对外经贸实务，2021（10）：52-56.

[18] 刘忠印. 中国通信服务贸易出口研究［J］. 改革与战略，2017，33（07）：182-185.

[19] 曾羽. 大数据创造商业价值案例分析［M］. 成都：电子科技大学出版社，2017.

[20] 沙甲戊. 运营商大数据服务平台与典型应用模式研究［J］. 移动通信，2016，40（04）：92-96.

[21] 廖慧，李娜，王蓉. 大数据时代下电信运营商应用模式研究［J］. 电信技术，2016（03）：8-12.

[22] 王晓红，孟丽君，郭霞. 中国信息通信技术服务贸易发展与创新能力提升的研究［J］. 全球化，2020（06）：24-50，71，134-135.

[23] 文志成. "一带一路"格局下中国电信运营商的国际合作——电信经济学的视角［J］. "一带一路"与中国-东盟合作发展研究，2021（00）：99-114.

[24] 汤婧. 电信服务贸易出口：现状、路径选择与发展前景［J］. 国际经济合作，2017（07）：87-90.

第 12 章

旅游行业服务贸易大数据应用

> **学习目标**
>
> (1) 了解国际旅游服务贸易发展现状。
> (2) 掌握大数据在国际旅游服务贸易应用的必要性和场景。
> (3) 了解国际旅游大数据的应用案例和未来发展方向。

改革开放以来，中国旅游行业快速发展，国际旅游进出口服务贸易日益兴盛，无论是中国旅客出境旅游还是境外游客来华旅游都有了长足发展。在大数据背景下的移动互联网时代，全球旅游行业又将掀起一股新的浪潮，大数据与移动互联网技术，将为景区带来更多的商业价值，同时又能更好地服务游客，节省景区的人力、物力和财力。将大数据、云计算等新兴技术与传统国际旅游行业结合，必将使国际旅游服务贸易获得进一步发展。

12.1 国际旅游服务贸易概况

12.1.1 中国国际旅游服务贸易现状

国际旅游服务贸易是指不同国家之间为旅游者提供国际旅游服务的过程。随着世界各国经济发展和经济全球化的发展，国际服务贸易发展迅速。国际旅游是国际服务贸易的重要一环，国际旅游的发展有利于我国服务贸易的发展，有利于促进中外经济文化交流。

随着我国经济高速发展，人民收入水平不断提高，中国的消费结构不断调整，除物质消费之外，人们日益注重文化、娱乐等领域的消费，这为国际旅游服务贸易的发展创造了有利条件。自改革开放以来，我国对外开放水平不断提升，国际旅游进出口服务贸易不断发展。在国际旅游进口贸易方面，2019 年，中国公民出境旅游的规模达到了 1.69 亿人次，出境消费超过了 1400 亿美元，在出境旅游规模和消费额两方面都位居世界第一位。在国际旅游出口贸易方面，统计数据显示 2019 年中国接待入境旅客约 1.45 亿人次，国际旅游服务出口贸易收入为 1313 亿美元。随着中国人均收入水平不断上升，我国旅游市场规模还将进一步扩大。

（1）收入水平提高是促进旅游消费的主要原因。我国各地区人均GDP与人均文娱消费高度相关，数据显示此二者相关系数为0.84。一个地区的人均收入高意味着该地区居民的消费能力较强，而旅游业作为重要的现代服务业，必然在人均收入较高的地区有更广阔的市场。因此收入水平提高有助于旅游消费增长。

（2）中国国际旅游服务贸易的空间特点。随着中国综合国力的提升和外交的发展，中国旅客出境旅游目的地的可选范围越来越大。出境旅游主要分为港澳台旅游和出国旅游，目前港澳台旅游占出境旅游的比例逐渐降低，中国旅客逐渐倾向于选择到国外旅游，这说明中国旅客的旅游经验逐渐丰富和相关旅游服务机构不断发展。在国外旅游方面，中国旅客倾向于到中国的邻近国家进行国际旅游，其中赴韩旅游的旅客规模位居第一位，热门旅游目的地还包括马来西亚、新加坡、泰国、日本、俄罗斯等国，此外法国和美国也位居2019年中国旅客出国旅游目的地的前十名。

在入境旅客方面，目前我国的入境旅客仍以港澳台旅客为主。由于地理距离和文化差异等原因，进入我国境内旅游的外国游客主要来源于周边的韩国、日本、越南、俄罗斯等国家，除俄罗斯之外基本为东亚、东南亚国家，说明中国入境旅游对于其他大洲国家的游客的吸引力仍需加强。

12.1.2 中国国际旅游服务贸易的主要问题

1. 中国国际旅游服务贸易逆差较大

1990—2006年间，中国的入境旅游收入大于出境旅游支出，这一阶段中国从事国际旅游服务贸易整体情况为净收益。2009年我国出境旅游支出首次超过入境旅游收入，自此以后我国国际旅游服务贸易存在较大的逆差。

中国国际旅游服务贸易逆差的存在主要是由于两个原因。第一，改革开放初期中国经济不发达，出境旅游较少，因此旅游服务贸易呈现净收益；而随着中国经济发展，人们对于文化娱乐产业的需求不断上升，使得出境旅游规模开始迅速增长，由于入境旅游增长缓慢而出境旅游增长较快，我国成为国际旅游第一客源国，这使得中国旅游服务贸易产生逆差。第二，中国旅客的消费能力不断提高，在出境旅游过程中进行大量的购物消费，这是中国国际旅游服务贸易逆差的另一重要原因。

2. 中国入境旅游国际竞争力仍需加强

中国有众多的名山大川、历史古迹，这使得中国有丰富的旅游资源，旅游产业发展潜力巨大。但目前中国入境旅游的客源国主要是亚洲周边邻国，在世界范围内，中国入境旅游产业的国际竞争力亟须加强。

造成这种现象主要由于下述原因：①由于中国与其他大洲国家的地理距离和"文化距离"较远，使得中国的名胜古迹对亚洲邻国的旅游吸引力较大，而对其他大洲国家的吸引力比较弱。②中国在经济发展和旅游资源开发的过程中存在一些环境污染问题，如前些年的"雾霾"问题和洞庭湖、西湖等旅游景点的水污染问题，这些环境问题一定程度上削弱了中国旅游的吸引力,削弱了中国国际旅游产业的竞争力。③外国游客对中国国际旅游的印象尚不深刻、全面。与其他旅游资源丰富的国家相比,中国旅游产业在国外的宣传较少,使得国外客对中国旅游的印象仅停留在少数著名名胜古迹方面,缺乏对中国其他旅游景点的了解,这在一定程度上阻碍了中国国际旅游业的发展。

12.2 大数据在国际旅游服务贸易中的应用

12.2.1 国际旅游大数据的类型和特征

当今世界,越来越多国家和地区重视旅游业的发展,采取各种措施提高本国旅游业在国际旅游服务贸易中的竞争力。而随着各国经济增长和旅游需求的不断提高,国际旅游的市场竞争越发激烈,国际旅客的消费结构和需求偏好也呈现出多样化的特征。如何及时了解国际旅客的需求信息,如何提高本国旅游服务的质量,成为各国发展国际旅游的关键。而大数据技术的发展为我国国际旅游行业的发展带来了新的机遇,将大数据技术与入境旅游服务行业相结合,才能使我国旅游业及时准确了解并响应国际旅客对旅游服务的期望与需求,提高我国旅游业对入境旅客的服务质量,进而提高我国国际旅游服务贸易的收益,促进国际旅游产业发展。

2014年以来,智慧旅游快速发展。文化和旅游部开展"全域旅游示范区创建"工作,重视旅游大数据中心的建设,加速了大数据在旅游业的落地应用。

我国旅游大数据历经多年发展,已掌握了丰富的数据资源,常见的数据类型有:①线上旅游平台数据,包括线上交易和用户属性等方面的数据,可用于分析旅游市场和对游客画像。②通信运营商数据。主要包括游客旅游过程中时间和空间方面的数据。③用户生成的数据(user generated content,UGC)。包括文本、图片、视频等,用于网络评论、社交媒体平台舆情分析等。④交通数据。包括航空、高速公路等数据。⑤消费数据。这部分主要为游客旅游途中金钱消费方面的数据。⑥网络搜索数据。包括游客网络上搜索旅游相关信息的数据。⑦旅游供应商内部数据。包括景区和酒店的旅客预定情况、消费情况等数据。

利用大数据,旅游景区可以更有效地进行运营和营销,提供旅游服务。大数据主要用途如下:①精准营销,景区可使用大数据分析旅客来源、旅游轨迹和消费信息等,为精准营销提供参考。②客流量监测,根据运营商数据进行分析,可以实时了解景区人流量和旅客的时间空间信息,及时调整景区内的交通和门票预定业务,提高旅游服务质量。③舆情监测,大数据技术可以帮助旅游景区对相关网络舆情进行实时分析,及时发现相关负面舆情并积极应对,从而化解舆情危机。

在向境外旅客提供旅游服务时,酒店住宿服务也是重要一环。而将大数据应用于酒店管理和营销当中,是建设智慧酒店的关键。具体而言,在预订环节,酒店可以与相关方合作获取旅客交易记录和信用数据，对信用良好的客户提供免押金快速入住等服务，从而简化程序提高效率。在管理环节，酒店可以收集前中后台各业务环节的营运数据进行分析，为优化业务流程、科学决策提供参考。在营销环节，酒店通过大数据对客户资料进行整理分析，了解客户的需求并及时调整营销策略。此外也可及时监测相关负面舆情事件，及时回应以维护品牌形象。

12.2.2 旅游行业应用大数据的必要性

伴随着经济水平的提升和第三产业的发展，旅游业在经济发展中的作用越来越突出。将新兴的大数据技术与旅游业相结合，将为中国国际旅游产业的发展增添新动力，将使国际旅客在入境旅游过程中的衣、食、住、行都变得更加方便。数据显示，中国旅客主要通过线上平台和手机端获取旅游资讯和旅游服务，这为大数据在旅游业的应用奠定基础，大数据等新技术将在我国旅游业加速落地。

（1）大数据推动旅游产业高效化发展。

在大数据技术推动下，我国传统的旅游产业结构和价值链将发生转型，进而推动旅游业和旅游行业组织的发展。在大数据技术的支持下，旅游产业价值链各个环节得以优化升级，使得境内旅游和境外旅游的成本都不断降低。以旅游产业设计旅游路线为例，以往开发旅游路线时，由于周期较长，经常需要依靠人力逐个采集用户样本，这种做法往往需要耗费大量时间，效率较低。而应用大数据技术，旅游产业可以直接获得旅客的各种习惯、喜好等信息，通过对游客居住的酒店、采用的交通工具、喜欢的食物等数据信息的整理和收集，可以及时准确分析境内外旅客对旅游景点多样化的需求，从而在设计旅游路线时更省时、更能满足旅客需求。另外，大数据技术可以通过再分配行业资源来发展旅游产业组织。具体而言，旅游企业可以通过大数据技术分析伙伴、联盟的动态，从不同的角度分析、评估旅游企业，从而使得旅游资源在行业内可以更合理地分配。通过应用大数据技术，境外旅客可以通过携程网等进行酒店预订、景区选择、机票预订等，这为入境旅游时的出行选择提供非常大的便利，提高入境旅客的满意度，进而促进中国国际旅游服务贸易的发展。

（2）大数据促进旅游产业高质量发展。

在旅游产业中应用大数据技术，可以使旅游产业在服务质量和旅游产品品质等方面都获得极大提升，促使我国旅游产业向知识密集型产业转型，提高我国旅游产业的国际竞争力。在大数据技术影响下，充分收集整合旅游产品与旅游服务相关数据，利用信息技术可以使旅游行业的各个环节获得价值提升，促进旅游产品和旅游服务不断精细化、定制化和个性化，促进旅游行业的智能化、精准化发展。从前，旅游企业在预测旅客消费时，只能大致了解旅客的消费方向和需求。而在大数据时代，旅游企业可以收集更多、更细致的旅客需求的信息和数据，可以利用个人模型的构建分析个性化需求，满足客户的不同需求。大数据对旅游产业链也有深远影响，庞大的数据资源有利于旅游产业链的拓展。比如，在乡村旅游发展过程中，通过大数据技术，境内外旅客可以更好地体会到从田间到餐桌的乡间旅游过程，提高整个过程的服务质量。通过大数据技术支持旅游行业，促进旅游企业不断精细化对旅客的需求分析，有针对性地拓展业务范围，精准制定策略，促进旅游行业高质量发展。

（3）大数据推动旅游产业与其他产业融合发展。

将旅游产业与其他文创产业进行融合发展，已成为目前旅游产业业态创新的一个重要方向。它有助于拓展旅游产业链，推动整体发展，提高我国各地区的旅游吸引力和文旅产业综合竞争力。我国很多地区都创设了多个特色旅游企业和旅游景区，采取旅游产业融合发展模式，将文创产品品牌化，能够更好地发挥文创产品的作用，还能够提高境内外旅客对于我国各地区文创产品的认知程度，更好地吸引游客的注意力，刺激游客消费。

大数据的蓬勃发展，为旅游服务业带来了管理、营销等各方面全面创新的机遇。随着大数据技术在旅游业得到越来越广泛的应用，未来旅游业将会更加数字化、智慧化，这将会为现代旅游服务业带来前所未有的广阔发展前景。

12.2.3 国际旅游大数据的应用场景

对世界各地的旅游产业而言，如果能有效利用大数据技术，就能更好地掌握全球旅游市场信息，预测旅客需求偏好，提高自身竞争力以更好地应对竞争对手的挑战。

（1）大数据应用于国际游客兴趣偏好分析。大数据能够根据网上旅客对景点的评论，以及照片等信息，分析当前旅客的偏好，并及时揭示全球各地区旅客对旅游景点和服务差异化的需求，从而帮助旅游企业快速做出调整以应对多变的旅游市场。

（2）大数据应用于国际旅客需求预测。大数据技术可以使旅游企业更好地预测市场变化和游客需求。具体而言，企业通过大数据可以对旅客的偏好、酒店和景点客流量等各方面信息进行预测。例如可以运用大数据收集旅客对于景点、酒店、交通等方面关键词的搜索频率，进而预测一定时期内某景点的客流量。还可以利用交通数据，对旅客的旅行轨迹和交通方式等信息进行分析。

（3）大数据应用于国际客流分析。大数据还可以对国际旅客的旅行轨迹、旅游频率等进行整理分析，进而把握不同城市不同旅游景点的客流量信息。比如，大数据研究可以通过分析旅客在社交媒体发布的照片和文字，得出不同旅客在时间空间层面的旅游习惯信息。通过照片的位置、日期等信息，能够准确地描摹旅客的旅游轨迹和偏好的项目，辅助旅游企业及时调整旅游景点运营。

（4）大数据应用于国际游客行为分析。大数据还可以对国际旅客旅游前后的网络搜索数据、旅游过程中的行为信息进行分析。比如，大数据可以通过分析网站上获得的数据集的照片、照片的 ID、时间戳、地理坐标等，以此分析某地区某景点对于另一地区游客的吸引力，分析某一景点的主要旅客来源地，分析不同旅客的旅游习惯和消费习惯，以此对不同地区旅客进行用户画像，便于开展精准营销。

（5）大数据应用于国际游客满意度分析。大数据可以收集不同国家和地区旅客对旅游景点的评论信息。因为来自不同国家和地区的旅客在旅游过程中关心的因素往往不同，通过大数据分析不同群体客人对旅游景点、酒店和旅游网站的满意程度及其影响因素，可以帮助旅游产业各企业更好地服务不同地区的国际旅客，提高国际旅客满意度。

12.3 国际旅游大数据的应用案例

12.3.1 街景地图让用户足不出户游遍全世界

很早之前，人们就梦想足不出户就可游遍全世界，看遍天下美景。这一愿望终于在互联网时代实现了。多年前，谷歌地图推出了实景地图（或称街景地图）。消费者登录谷歌地图，可以拖拽到世界上的任何一个地方（因为政策原因被禁止查看的除外）查看该地的实景。如今，随着科学技术的不断发展，国内已经有很多地图公司都推出了街景地图，包括百度地图、高德地图、搜搜地图等。这些街景地图带给消费者最大的好处就是足不出户也可以逛街；当消费者通过地图导航无法精准确定方位的时候，可以通过街景地图确定自己的位置；当然，消费者也可以通过街景地图在复杂的商场里导航。

街景地图可以帮助旅游局实现体验式营销。2013年，北京西城区发布了第一款文物保护领域的App。当游客下载了"北京文化遗产"App之后，可以根据App内的地图路线探访不同的文化景点。当游客到了某处文化景点处，可以点击地图上每个文物保护单位的小图标，App会将详细的景点介绍、图片、实景地图等呈现出来，游客就可以更清楚地知晓该处景物的历史了。另外，游客还可以通过微信晒出自己的游览"足迹地图"，这也增加了互动性。虽然该App不是纯粹的街景地图，但已经朝着这个方向发展了。国外也有利用街景地图实现体验式营销的案例，英国国家旅游局曾和谷歌合作，推出了网络虚拟徒步观光之旅，通过"Maplet"的视觉指南，专门为游客介绍伦敦、加的夫、爱丁堡、格拉斯哥、伯明翰、剑桥、里兹和牛津的景点。即使是没有去过英国的游客也可以通过街景地图游览英国。在"Maplet"指南中，他们放置了相应的网站链接。当游客想去游览时，可以直接点击链接，链接中的网站上有1000该目的地指南中的部分指南，每一本指南都提供了相应的住宿、购物、餐饮地点、景点、活动等信息。

12.3.2 用无线终端收集景区游客数据信息

（1）收集无线终端信息，对游客进行归类划分。

2009年，中国国家旅游局就开始在旅游景区内通过手机检测游客数量的项目。

2010年，在北京的颐和园、八达岭等景区，国家旅游局又进行了进一步的项目性能开发，到2013年又扩大了试点。如今，在旅游景区通过收集无线终端信息而掌控游人情况的系统已经比较完善。通过无线终端收集游客信息的具体方式很简单，当游客到了某一景区，身上携带的手机自然会有相应的定位信息。不论游客开机还是关机，中国移动等通信运营商都可以及时地知道游客此时到了哪里和在哪个地方停留了多久。有了这些检测信息，旅游管理部门就可以随时随地地改变景区管理措施、改变景区服务方式等。

通信运营商还可以通过无线终端的无线信号来归类和划分游客。因为中国国内的手机号码都是按照地区分段分配的，三大通信运营商能够通过监测手机信号来确定哪些游客来自北京、哪些来自广州等。通过对游客来源地的划分，景区就可以知道该处旅游景点对哪个地区的游客更有吸引力。这样，在进行旅游宣传时，旅游局也就更有针对性。

（2）根据无线终端信息，实现精准推送。

免费WiFi覆盖，这对游客来说是好事，对商家，尤其是对通信运营商来说也有好处，它们能够轻松地得到游客的相关信息，从而根据游客的信息进行有针对性的推送和营销。比如，①根据游客位置信息，推送相关的美食、纪念品、酒店等。②根据对游客数据的挖掘，将游客从新客转化为老客。③利用二维码支付和检票，很多商家会推出一些优惠活动，比如，扫描关注他们的官方微信，下载他们的App，即可获得小礼物等。一旦消费者成为商家的粉丝，消费者的消费行为就与商家有了链接，商家获取数据进行精准营销就变得比较容易了。

12.3.3 不同国家大数据旅游商业模式

全域旅游的发展需要充分借鉴国外旅游业对大数据的应用，将大数据广泛应用于旅游资源的开发之中，满足游客全方位的旅游需求。

（1）新加坡"智慧旅游计划"。

新加坡注重"智慧旅游"的建设，通过大数据和互联网技术提高旅客的旅游体验。第一，新加坡为旅客的注册登记提供一站式服务，大大简化了相关手续。第二，来新加坡旅游的旅客可以通过手机等渠道获得最新旅游信息及相关服务，信息平台会及时为旅客整合所需的旅游资讯，游客可通过移动终端及时接收信息，还可根据自身需求得到个性化智能旅游服务。第三，旅客可根据自身偏好和需求在互联网上制定新加坡旅游方案，包括交通方案、路线规划、酒店预订等，还可通过邮箱及时接收新加坡新闻、最近举办的大型活动等信息。

（2）韩国"iTourSeoul"应用服务系统。

韩国首尔在手机平台上开发了"iTourSeoul"系统，可为旅客提供定位和旅游信息服务。游客下载对应软件，就可以获取周边景点对应的应用；该系统还为游客提供旅游信息和旅游路线智能规划等服务。此外，旅客通过该服务系统还可以获得购物优惠券等附加服务。

（3）比利时"标识都市"项目。

比利时推出"标识都市"项目，在全国各旅游景点广泛粘贴带条码的不干胶，旅客可通过手机下载对应扫码器，在旅游景点扫描这些带条码的不干胶，即可获取景点介绍、旅游路线等相关信息。目前"标识都市"项目已覆盖比利时数百个旅游点，这大大方便了旅客获取旅游信息。

（4）英国和德国"智能导游"软件。

英、德两国开发"智能导游"软件使游客可以沉浸式体验名胜古迹。游客在景点可以通过该软件，用手机摄像头对准面前的名胜古迹，然后软件就可以通过定位和图像识别该处古迹，然后在游客的手机上通过视频和声音再现历史古迹曾经的样貌，还可以通过现代技术"复原"古迹残缺的部分。这款软件能加深旅客对当地历史古迹的印象和了解。

12.3.4 各类国际旅游平台的大数据应用

1. Airbnb 平台

Airbnb 是著名的短租平台，房东可通过 Airbnb 将自己独立的房屋或房间短期出租给陌生人，平台则收取 6%~12% 的佣金。对于不希望在酒店住宿的国际旅客而言，Airbnb 可以让他们选择适合的房子进行短租，满足了他们旅行住宿的需求。

Airbnb 是一家对大数据的需求和应用随着公司的扩张而成长的完美的例子。不断转换自己以适应新事物的能力是它赖以成功的关键和精髓，这点更突出了大数据的"非静态"属性，数据处理策略可能需要随时变化来应对需求的改变。从用户反馈中获得信息的洞察力让 Airbnb 得以将公司的精力集中在发展高峰期时热门旅游景点的房主上面。它还通过机器学习平台 Aerosolve 为房主们建立一套定价机制，平台会自动将城市细分为无数区域，参考酒店定价模式，结合房主提供的图片进行定价。Airbnb 收集的用户和住房数据，比如屋主拍摄的房间照片、地理位置、居住条件（房间、床位的数量，WiFi、热水浴缸等）、用户反馈和评分以及事物处理数据等，可以帮助 Aerosolve 平台通过位置、出租时所在的时间段、铺位的类型、交通的发达程度等数种变量来决定一个房间或一间公寓的合适价格。其中，一些外部数据也会被考虑进去，比如英国的爱丁堡有一个非常出名的节日"爱丁堡文化节（The Edinburgh Festival）"，在节日期间，同一条件的房间的定价会比一年中的其余时段都要高一些。

Airbnb 目前手握将近 1500TB 的数据，像蜂巢一样由 HDFS（Hadoop Distributed File System）——一种用来管理大数据的文件系统集群组织起来，托管在亚马逊的 EC2（Elastic Compute Cloud）云服务中。Airbnb 曾经用亚马逊的 RedShift 服务作为数据查询工具，但后来换成了 Facebook 的 Presto，这主要因为 Presto 的开源性可以帮助 Airbnb 的数据分析师及早地修复发现的漏洞并且打上相应的补丁。Airbnb 正在计划将数据处理的方式由现在的批量处理升级为实时处理，这将能更好地发现和处理支付过程中出现的异常现象，并且提升房源匹配和个性化信息的准确度。

2. 在线旅游公司 Expedia

Expedia 是世界最大的在线旅游公司，其业务量约占全球在线旅游市场的三分之一。1996 年，两位微软前高管创立 Expedia，1999 年上市后很快成为全美网上旅游预订量最高的旅游网站。目前业务范围包括酒店、机票、商旅、广告等旅游相关服务，市值为 55.95 亿美元。Expedia 主要依靠代理旅游服务商的产品获取佣金，其本身不直接提供旅游服务和产品。

Expedia 深耕点评、预订等旅游业务，为旅客提供一站式信息查询和预订服务。在大趋势的影响下，Expedia 也逐步开拓旅游服务新业务，囊括旅游过程中的点评、激励、计划、搜索、预订等各个环节，提供全过程旅游服务。Expedia 已经从在线预订向在线服务转型，并加强各个环节的建设及移动化布局，发力点则体现在 Expedia 在技术上的投入和对移动端的重视。

Expedia 在技术方面的效果体现在大数据新功能上，为了简化桌面端和移动端的旅游购物体验，Expedia 发布了几项搭载了大数据的新功能。比如，航班推荐功能，可以对消费者的搜索请求实时洞察，进而结合消费者的机场选择、旅游时间、旅游频次给游客选择建议，这种尝试还是在线旅游公司中从来没有过的，虽然目前还只是在美国使用，但推广到其全球业务应不会太久。再比如，需求暂存功能，可以有条理地整理储存消费者搜索请求，这一项技术大大方便了用户检索，帮助用户充分掌握信息，做出明智的决策。此外，还有行程分享功能，这一技术使消费者不管是在 Expedia 的桌面端还是移动端，只要预订旅行产品都可以跟亲朋好友分享旅行线路和旅行信息。

3. 美国运通公司（American Express）

美国运通公司创立于 1850 年，是国际上最大的旅游服务及综合性金融投资公司，在旅游相关金融业务中占领先地位。其中，美国运通旅游有关服务是美国运通公司开展旅游业务的分支机构之一，其办事处分布全球。

1996 年，美国运通与微软合作开发了名为美国运通互动旅行（American Express Interactive Travel，AEI Travel）的网上预订系统，为旅客提供电子旅游预订服务。AEI Travel 为旅客提供顾客档案、常用旅行模板、旅行指南、座位计划等服务。系统通过记录顾客情况形成档案，包括乘坐频率、座位偏好等。AEI Travel 可以根据客户信息，个性化推荐交通、住宿和餐饮方案。常用旅行模板方面，旅客可以保存预订信息形成模板，下次预订就可以在模板上稍作调整，从而节约时间。这些基于大数据的功能创新为旅客提供了便利。美国运通公司始终坚持创新，不断推出新旅游方案和新功能以满足客户需求。

12.4 大数据在国际旅游服务贸易中的发展方向

（1）完善大数据基础设施建设。

在中国发展国际化旅游产业的过程中，必须要加强基础设施建设，其中旅游景区的互联网和大数据覆盖就是非常重要的基础，是我国旅游产业市场现代化发展，优化升级的必要条件。因此，为了优化网络基础设施，提升用户的体验感，需要扩大IPv6覆盖的用户范围，采用先进的技术和设备，开发匹配的软件，提升与企业的匹配度，从而使得IPv6用户的访问量可以提升。还需要不断优化无线网、物联网、5G网络等，提升网络的质量，保证网络的稳定性，从而保证旅游产业在发展过程中的稳定性与均衡性。通过构建大数据服务平台，为旅游企业提供必要的服务支持。此外，相关部门还应该明确大数据的经营范围，有计划地规范大数据技术的发展和应用，防止重复建设和资源浪费现象。

（2）在旅游产业中创新大数据技术应用。

在国际旅游产业发展过程中，通过大数据技术的创新，可以对旅游企业的市场进行精准定位，使其在旅游行业的发展中提高自身竞争力。利用大数据可以迅速分析国际旅游市场的偏好与变化、分析国际旅客的服务需求与景点偏好、分析其他旅游企业的竞争策略，从而使得旅游企业在发展过程中，可以制定出自己的发展战略，使得本企业的产品和服务更容易为市场接受。利用大数据技术还可以管理企业收益，便利企业的收益管理。企业通过大数据技术收集更多的历史信息进行合理预测，有利于减少预测误差。旅游企业通过基本数据的整合、分析，运用自动化信息获取工具，能够更快、更全面地获取数据。此外，在发展需求方面，可以利用抖音、微信、直播等方式，使用境外旅客更容易接受的方式宣传国际旅游，分享中国国际旅游相关信息，拓展国际旅游营销渠道，获得更多潜在游客的关注，提升国际旅游企业的经济效益。

（3）建立信息平台，完善数据共享机制。

为了利用好大数据技术，发挥数据的优势和作用，推动国际旅游产业结构升级，需要保证数据的流动性与共享性，构建数据共享机制。政府部门是掌握旅游产业数据最多的部门，可以更多地开放本地区旅游产业数据，促进旅游产业数据共享。另外，还应拓展公开信息种类与范围，使得大数据的价值可以充分挖掘。政府部门可以引导国际旅游企业形成数据共享意识，并制定相应的策略，构建国际旅游服务贸易大数据共享平台，鼓励旅游企业相互沟通与交流，相互合作，形成互通互认的标准，完善旅游信息公开和数据共享机制。大数据技术的应用和共享机制的完善，有利于旅游企业之间的相互合作，有利于旅游企业解决现存问题，有利于拓展旅游产业的前沿和后延，有利于提升旅游服务质量，使入境旅游的国际游客能够获得更好的旅游体验。

（4）重视旅游专业大数据人才的培养。

国际旅游产业在发展过程中，需要大量高素质的人才，尤其是掌握大数据技术的人才。因此，国际旅游企业应该根据实际情况，与高校旅游专业沟通与联系，共同制定人才培养的计划，形成政府、高校、企业共同育人的机制，促进旅游人才大数据技术能力与素质的提升。高校在大数据人才培养过程中，一方面，需要积极构建大数据专业，加强大数据与旅游专业的融合，为学生设置更多交叉课程，使学生不仅可以学习到基础的数据收集、呈现和交互，还可以学习到如何在旅游行业中应用大数据技术。通过相关专业和课程的学习，学生可以将大数据技术与云计算、物联网技术有效结合，实现理论学习与实际应用相结合，全面提高自身的专业技术水平和应用能力。另一方面，高校在大数据人才培养过程中，可以制定旅游行业专项的人才培养计划，鼓励优秀的大数据人才到旅游相关企业就业，提升国际旅游产业人才的整体素质，使其更符合旅游行业的发展要求。

（5）推进文化事业与旅游业的融合。

文化事业与国际旅游产业密切相关。我国于2018年成立文化和旅游部，这对文化和旅游行业有重大影响，推动了两大行业的融合发展，有利于文旅一体化大数据的建设。未来文化和旅游事业有望实现数据层面的共通共享，两大行业可通过文旅一体化大数据进行整体分析决策，有利于文化事业与旅游业全面整合与协同发展。

（6）积极运用大数据支持决策。

旅游大数据的发展，符合国家发展智慧旅游的政策导向。旅游大数据重视旅游数据总量和种类两方面的提升，保证大数据能更准确地反映真实情况，更科学地指导决策。旅游行业在收集、上报数据时，需要在传统数据汇报的基础上，提供更高频率、更全面、更多维度的旅游数据。为了更好地发挥大数据的作用，一方面需要提高数据建模水平和大数据的应用范围，另一方面需要旅游企业等相关方更多采用大数据的手段辅助科学决策。

（7）对旅游大数据产业链进行更细致的分工。

随着未来旅游行业大数据的发展，大数据所有流程将难以由一家企业独立完成，全产业链大数据综合运用将成为未来趋势。这意味着各企业需要加强本地数据与第三方外部数据的整合。本地数据具有准确性高，更具针对性的优点，第三方外部数据具有数据量丰富，更具全局性等优势。通过发展全产业链大数据，可以充分发挥两种数据的优势。在旅游产业大数据充分发展成熟时，各方将进行细致分工，分为数据收集方、系统搭建方、运营方等，更专业的分工将提高大数据系统整体的运营效率，推动旅游行业整体发展，提高行业的全局竞争力。

（8）产学研之间对话与合作应更加紧密和务实。

目前国际旅游产业界需要与高校、科研机构等合作，加大下列领域科研投入：①国际旅游大数据算法。②国际旅游服务贸易理论建模。③国际旅游大数据的运营机制及合作机制。④国际旅游大数据对决策的影响机制。⑤国际旅游大数据中的用户隐私与数据伦理问题。这些研究领域的创新，需要学术界聚焦实际情况，综合运用大数据和旅游经济学等各学科知识进行研究。同时业界也应从理论研究和大数据体系建设等角度出发，与高校科研机构合作研究数据合作与共享机制。

(9) 推进国际旅游数字治理层面政策与标准规范建设。

目前国际旅游产业大数据存在参与各方大数据应用水平不平衡的问题，导致产业链大数据不能充分实现数据共享。这就需要对数据共享机制进行深入研究，不断完善监管制度。国际旅游产业链涉及利益相关方众多，为此各方需要共同制定大数据建设规范和运营规则，建立有效率的旅游产业链大数据体系，从而完善国际旅游产业链的标准规范，整合各方优势，使得大数据技术能更好地服务于国际旅游产业链的发展。

本章小结

本章阐述了中国国际旅游服务贸易行业的发展现状和目前存在的问题，介绍了国际旅游行业大数据的类型和特征，指出国际旅游服务与大数据融合的必要性和现实意义，并详细描述国际旅游大数据的应用场景。从街景地图的发展、无线终端的普及出发，借鉴新加坡、韩国、比利时、英国、德国等国大数据旅游商业模式，参照已有各类国际旅游大数据平台应用，明确了大数据在国际旅游服务贸易中的九大提升与发展方向。

参考文献

[1] 曾忠禄，王兴．大数据在旅游研究中的运用——国际文献研究［J］．情报杂志，2020，39（10）：165-168，150．

[2] 陈建英，黄演红．互联网+大数据：精准营销的利器［M］．北京：人民邮电出版社，2015．

[3] 邓宁，曲玉洁．我国旅游大数据的产业实践：现状、问题及未来［J/OL］．旅游导刊：1-14．

[4] 樊伟．加快我国旅游市场发展的策略分析［J］．科技经济导刊，2020，28（26）：97-98．

[5] 国家工业信息安全发展研究中心．大数据时代［M］．北京：电子工业出版社，2020．

[6] 贾明威．大数据技术对我国旅游产业结构优化的影响［J］．科技经济导刊，2021，29（11）：53-54．

[7] 李军．移动大数据商业分析与行业营销：从海量到精准［M］．北京：人民邮电出版社，2016．

[8] 李佩锢，陈松．大数据在旅游行业的应用：研究述评与展望［J］．全国流通经济，2021（12）：117-120．

[9] 穆希．"智慧旅游"助旅游产业提质增效［J］．创造，2018（08）：39-41．

[10] 徐海，翟立强，张硕鹏．中国旅游业发展的现状、问题及建议［J］．对外经贸，2020（06）：102-105．

[11] 张心怡．那些热门旅游App大盘点——让大数据给你一次愉快的旅行［J］．大数据时代，2018（07）：58-75．

[12] 马海龙、杨建莉著．智慧旅游［M］．宁夏：宁夏人民教育出版社，2017．

第四篇

大数据在国际贸易应用中的规制和展望

第 13 章

大数据在国际贸易应用中的法律规范

学习目标

(1) 了解大数据时代下的信息安全和个人隐私问题。
(2) 了解大数据相关的法律法规。
(3) 了解大数据时代下面临的道德困境。

大数据能够有效用于发现商机,但爆炸式增长的数据加剧了潜在的隐私泄漏。比如,亚马逊和谷歌可以在未经允许的情况下搜集到用户的购物偏好和浏览习惯,Facebook 这样的社交网站更是存储了大量用户的个人生活和社会关系的所有信息。为了获得更大的商业利润,部分企业甚至开始随意大量收集、存储和重用用户的个人信息,这对人们的隐私和安全构成了重大的威胁。

13.1 大数据时代下的信息安全问题

13.1.1 个人信息与隐私

在我国,根据《中华人民共和国网络安全法》,个人信息是指"以电子或者其他方式记录的能够单独或者与其他信息结合识别特定自然人身份或者反映特定自然人活动情况的各种信息,包括姓名、出生日期、身份证件号码、个人生物识别信息、住址、通信联系方式、通信记录和内容、账号密码、财产信息、征信信息、行踪轨迹、住宿信息、健康生理信息、交易信息等"。个人信息分为私密信息与非私密信息,具体参考表 13-1。

表 13-1 个人信息的分类

个人信息分类	内容
私密信息	健康信息、犯罪记录、财产状况、聊天、信件、照片、档案、日记等
非私密信息	姓名、容貌、性别、身份证号、家庭地址等

根据我国《民法典》，将隐私分为两部分，隐私指的是"自然人的私人生活安宁和不愿为他人知晓的私密空间、私密活动、私密信息。"第一部分是私人生活安宁，另一部分指的是不愿为他人知晓的私密空间、私密活动、私密信息。《民法典》中特别提出，私密空间包括像住宅、酒店等物理空间也包括像微信群、QQ群、电子邮箱等无形空间。

个人信息与隐私常常作为一个固定组合出现在讨论话题当中，但个人信息与隐私是两个不同的概念，个人信息不等于隐私。两者确实存在一定的联系，如个人信息中包含了私密信息，而私密信息也是隐私的内容。非私密信息不属于隐私范畴，因此获得用户的身份证信息、姓名等信息，不等同于了解用户的隐私。正确区别个人信息与隐私能更好分辨个人信息权与隐私权。隐私与安全也是常出现的组合，数据隐私侧重于个人数据的使用和管理，如制定政策以确保消费者的个人信息以适当的方式被收集、共享和使用。安全则更多地集中在保护数据免受恶意攻击和防止滥用被盗数据进行牟利。

13.1.2 大数据生命周期中不同的隐私问题

大数据的生命周期，一共包括三个阶段：数据生成、数据存储及数据处理。数据在不同的阶段，呈现的隐私问题也有所不同。

（1）数据生成（data generation）是大数据生命周期的第一个阶段，据统计，每天有2.5万亿字节的数据在网络上生成，世界上90%的数据是在过去几年中生成的。通常，生成的数据是庞大、多样和复杂的，传统系统很难处理它们。数据生成可以分类为主动数据生成（active data generation）和被动数据生成（passive pata generation）。一般来说，用户（数据持有者）主动将数据给予第三方的情况称作为主动数据生成。被动数据生成指的是用户（数据持有者）在互联网上做的所有行为（用户可能不清楚其数据已经被第三方平台所收集）。数据所有者面临的主要挑战是，如何保护自己的数据免受任何可能愿意收集这些数据的第三方的影响。数据所有者希望尽可能地隐藏他的个人和敏感信息，并担心他能在多大程度上控制这些信息。目前，可以通过限制访问或伪造数据来降低数据生成过程中侵犯隐私的风险，如表13-2所示。

表13-2 数据生成过程中的隐私问题解决办法

解决方法	具体操作
限制访问	如果数据持有者认为数据可能会泄露其个人信息或敏感信息，可以选择拒绝提供此类数据。数据所有者必须采取有效的访问控制方法，防止数据被第三方窃取。如果数据所有者被动地提供数据，可以采取一些措施来确保隐私，例如反跟踪扩展、广告/脚本拦截器和加密工具，有效地限制对敏感数据的访问。目前这些工具大多被设计为浏览器扩展。除此之外，还可以使用防恶意软件和防病毒软件来保护以数字方式存储在他们的计算机或笔记本电脑上的数据。这些工具可以通过限制访问来帮助保护用户的个人数据。这样的方法虽然不能保证个人的敏感数据完全被保护，但使用安全工具清除个人在网络上的活动痕迹可以显著降低风险

续上表

解决方法	具体操作
伪造数据	若出现不可能阻止对敏感数据的访问的情况时，在某些第三方获取数据之前，可以伪造数据。如果数据失真，真实的信息就不容易泄露。数据所有者使用一些技术伪造数据，比如 Socketpuppet 被用来通过欺骗来隐藏个人的在线身份，即个人在网上的真实活动是通过制造虚假身份来掩盖的。通过使用多个 Socketpuppets，用户甲的个人数据将被视为属于不同的若干个用户。这样，数据收集者就没有足够的信息将不同的内容与同一个人联系起来。因此，用户的真实活动对其他人来说是未知的，并且私人信息不容易被发现。某些安全工具可用于屏蔽个人身份，如 MaskMe。它允许用户为他们的个人信息创建别名，如电子邮件地址或信用卡号。只要需要信息，数据所有者就可以使用这些掩码。当数据所有者需要在网上购物时提供信用卡详细信息时，此方法十分有效

（2）数据存储（data storage）：这一阶段指的是存储和管理大规模数据集。大量数据的生成，也就意味着需要更大更安全的数据存储系统，数据安全保护变得更具有挑战性。如果数据存储系统出现故障，个人信息可能瞬间被泄漏，大数据存储系统对系统设计的严密性有更高的要求。当前，为了满足大数据的大量、多样性及即时性的三个特性，数据存储使用基于云计算技术的存储虚拟化的新兴技术。当数据存储在云上时，数据安全主要有三个方面，机密性、完整性和可用性。前两者与数据隐私直接相关，即如果数据保密性或完整性被破坏，将对用户隐私产生直接影响。信息可用性是指授权方能够在需要时访问信息。大数据存储系统的一个基本要求是保护个人隐私。现有一些机制可以满足这一要求。例如，发送者可以使用公共密钥加密（public key encryption，PKE）来加密他的数据，只有有效的接收者才能解密数据。

（3）数据处理（data processing）：数据处理已包含数据收集、数据传输、预处理和提取有用信息的过程。数据收集可以实现从不同的来源如包含视频、图像和文本的网站采集到目标数据。在数据传输阶段，从特定的数据生产环境中收集原始数据后，需要一种高速传输机制来将数据传输到适当的存储器中，以用于各种类型的分析应用。在数据处理阶段，隐私保护可以分为两个阶段。在第一阶段，目标是保护信息不被主动泄露，因为收集的数据可能包含有关数据所有者的敏感信息；在第二阶段，目标是在不侵犯隐私的情况下从数据中提取有意义的信息。

13.1.3 隐私泄露的危害

根据数据来源的不同，大数据隐私泄露大致分为三类：监视带来的隐私泄露，披露带来的隐私泄露和歧视带来的隐私泄露。隐私问题对隐私主体造成很大的伤害，下面主要围绕国家、企业和个人层面进行分析。

1. 国家层面

大数据时代下,我们时时刻刻都在产生新的数据,企业也正在夜以继日地对这些海量的数据进行数据挖掘,企图在庞大的用户行为数据中找到提升利润的商机。如谷歌和Facebook等公司通过大数据技术分析用户网上行为数据,绘制精准用户画像,定向推送广告,从而获取巨额收益。随着全球贸易跨境电商的快速发展,加上数据采集技术的逐渐先进,大量的个人数据流动成为常态。这对于每一个国家来说都是一个巨大的隐患,2013年的"棱镜门"事件,引爆了全球的网络危机,美国国家安全局和联邦调查局通过微软、谷歌、苹果、雅虎等九大网络平台的服务器,监控美国公民的私人信息不限于电子邮件、聊天记录、视频图片等,监控的国家还有中国、俄罗斯以及欧盟。

自2013年起,有大量的数据泄露事件,泄露的原因有故意泄漏的也有意外泄漏的。如微软在其用于存储客户支持分析结果的服务器发生意外数据泄露,共涉及2.5亿条记录。2020年3月我国新浪微博遭遇信息泄露,超过5.38亿用户的个人信息被摆在暗网及其他在线网站上公开销售。万豪国际集团旗下喜达屋酒店的客房预订数据库遭黑客入侵,据统计约5亿名客人的信息可能被泄露。按照当前的网上用户总数及网络行为数据的总数来看,我国无疑是全球数据市场发展最活跃、最具有潜力的国家之一,因此我国深刻认识到数据安全对国家安全的重要性,对数据安全的管理要有更高的要求。

目前,世界各地对数据主权尚未形成统一的定义,根据大量专家的观点及各大机构的研究,数据主权是指一个国家对其政权管辖范围内的个人、企业和相关组织等相关机构所产生的数据进行管理和利用的最高权力。数据主权是网络空间中国家主权的延伸,包括管理权和控制权两个方面,体现了国家作为控制数据权的主体地位。数据主权的核心目标是保障本国公民和企业的数据权利,维护本国的国家安全和公共利益。

数据主权还可以从权力与责任两个方面进行理解,权力指的是主权对本国所有数据所持有的管辖权、利用权、获取权和消除权等权利,而责任指的是对涉及个人隐私和财产、企业数据资产以及国家安全相关数据保护的责任,包括对本国公民和其他境内行为体在国际社会的数据行为负责。

2. 企业层面

大数据时代下,人们会花很多时间在网络和各种电子设备上。毋庸置疑,用户信息能够给企业带来高额的价值。根据波士顿咨询集团的调查,客户的电子身份对于企业有大约3300亿欧元的价值。与此同时,如果企业没有一个强健的数据管理系统,那么黑客的恶意攻击就会轻易盗窃客户的数据,甚至利用这些数据做违法行为,企业为此所承担的代价或许还会超出客户能带来的价值。根据 IBM Security 所做的一项全球研究报告《2020 数据泄漏成本报告》中提到 2020 年数据泄露事件给企业造成的平均成本为 386 万美元，其中最高成本的国家为美国，最高成本的行业为医疗保健。客户的个人可识别信息是最常受到破坏的信息，其中丢失或被盗窃的信息的平均成本为 146 美元。数据泄露成本的计算主要包含了四项内容：①能够使公司合理发现数据泄露的检测和升级活动；②业务损失如客户流失及获取新客户的成本，名誉损失及业务中断导致的收入损失；③通知费用如与相关监管机构的沟通及联系外部行业专家处理数据泄漏的问题；④数据泄漏事件后的响应费用，如辅助数据泄露受害用户与公司沟通及相关赔款和罚款。

3. 个人层面

对于个人来说，隐私泄漏会对个人生活带来巨大的伤害，大数据时代下用户的个人隐私信息很容易遭受非法收集、储存、篡改和利用。个人信息有被盗用的可能性，使用这些信息去做违法的事情。某些组织甚至利用用户的个人信息去别的平台获取用户的其他的隐私信息，个人人身财产受到严重的威胁。

13.2 大数据的法律法规

大数据是当代的"石油"资产，其引起许多发达国家政府的重视，以美国、欧盟等为主要代表的国家或区域政府组织出台了大量的相关政策，以战略规划促进产业发展、以政府立法提供制度保障、以开放数据激发创新应用，同时加速关键技术研发布局，积极培养大数据产业人才等。在本小节将介绍国内外大数据的政策及相关立法现状以及面临的问题。

大数据的立法发展将在以下三个方面进行比较，个人信息保护模式、个人信息保护的相关法律及跨境数据的相关法律。总体上来说，每个国家的发展速度有所不同，在发展的过程中国家之间也会进行借鉴学习进而完善法律条例。

13.2.1 个人信息保护模式

目前，全球都在关注个人信息的问题，各国也逐渐形成对个人信息的使用进行管理的意识，但每个国家采取的保护模式因受文化经济的影响，大家会做出不同的选择。根据当前的研究，个人信息保护模式主要有两种模式，一种是以美国为代表，依靠信息处理机构的自律，制定自治规范（如信息伦理规范）来实现对个人信息的保护。另外一种是以欧洲为代表的通过制定个人信息保护法，让自然人对自己信息所享有的权利成为一项有法律保障的基本权利。

（1）美国。在商业领域、私领域一直采用的是行业自律模式（self-regulation），也是美国的常规做法。行业自律模式指的是用行业的企业行为作为规范用于指引行业内企业管理隐私保护的工作。美国能够实施较为自由的自律管理模式得益于其专业的行业组织，行业组织起到一个带头作用，另外行业组织的成员加入均是自愿的，因此，成为会员的企业一般对遵从自治性规范有着更强的动力。美国的自律模式并非完全自由，而是在政府的引导下实行行业自律模式。实行自律模式的一大优点是能够允许行业制定合适本行业的数据管理规范，由于行业的不同，对个人隐私的管理范围和程度都有一定的差别，因此实行自律模式能在一定程度上提高企业的参与度促进个人信息规范的发展。行业自律模式的缺点是非常显著的，规范政策的强度不如法律，无法覆盖到所有的企业，总是有自制力、积极性较差的企业不遵守行业的规范，导致公民的个人信息无法得到全面的保护。

（2）欧洲。采取的是制定个人信息保护法的模式。国家立法模式提供的是统一的标准，确保了公平性及公正性，所有行业一视同仁。立法模式能提供更高的权威性提高社会公民遵从的普遍性。采用立法模式能有效提供更具有保障的保护与给予当事人充分的救济，通过对违反个人信息保护的行为给予相应的法律制裁以弥补当事人受损的权利。

（3）中国。美国的行业自律模式在中国显然是不适用的，采取国家立法模式是我们唯一的选择。中国的企业当前还没有形成一种由企业带头来带动行业发展的氛围，另外许多的企业也存在着一定的经营管理问题，如财务混乱等，部分中小型企业更是存在许多内部管理问题。因此，行业自律模式在目前的中国是无法实现的，行业的质量未能达到实施自律模式的要求，国家立法模式是我国的必然选择。

13.2.2 个人信息保护相关法律

（1）美国的个人信息保护模式决定了其对个人信息保护的立法将采取分散立法的模式，其中包括联邦立法、行业自律模式及州立法三个方面。美国主要的几部法律包括1974年的《隐私法》、1986年的《电子通信隐私法》及2015年的《网络安全信息共享法》、2020年生效的《加利福尼亚消费者隐私法》（California Consumer Privacy Act，CCPA），相关介绍如表13-3所示。

表13-3 美国个人信息保护相关法律法规

时间	法律	内容
1974	《隐私法》	是一部美国个人信息保护的综合性法律，其中清楚说明个人有权知道自己被行政机关记录的个人信息及其使用情况；行政机关在使用个人信息要遵循的规范

续上表

时间	法律	内　容
1986	《电子通信隐私法》	主要规定了人们在使用电话、计算机、手机等电子传输方式时所享有的隐私权。该法规定在未经授权的情况下进行窃听、公布窃听内容是违法行为，用户有权提起诉讼，追究相关责任
2015	《网络安全信息共享法》	是美国第一部关于网络安全信息共享的综合性立法，由时任总统奥巴马在2015年签署通过该法案。其授权政府机构、企业以及公众之间可以在法定的条件下和程序下共享网络安全信息，明确规定个人隐私、自由等权利的保护，规定联邦机构向国会定期报告制。另外，该法案按照行业细分领域进行联邦立法，如在消费者信用领域，制定《公平信用报告法》、保险领域制定《健康保险隐私及责任法案》
2020	《加利福尼亚消费者隐私法》（California Consumer Privacy Act，CCPA）	美国首次制定的全面、统一的州层级的法案，该法案在2018年由加州政府通过，此前也称作是加州《2018年消费者隐私法》，在2020年1月1日正式生效。该法案借鉴了欧盟的《通用数据保护条例》，其中明确提到消费者信息相关权利包括知情权、删除权、选择权、公平交易权等诉讼权。该法案中扩大了个人信息的定义，赋予消费者更多权利的同时给企业提出更多的个人信息保护规范。这个法案的提出带领其他州提议类似的法案，对隐私法的发展有着重要的影响。另外，《加利福尼亚隐私权法案》（California Privacy Rights Act，CPRA），在CCPA的基础上进行修改和补充在2023年生效

（2）欧洲被认为是世界上个人信息保护的发源地，以英国、法国和德国等国家为代表首先确定与个人信息保护的相关法律，表13-4所示为欧洲部分国家主要的个人信息保护相关法律。

表13-4　欧洲个人信息保护相关法律法规

年份	国家/地区	法案	内　容
1977	德国	《联邦个人资料保护法》	是关于数据保护的专门法，对个人数据的合法获取、处理和使用情况做出明确规定。该法律呼吁各大组织设立专职信息保护员，监督政府机构在保护个人数据方面的行为
1978	法国	《信息技术、档案和自由法》	是法国第一部个人信息保护相关的法案。该法第一条规定，信息应服务于公民，信息技术发展不应侵犯身份信息、个人权利、隐私、公共和私人自由。该法第十一条规定，成立法国信息与自由全国委员会，负责保护信息领域的个人隐私与自由

续上表

年份	国家/地区	法案	内容
1981	欧盟	《有关个人信息自动化处理保护公约》	规定了各成员国之间企业对个人信息自动化处理的基本要求
1984	英国	《数据保护法》	是英国历史上第一部关于数据保护的法案
1995	欧盟	《有关个人数据处理保护与自由流动指令》	明确个人信息的基本含义和范围,以及企业处理个人信息必须依指令条文执行,同时该指令成为各个成员国分别立法的指导
1998	英国	依据《欧盟数据保护指令》更新《数据保护法》	随着欧盟《数据保护指令》的颁布,英国的《数据保护法》也要依照新的标准进行修订改善。《数据保护法》在1998年进行了修订,并在2000年生效。该法案重新定义个人数据,区分个人数据和敏感个人数据,实行不同的规则
1998	瑞典	《个人数据法》	根据欧盟颁布的《数据保护指令》所发布的《个人数据法》并替代1973年的《瑞典数据法》。瑞典是世界上较早对个人信息保护提供完整立法的国家
1999	西班牙	《数据保护法》	西班牙首次颁布数据保护法
2017	英国	新《数据保护法案》	实施和补充《通用数据保护条例》中的核心准则,推出新《数据保护法案》并废除1998年《数据保护法案》。新法案强化对个人信息的保护,给予公民更多的个人信息管理控制权。针对企业的部分,进一步完善企业个人信息保护规范。另外,英国个人数据保护机构信息专员办公室(Information Commissioner's Office, ICO)授予更多的权力用于维护消费者利益,包括调查权、民事处罚权、刑事追责权,强化对违法行为举报人的保护
2017	欧盟	《隐私与电子通信条例》	被认为是《一般数据保护条例》的特别法,并取代《电子隐私指令》,该条例主要规制电子通信服务并保护与用户终端设备相关的信息
2018	西班牙	更新《数据保护法》	更新的《数据保护法》是为了满足欧盟《通用数据保护条例》的要求,其中西班牙的法案还特别加入符合本国国情的条例,如在特定情况下,若组织及时对问题数据进行处理,该组织将不再对数据误差承担责任;除行业法明确规定的情况外,禁止公司对犯罪记录进行修改等
2018	欧盟	《通用数据保护条例》(General Data Protection Regulation, GDPR)	规定个人数据的定义,还确立了数据主体享有被遗忘权、可携带权等权利,规定对泄露个人信息的企业处以高额罚款,规定GDPR有权管辖欧盟境外数据控制者或处理者的数据处理行为被认定与欧盟境内经营场所开展的业务存在联系时的行为,将适用范围扩大到欧盟境外的企业

续上表

年份	国家/地区	法案	内容
2019	欧盟	《非个人数据自由流动指南》	该指南提供了企业处理个人和非个人数据组成的数据集时应用规则的实际案例，清楚说明了个人和非个人数据的概念，包括混合数据集等。明确阐述数据自由流动的原则和防止数据本地化的规定

从表13-4可以看出，多数的国家在欧盟的《数据保护指令》颁布之前便设立了本国的个人信息保护的法案，并在指令发布后，对原有的法案进行修订和改良。另外一个具有更大的影响力的法案是欧盟《通用数据保护条例》，该法案颁布之后多个国家对本国的个人信息法案进行大幅度修改，同时基于《通用数据保护条例》，针对本国的实际情况补充内容。

欧盟《通用数据保护条例》（GDPR）在2018年正式生效，适用于与欧洲有商业来往的所有企业。GDPR起源于1995年的《数据保护指令》，2012发布GDPR初稿，2016年欧洲会议和欧盟理事会正式采纳GDPR，2018年GDPR正式生效同时也代表着GDPR将替代原1995年的《欧盟数据保护指令》。GDPR实现了"自律模式"，允许各成员国根据本国的实际情况颁布本国法律对GDRP进行补充。此外，欧盟还设立了多个监管机构如欧盟委员会、欧盟理事会、欧洲会议、欧洲法院等共同监管企业对个人信息保护的工作。

（3）相比其他的国家，中国的个人信息保护法的起步较晚。2020年中国最高立法机构发布《个人信息保护法（草案）》向公众征询意见，这标志着我国终于走向完善个人信息保护法的关键一步。当前我国主要的适用于个人信息保护的法律法规有《中华人民共和国刑法》《中华人民共和国治安管理处罚法》《中华人民共和国宪法》《中华人民共和国未成年人保护法》《全国人大常委会关于加强网络信息保护的决定》《中华人民共和国网络安全法》等。表13-5所示为我国近10年的关于个人信息保护相关的法律法规。

表13-5 中国个人信息保护相关法律法规

年份	法律法规名称	发布机构
2012	《关于加强网络信息保护的决定》	全国人大常委会
2012	《中华人民共和国治安管理处罚》	全国人大常委会
2012	《规范互联网信息服务市场秩序若干规定》	工业和信息化部
2012	《中华人民共和国刑事诉讼法》（修正）	全国人民代表大会
2012	《全国人大常委会关于加强网络信息保护的决定》	全国人大常委会
2013	《征信管理条例》	国务院
2013	《电信和互联网用户个人信息保护规定》	工业和信息化部

续上表

年份	法律法规名称	发布机构
2013	《消费者权益保护法》（修订）	全国人大常委会
2013	《电信和互联网用户个人信息保护规定》	工业和信息化部
2014	《最高人民法院关于审理利用信息网络侵害人身权益民事纠纷案件适用法律若干问题规定》	最高人民法院
2014	《即时通信工具公众信息服务发展管理暂行规定》	国家互联网信息办公室
2015	《刑法修正案（九）》	全国人大常委会
2016	《网络安全法》	全国人大常委会
2016	《关于办理电信网络诈骗等刑事案件适用法律若干问题的解释》	最高人民法院、最高人民检察院、公安部
2017	《民法总则》	全国人民代表大会
2017	《关于办理侵犯公民个人信息刑事案件适用法律若干问题的解释》	最高人民法院、最高人民检察院
2017	《中华人民共和国民法总则》（修正）	全国人民代表大会
2017	《中华人民共和国民事诉讼法》（修正）	全国人大常委会
2018	《电子商务法》	全国人大常委会
2018	《检察机关办理侵犯公民个人信息案件指引》	最高人民检察院
2018	《中华人民共和国宪法》（修正）	全国人民代表大会
2019	《互联网个人信息安全保护指南》	公安部网络安全保卫局、第三研究所和北京网络行业协会
2020	《中华人民共和国数据安全法（草案）》	全国人大常委会
2021	《中华人民共和国个人信息保护法（草案）》	全国人大常委会

《个人信息保护法》尚在制定中，因此我国目前适用《网络安全法》作为主要的个人信息保护的法案。《网络安全法》是我国首部网络基本法，同时被认定是我国迈向个人信息保护的重要的一步。表 13-6 所示是部分相关条款。

表 13-6　《中华人民共和国网络安全法》与个人信息保护相关的条例

第三十七条	公民发现网络运营者违反法律、行政法规的规定或者双方的约定收集、使用其个人信息的，有权要求网络运营者删除其个人信息；发现网络运营者收集、存储的其个人信息有错误的，有权要求网络运营者予以更正
第三十九条	依法负有网络安全监督管理职责的部门，必须对在履行职责中知悉的公民个人信息、隐私和商业秘密严格保密，不得泄露、出售或者非法向他人提供

续上表

第四十条	网络运营者应当加强对其用户发布的信息的管理,发现法律、行政法规禁止发布或者传输的信息的,应当立即停止传输该信息,采取消除等处置措施,防止信息扩散,保存有关记录,并向有关主管部门报告
第四十二条	网络运营者应当建立网络信息安全投诉、举报平台,公布投诉、举报方式等信息,及时受理并处理有关网络信息安全的投诉和举报

数据来源:《中华人民共和国网络安全法》

《个人信息保护法》在《网络安全法》的基础上逐步完善我国第一部个人信息保护的综合性法案。该法案的草案包括了八个章节,其中第一章是总则,第二章是个人信息处理规则包括其一般规定、敏感信息的处理规则及国家机关处理个人信息的特别规定,第三章是个人信息跨境提供的规则,第四章为个人在个人信息处理活动中的权利,第五章为个人信息处理者的义务,第六章是履行个人信息保护职责的部门,第七章是法律责任,最后一章为附则。

(4) 日本对个人信息保护法案也有一定的研究。日本早在1988年通过《行政机关保有利用电脑处理的个人资料保护关系法律》用于处理个人信息保护相关问题。2003年通过《日本个人情报保护法》并在2005年开始全面实施。《日本个人情报保护法》在第一至第三章中规定了个人信息保护的基本理念、国家和地方公共团体的职责义务以及个人信息保护的措施政策等总体内容。在第四至第七章中则规定了经营者的义务、法律责任等内容。《日本个人情报保护法》为日本个人信息保护的基本法,是在《行政机关保有利用电脑处理的个人资料保护关系法律》及《OECD个人资料保护指引》的基础上发展过来了,结合《OECD个人资料保护指引》的要求和规范与日本的国情所设立的法案。为更好实施和贯彻《日本个人情报保护法》,日本为特殊主体设立专门法进行规制,如国家机关、独立行政法人等。该法案也在持续更新修订,以更全面保护个人信息,日本个人信息保护委员会在2020年公布了《个人信息保护法3年修正制度改订大纲》。

13.2.3 跨境数据流动相关法律

大数据技术的融入,加速国际贸易的发展,海量的数据在网络上快速流动,管理数据安全是大数据时代的重要任务。对数据跨境流动进行管制是维护国家主权的要求。数据流动问题与互联网的发展相伴相生,早在1998年对数据跨境流动提出监管的需求,但在大数据、人工智能时代下,数据泄漏问题严重、不合法使用用户数据的情况日益增多,数据跨境流动要有新的要求,保证个人、企业及国家的隐私安全及利益。当前,世界各国对数据跨境流动所采取的方式有以下三种:禁止数据离境、进行数据传输安全评估和要求数据中心建在境内。

从前面的对欧美两地的个人信息保护模式及立法模式的分析,可以看到两地采取两种极为不同的态度，推崇的管理模式大大不同，美国采取的是在满足政府一定的标准下推崇"自律"管理模式，而欧盟采取的是严格按照法律法规管理个人信息的保护工作，两种迥然不同的模式对世界各国的立法选择、个人信息保护模式有着重大的影响，两种管理方式各有利弊但共同推进世界对个人信息保护立法的进程。

（1）美国对待跨境数据的问题所采取的态度是支持数据自由流动。美国始终认为通过法律规范数据流动会阻碍商业发展，美国十分看重数据流动带来的经济利益，因此其支持数据跨境流动，限制数据本地化。美国宽松的数据跨境流动管制使其无法适应国外严格的规则，无法参与商业活动，于是美国通过双边或多边协议强化数据跨境的规制体系，提高美国本国的数据管理规范，促进跨境数据流动。在2000年与欧盟签订《安全港协议》其中包括七项隐私权原则，欧盟认为如果美国能严格遵守协议上的条款便可允许数据跨境流动，但由于欧盟、美国双方对于个人信息保护的法律存在着巨大的差异，《安全港协议》被判定为无效。2016年的《欧美隐私盾协议》成为下一份促进数据在双方间流动的协议，其中欧盟对美国要求更严格的个人数据保护义务、赋予欧盟数据保护机构对美国组织的调查权、赋予欧盟公众更多的救济权利及申诉权、制定严格的惩罚制度管理未能遵循协议的企业。然而，《欧美隐私盾协议》也未能满足欧盟对个人信息保护的要求，4年后，2020年《欧美隐私盾协议》被裁定为无效。总的来说，美国在数据流入方面推崇"数据自由流动"，而在数据流出方面，限制高科技、军民两用技术数据出境，美国《出口管理》条例限制数据出口并对重要数据进行管理，在获得相关部门颁发的许可证才能出口。2018年，美国颁布《澄清海外合法资料使用法案》（Clarifying Lawful Overseas Use of Data，CLOUD），也称作是"云端法"，法案中提到允许美国政府要求数据服务商提供受其拥有、监管或控制的存储域外的数据，并允许外国政府调取服务提供商存储于美国的数据。

（2）当前欧盟对数据跨境流动最有效的是《通用数据保护条例》。与美国相比，欧盟呈现截然不同的管理现象，对数据流动的规范控制得十分严格。针对数据跨境流动，《通用数据保护条例》中规定了有限的可使用数据传输的机制，想要与欧盟进行贸易往来的国家，必须到达欧盟要求的数据保护标准方能进行数据的传输。可以看出《通用数据保护条例》更侧重于强调数据本地化，保护数据，限制数据流动。然而在大数据时代下，其他贸易国家落后的数据保护制度，导致欧盟无法实现更多的跨国商业活动。因此，2018年，欧盟出台《非个人数据在欧盟境内自由流动框架条例》与《通用数据保护条例》共同形成更完整的欧盟数据保护体系，《非个人信息数据在欧盟境内自由流动框架条例》有效促进欧盟内部数据流动，缓和紧张的商业压力。

（3）除了欧盟和美国之外，为顺应互联网的发展并维护本国的数据主权，其他国家也在效仿欧盟和美国的规制，同时加入本国的元素，表13-7所示是部分国家的数据跨境流动的相关法律法规。中国跨境数据流动相关法律法规如表13-8所示。

表 13-7 除欧盟与美国外的国家跨境数据流动相关法律法规

国家	年份	法律法规	相关内容
韩国	2020	《信息通信网络的利用促进与信息保护等相关法》（修订）	政府为防止国内产业、经济及科学技术等重要信息泄露国外，可令信息通信服务提供商或利用人采取必要措施
俄罗斯	2014	《关于信息、信息技术和信息保护法》（修正）	法案中规定境内信息留存的要求，规定对指定的信息及网民个人信息进行保存，要求组织有义务保留和（或）提供给国家侦查机关和安全机关上述信息，不履行者将进行行政罚款。同时，信息拥有者提取的数据库存放在俄罗斯境内
俄罗斯	2006	《俄罗斯联邦个人数据法》	法案规定数据跨境转交的其他国家要有能保证对个人数据主体的权利进行同等保护的条件。为了保护俄罗斯联邦宪法制度体系，维护道德、保护公民权利以及保障国防和国家安全，可以中止或者限制数据跨境转交行为。同时，根据俄罗斯联邦法律规定，对违反俄罗斯联邦个人数据法的信息进行限制访问
澳大利亚	2012	《个人信息电子健康记录控制法》	对医疗信息的存储做出了本地化的要求，该法第 77 条规定禁止将医疗信息记录转移至澳大利亚境外
印度	2000	《信息技术法》	其将获得数据主体的明确表示同意作为允许敏感个人数据出境的前提条件。除此之外，印度数据保护法规定还应当满足的条件包括：①数据的输出符合数据保护监管机关所批准的合同或企业计划要求；②经中央政府及监管机关的检查，确认被输出的数据安全得到充分的法律保护，且该数据输出不会损害具有适当管辖权一方的法律执行；③或者得到监管机关的允许后，敏感数据才能输出
印度	2019	《国家电子商务政策草案》	草案中提到印度将继续推进数据本地化的政策并建立数据中心
印度	2019	《个人数据保护法案（送审稿）》	法案中明确规定禁止个人敏感数据和重要个人数据的境外处理细则，以及详细说明个人敏感数据和重要个人数据跨境传输的条件

续上表

国家	年份	法律法规	相关内容
日本	2017	《个人信息保护法》（修正）	法案中规定了三种向境外转移数据的合法方式：①必须提前征得个人同意；②转移数据的目的需要得到个人信息保护委员会的同意；③同时具备与日本相同水平的个人信息保护措施
巴西	2020	《巴西通用数据保护法》	要求转入数据的国家的个人信息保护水平达到本法规定的要求，或数据接收者提供相关的保障性文件如：用于传输的合同条款、标准合同条款等

表 13-8 中国跨境数据流动相关法律法规

年份	法律制度	相关内容
2010	《中华人民共和国保守国家秘密法》	不得私自邮寄、托运国家秘密载体出境，违法者将依法给予处分，构成犯罪的，依法追究刑事责任
2012	《关于大力推进信息化发展和切实保障信息安全的若干意见》	为跨境信息安全，为政府机关提供服务的数据中心、云计算服务平台等要设在境内，并进行严格管理
2013	《信息安全技术公共及商用服务信息系统个人信息保护指南》	在未经个人信息主体明确同意、未获得主管部门同意、未符合法律法规的要求的情况下，不得将个人信息转移给境外任何的个人或者机构组织。
2014	《人口健康信息管理办法（试行）》	规定"不得将人口健康信息在境外的服务器中存储，不得托管、租赁在境外的服务器"
2015	《关于加强党政部门云计算服务网络安全管理的意见》	规定"为党政部门提供服务的云计算服务平台、数据中心等要设在境内。敏感信息未经批准不得在境外传输、处理、存储"
2016	《中华人民共和国网络安全法》	规定针对关键信息基础设施的运营者，其在中国境内收集和产生的个人信息和重要数据应当在境内存储。若必须向境外提供，则需进行国家要求的安全评估
2017	《个人信息和重要数据出境安全评估办法（征求意见）》	规定了数据出境需要遵循的原则、数据出境的评估机构、数据出境安全评估的重点内容
2017	《信息安全技术数据出境安全评估指南（草案）》	该指南的草案中规定数据出境安全评估的流程、评估要点、评估方法等内容

续上表

年份	法律制度	相关内容
2020	《中华人民共和国个人信息保护法》	在第三章中明确规定个人信息跨境提供的规则，其中第四十三条特别规定，"任何国家和地区在个人信息保护方面对中华人民共和国采取歧视性的禁止、限制或者其他类似措施的，中华人民共和国可以根据实际情况对该国家或者该地区采取相应措施"

（4）欧盟与美国的数据保护理论对世界各国的跨境数据流动规制有着重大影响，同时欧盟与美国借由自己的经济地位及数字贸易能力，主导着目前主流国际数据流动规则。其中包括经济合作与发展组织OECD（Organization for Economic Cooperation and Development）《隐私保护和跨境个人数据流动指南》《APEC隐私框架》《区域全面经济伙伴关系协定》（Regional Comprehensive Economic Partnership，RECP）等等。

OECD《隐私保护和跨境个人数据流动指南》制定于1980年，也是全球第一部关于数据跨境流动的指南，该指南不仅针对一般的隐私保护提供了原则指导，还制定了个人信息跨国流动的法律原则。其主张个人信息自由流通，提出各会员国避免以保护隐私权为由限制数据跨境流动。

除了OECD的指南，美国还主导了亚太经济合作组织APEC（Asia-Pacific Economic Cooperation）制定了《APEC隐私框架》。隐私框架主要指导亚太地区跨境数据自由流动，为了数据跨境流动管理有实质性实施，APEC在美国的主导下建立了《跨境隐私规则体系》（Cross Border Privacy Rules System，CBPR）。根据2020年的数据，目前有8个国家参与CBPR，美国、加拿大、澳大利亚、日本、新加坡、韩国、墨西哥和菲律宾。CBPR中引入"问责制"，并且在"问责制"的基础上实施行业自律模式。CBPR中规定企业要进行自我评估及问责代理机构评估，以确保符合CBPR要求的标准。同时，隐私保护执行机构有权对违反《APEC隐私框架》条款的企业进行问责处罚。

不管是OECD《隐私保护和跨境个人数据流动指南》《APEC隐私框架》还是CBPR，都能体现美国规制特征，支持数据自由流动，限制数据本地化。为进一步加强在国际数据跨境流动规制的地位，美国将跨境数据自由流动的理念融入《跨太平洋伙伴关系协定》（Trans-Pacific Partnership Agreement，TPP）、《美墨加协议》（United States-Mexico-Canada Agreement，USMCA）等。

欧盟规制更加注重隐私规范，欧盟也尝试通过GDPR指导更多的国家出台保护隐私的规范文件，在全球也获得较好的响应，很多国家正在相仿GDPR设立和完善本国的个人信息保护方案。欧盟和美国带动跨境数据流动的国际规制发展，但其中的一些规制的要求对于欠发达的国家来说是无法满足的，完全阻断了贸易发展，要顺利出台真正的全球跨境数据流动的国际规制还需要发展中国家的参与打破这个不公平的局面。

东盟（Association of Southeast Asian Nations，ASEAN）在2012年发起《区域全面经济伙伴关系协定》，由15个国家组成，中国、日本、印度尼西亚、马来西亚、老挝、缅甸、新西兰、菲律宾、新加坡、韩国、泰国、越南、文莱、澳大利亚和柬埔寨。针对跨境数据流动，该协定在电子商务项下表明支持数据跨境自由流动，其中缔约国能够根据国家基本安全利益限制数据跨境流动。RCEP允许数字产业发展较为落后的国家获得5-8年的宽限期，以完善本国数据保护框架达到协议的最低要求。

专栏13-1　《通用数据保护条例》拓展知识

《通用数据保护条例》（General Data Protection Regulation，简称GDPR）为欧洲联盟的条例，前身是欧盟在1995年制定的《计算机数据保护法》。2018年5月25日，欧洲联盟正式出台GDPR。该法律适用于欧盟所有成员国，但它也要求各成员国将其转化成国内法。目前已有25个国家以不同形式将GDPR纳入到既有的法律体系之中。据EDPB报告，《通用数据保护条例》实施的一年里，EEA（欧盟28国、冰岛、芬兰和列支敦士登）和SA（国家监管机构）共上报了206326例案件，自GDPR生效以来，31家SA采取最后一种监管方式共判处了55,955,871欧元的行政罚款*。

对于企业而言，GDPR的监管效用主要体现在以下几个方面：一、企业必须在用户同意后才能收集用户信息，并且征得用户同意的信息必须简洁明了，浅显易懂；二、对违法企业惩戒力度较强，行为轻微的要罚款1000万欧元或全年营收的2%（两者取最高值），行为严重的则要罚款2000万欧元或全年营收的4%（两者取最高值）；三、当出现信息泄漏事件，企业必须在72小时内向监管部门汇报，且需要安排专门负责的工作人员与监管部门对接处理后续事项。

可见GDPR对企业的约束力较强，给企业带来了许多无形的压力。大数据在国际贸易应用中受到GDPR的管控，如何在法律的框架下合法应用大数据成为未来企业发展重点讨论的问题。

相关案例：

1. 2018年5月28日报道，Facebook和谷歌等美国企业成为GDPR法案下第一批被告。

2. 2019年7月8日，英国信息监管局发表声明说，英国航空公司导致约50万名客户数据因英航网站遭攻击而被窃取，违反《一般数据保护条例》被罚1.8339亿英镑（约合15.8亿元人民币）。

3. 2021年7月，卢森堡国家数据保护委员会裁定亚马逊对用户数据保护不力，违反了欧盟《一般数据保护条例》（GDPR），由此对亚马逊处以7.46亿欧元的罚款，这是迄今欧盟对违反《一般数据保护条例》企业开出的最重罚单。

4. 2021年9月，爱尔兰数据保护委员会认定，Facebook的即时通信工具WhatsApp处理用户个人信息时未能充分告知相关事项，包括如何与母公司Facebook共享这些信息，由此违反了欧盟《一般数据保护条例》（GDPR），收到2.25亿欧元的"罚单"。

*资料来源：欧洲数据保护委员会GDPR年度报告：https://www.europarl.europa.eu/meetdocs/2014_2019/plmrep/COMMITTEES/LIBE/DV/2019/02-25/9_EDPB_report_EN.pdf

13.2.4 面临的规制困境

面对电子商务、大数据迅猛发展，数据跨境流动规制也在不断地完善中，世界各国在欧盟和美国的带领下纷纷设立本国数据跨境流动的相关条例，各国的法律规制看似相似，主要的差异体现在国家干预程度、本地存储的彻底程度不同以及数据本地化的豁免规定不同。国际规制也在各国的共同努力下得到了一定的发展，但是目前的国际规制尚存许多的不足。首先，当前的国际规制基本是协议而不是法律，因此其效力是不够的。第二个主要困境是难以平衡健康的数据保护和跨境数据自由流动，美国强调跨境数据自由流动，弱化隐私保护，而欧盟主导的是以保护隐私为首要任务，两者面临着同样的矛盾，在跨境数据自由流动与数据保护之间的平衡是最大的难点。同时，制定统一的全球跨境数据流动的规制还需要考虑每个国家具体发展情况，过于苛刻的数据保护要求会限制某些发展中国家的参与，这样的规制也无法被称作为是全球性的规制，为了保证国际规制的统一性及公平性，还需要发展中国家联合提升本国在跨境数据流动中的话语权。

13.3 大数据时代下面临的道德困境

随着大数据技术的发展、商业活动对数据的依赖性越来越大，大数据时代下所面临的伦理问题也更加严重。大数据技术融入互联网产品中，企业轻而易举就能提取用户个人信息，破除数据的加密，通过当下的大数据技术合成碎片化的信息并挖掘其商业价值，甚至原有的匿名化和告知与许可等隐私保护方法都无法应对大数据时代隐私泄露的风险。隐私和数据安全问题是大数据时代下的首要道德困境，当前世界各国逐渐设立相关法律法规管理隐私和数据安全问题，但现有的个人数据保护法律法规尚未完善，各国对待数据保护的法规更是参差不齐。美国在个人数据保护领域采取的"分散立法""自律模式"以及其多次的窃听事件不利于数据保护的有效发展，破坏其他国家的数据主权。

另外，大数据"杀熟"问题，也是当今在我国讨论热烈的大数据伦理问题。大数据"杀熟"也出现在传统经济模式中，常见的变现形式是商家利用熟人的信任，牟取超额利润的行为。基于此定义，大数据"杀熟"，通常指的是互联网平台通过现有的大数据技术分析用户行为，对消费市场进行更为精准地划分，实现精准营销，具体来说，商家根据精准的用户画像在用户不知情的情况下对不同类型的客户制定不同的价格与定价策略。比如，在淘宝上同一店铺，同一商品，若消费者甲过往的消费记录均为高额消费，那么商家会定义消费甲为高消费能力用户并为其制定更高的价格，而另外一个消费者乙，过往购买的都是价值较低的商品，商家就会定一个较低的价格。"杀熟"行为还可以体现为商家对于老顾客的商品要价要高于新顾客。

这样的"杀熟"行为不仅在电子商务平台上常见，在美团、携程等互联网平台也有出现，美团会根据用户的地理位置，小区的高档程度，制定不一样的配送费。"杀熟"行为出现与加剧的首要原因是信息不对称，体现在用户能用于进行消费抉择的信息实在是太有限，用户无法得知平台是否利用这些数据做其他的用途。即便各大平台采用"同意"作为使用用户数据的重要协议，但是在大多数的平台中，若消费者勾选"不同意"是无法使用该平台的功能。这种形同虚设的协议，究竟能否保护用户的个人数据安全，能否确保用户的信息是合法合规地被使用仍是一个值得深入探讨的问题。在消费者的角度，同意使用其数据是为了提高在平台上的体验感，而不是为了获得差异巨大的价格对待。另外，市场上尚无相关的伦理准则及相关部门监管不到位让这些平台延续他们的作风，其他的平台也是跟随同样的行为。在我国，大量的媒体和用户已经多次披露举报电子商务平台的"杀熟"行为，但多数的平台均表示否认，不存在"杀熟"行为，消费者的投诉举报以失败告终。我国《消费者权益保护法》中没有对"大数据杀熟"相关行为进行明确定义，无法可依的困境让消费者失去捍卫自身利益的权利。法律规制的严重缺失，导致社会对于各大电商平台经营者的大数据"杀熟"行为的监督管理存在着一定的滞后性。

大数据精准营销不仅能帮助企业更好地服务消费者，还能提高用户在平台上的体验感，但是对数据的利用超出伦理范围，价格歧视实质上是侵犯了消费者的知情权、隐私权及公平交易权。当前，我国应加强对电子商务平台的管理，规范平台上的经营、数据使用行为。我国拟立法禁止大数据"杀熟"，这对消费者来说提供了有效维护自身利益的法律途径。

本章小结

大数据时代下，海量的数据以极快的速度产生，企业也在无时无刻地利用这些数据，为企业创造更多的价值，为消费者提供更好的服务的同时，用户的隐私问题和数据安全问题也浮出水面。本章首先回顾了个人信息的定义，并且根据大数据的生命周期包括三个阶段，数据生成、数据存储及数据处理，介绍数据在不同的阶段所呈现的隐私问题。了解数据泄露的严重性，破坏国家的数据主权、影响企业的运作和对个人生活带来严重影响。本章着重分析各国的个人信息保护法相关法律法规，发现当前以欧盟和美国两种主流个人信息保护模式指导全球制定本国的个人信息保护法律法规。欧洲是首位设立个人信息保护条例的地区，倡导立法保护个人信息。而美国采用的是"分散立法""自律模式"的个人信息保护模式。截然不同的个人信息保护信息模式也决定了在跨境数据流动上，欧盟采取的是限制数据跨境流动立法，而美国倡导的是数据跨境自由流动。这两大主流也主导着许多国际协议用于管制跨境数据流动，如OECD《隐私保护和跨境个人数据流动指南》《APEC隐私框架》《区域全面经济伙伴关系协定》等。当前全球尚未有统一的跨境数据流动法规，还需要发展中国家主动参与到国际规制的制定活动中。隐私问题是大数据时代经常讨论的伦理问题，随着技术的发展，大数据"杀熟"行为愈发严重，加重当前的伦理问题，严重侵害用户的多种权利。因此，我国应加强对电子商务平台的管理，规范平台上的经营、数据使用行为。

参考文献

[1] 王志杰. 论我国跨境数据流动的监管完善——基于数据安全性与数据开放性的利益平衡视角 [J]. 福建金融，2021（07）：9-16.

[2] 刘晨希. "一带一路"视角下数据跨境流动的国际挑战与中国对策 [J]. 中国经贸导刊（中），2021（09）：20-22.

[3] 胡海东. 论跨境数据流动执法的正当性和工具性之间的冲突——以欧、印的跨境数据流动执法实践为例 [J]. 公关世界，2021（12）：66-67.

[4] 冯洁菡，周濛. 跨境数据流动规制：核心议题、国际方案及中国因应 [J]. 深圳大学学报（人文社会科学版），2021，38（04）：88-97.

[5] 单文华，邓娜. 欧美跨境数据流动规制：冲突、协调与借鉴——基于欧盟法院"隐私盾"无效案的考察 [J/OL]. 西安交通大学学报（社会科学版）：1-22 [2021-08-24].

[6] 许亚绒. 国外个人信息保护法律制度探析 [J]. 法制博览，2021（12）：16-18.

[7] 王春晖.《个人信息保护法（草案）》（二审稿）解析 [J]. 中国电信业，2021（07）：56-61.

[8] 陈奇伟，聂琳峰. 大数据时代我国个人信息保护的理念转变与制度构建 [J]. 长白学刊，2021（04）：83-92.

[9] 何波. 数据主权法律实践与对策建议研究 [J]. 信息安全与通信保密，2017（05）：7-16.

[10] 石纯民. 数字化时代，亟须捍卫"数据主权" [N]. 中国国防报，2018-03-01（003）.

[11] 邓崧，黄岚，马步涛. 基于数据主权的数据跨境管理比较研究 [J]. 情报杂志，2021，40（06）：119-126.

[12] 沈逸，姚旭. 大国战略互信与跨境数据流动管理新模式探索：以"数据主权"为核心推进网络安全战略建设 [J]. 信息安全与通信保密，2018（12）：13-16.

[13] 金益民. 大数据时代信息安全研究及展望 [J]. 电脑知识与技术，2019，15（13）：46-47.

[14] 张峰. 大数据时代隐私保护的伦理困境及对策 [J]. 人民论坛·学术前沿，2019（15）：76-87.

[15] 齐爱民. 大数据时代个人信息保护法国际比较研究 [M]. 北京：法律出版社，2015.

[16] 于莽. 规·据：大数据合规运用之道 [M]. 北京：知识产权出版社，2019.

[17] 刘宏松，程海烨. 跨境数据流动的全球治理——进展、趋势与中国路径 [J]. 国际展望，2020，12（06）：65-88，148-149.

[18] 王娟娟，宋恺. 数据跨境流动的风险分析及对策建议 [J]. 信息通信技术与政策，2019，（7）：65-68.

[19] 马其家，李晓楠. 论我国数据跨境流动监管规则的构建 [J]. 法治研究，2021，（01）：91-101.

[20] 李娜, 沈四宝. 数字化时代跨境数据流动与国际贸易的法律治理 [J]. 西北工业大学学报（社会科学版）, 2019, (01): 90-96.

[21] 弓永钦, 王健. APEC 与欧盟个人数据跨境流动规则的研究 [J]. 亚太经济, 2015, (5): 9-13.

[22] 程啸. 论我国民法典中的个人信息合理使用制度 [J]. 中外法学, 2020, 32 (04): 1001-1017.

[23] 张茉楠. 跨境数据流动正成为大国战略博弈新焦点 [J]. 金融与经济, 2021, (02): 1.

[24] 时业伟. 跨境数据流动中的国际贸易规则: 规制、兼容与发展 [J]. 比较法研究, 2020, (04): 173-184.

[25] 翁国民, 宋丽. 数据跨境传输的法律规制 [J]. 浙江大学学报（人文社会科学版）, 2020, 50 (02): 38-53.

[26] 东方. 欧盟、美国跨境数据流动法律规制比较分析及应对挑战的"中国智慧" [J]. 图书馆杂志, 2019, 38 (12): 92-97, 104.

[27] 茶洪旺, 付伟, 郑婷婷. 数据跨境流动政策的国际比较与反思 [J]. 电子政务, 2019, (05): 123-129.

[29] Xu L, Jiang C, Wang J, Yuan J, Ren Y. Information security in big data: privacy and data mining. IEEE Access. 2014. 2: 49-76.

[30] 马近朱. 维护数据主权 构建安全策略 [J]. 中国信用卡, 2021 (08): 30-32.

[31] 高艳东. 中国需要全力捍卫数据主权 [N]. 环球时报, 2021-07-14 (015).

[32] 宋毅, 刘辉. 电商平台经营者大数据杀熟行为的法律规制问题研究 [J]. 企业改革与管理, 2021 (11): 60-61.

[33] 谭赛. 网络平台大数据"杀熟"现象的规制困境与完善 [J]. 网络安全技术与应用, 2021 (08): 153-155.

[34] 何冰. "大数据杀熟"的法律规制路径研究 [J]. 西部学刊, 2021 (14): 76-79.

第 14 章

大数据在国际贸易应用中的发展与展望

> **学习目标**
> （1）了解国际贸易大数据的实际价值和面临的挑战。
> （2）了解大数据国际贸易的风险监管和转型升级。
> （3）了解大数据在国际贸易应用中的发展前景。

14.1 在全球贸易活动中使用大数据的实际价值和面临的挑战

14.1.1 大数据在国际贸易活动中使用的实际价值

随着时代的发展，在全球国际贸易活动中使用大数据的情况越来越普遍，这种情况对于全球国际贸易活动的方方面面都有大大小小的影响，正是因为如此，那些参与国际贸易活动的国家以及跨国企业才会拥有各种发展机遇。大数据在全球国际贸易应用中的价值主要体现在以下五个方面。

1. 大数据技术是企业参与国际贸易活动的主要动因

国际贸易理论内存在明确概念：具体使用的技术、市场供给以及市场需求、生命周期等等内容，是国际贸易主体优势的主要内容。并且，海量的数据信息在发挥国际贸易主体优势中发挥着重要的联络作用。其中，由于数据作为信息载体的性质，能为一些国际性企业的商业拓展和持续创造提供基础材料，这也是企业参与国际贸易活动的主要动因。在拥有了海量的数据后，企业在国际贸易中的发展也奠定了一定的基础，只有将数据信息大量运用到企业的国际贸易活动中，企业的核心竞争力才能得到有效提升，从而这些跨国企业才能得到更加良好的发展。因此，大数据技术的运用除了能够提升企业的核心价值以外，同时也能促进相关企业的国际竞争力，最终达到使得国家贸易发展进步的作用。

国际贸易活动的主体是跨国企业，跨国企业在国际市场上的购买和销售时时刻刻影响着市场的发展，同时跨国企业的行为也受到其自身条件的约束，大数据技术的引入，能够更好地帮助跨国企业在国际贸易活动中处于有利的地位，大数据技术对于国际贸易活动中企业竞争力的影响主要体现在以下三个方面。

(1) 大数据技术提高了国际贸易活动中企业整合信息资源的效率。

在传统的国际贸易活动中，各个行业、各个部门的数据都是独自存在的，数据在各个行业和部门之间没有交流和共享。因此，在国际贸易的过程中，在预测自身产品的需求时候往往依赖于经营者自身的经验判断，往往存在比较大的误差。但是在大数据技术的帮助下，各个行业部门都可以直接快捷地利用自己的计算机在信息平台上面查看、分享相关的信息，大大提升了数据信息流通的数量和流通的频率，使得参与国际贸易活动的跨国企业能够更加准确，快捷地掌握当今的国际贸易形式。并且，除了简单地利用大数据带来的重要信息之外，还可以在此基础上挖掘大数据内部所蕴含的附加价值。比如，利用大数据技术来分析并且规避相关的经营风险、利用大数据技术来提升内部数据的经济价值。从而使得企业的效益得到提升，公司的生产力得到扩大，最终使得全社会的经济水平大幅度提升，惠及社会中的每一个成员。

(2) 大数据技术降低了国际贸易活动中企业的相关成本。

在过去的国际贸易活动中，数据信息的价值并没有得到企业参与者的重视，数据信息的交换往往是以商品交换，服务交换的附属品形式出现，数据信息的交换从来没有作为单独的一种商品进行交换运营。由于大数据技术的运用，过去的情况发生了改变，数据信息所带来的经济价值逐渐被越来越多的国际贸易参与者意识到，这在增加了数据流通数量和质量的同时，还降低了跨国企业获得、管理、储存、维护数据信息的成本。这是因为数据的获得途径都是整块大段，现在的获取渠道分散到了个人计算机的端口，使得获取信息数据的流畅程度，便捷程度都得到了显著的提高。在降低国际贸易活动中企业的相关成本的同时，还使得各个行业部门的工作效率大大提升。

(3) 大数据技术能够为国际贸易活动中企业的决策提供依据。

孤立且没有联系的各个地方、行业、部门的数据信息如果没有被整合在一起，得到全局性、系统性的分析，那么这些数据的价值意义非常小，更不用说通过这些数据得到各地方、行业、部门的差异性，从而为企业未来的决策提供启示和依据。由于大数据技术的出现，可以高效地将孤立、没有联系地相关数据整合在一起，同时运用相关的数学模型，就能够较为准确地判断出相关地方、相关行业和相关部门未来的经济走向，企业从而可以规划出规避风险、增加经济效益的发展路径，这对于一个跨国企业的运营管理能力、营销管理能力都是全面的提升。由于企业的这些科学化规划和政策，可以使得企业运行效率大大提升，整个社会得到良性正向的可持续发展。

2. 大数据技术简化了企业在国际贸易活动中的行为复杂程度

在以往的国际贸易活动中，许多国家特别是发展中国家，在他们出口的产品多数是半成品，这些半成品在出口之前得到了价值的增值，具体需要增值的部分由出口企业的历史销售情况决定。在引入了大数据技术过后，这些国家能够在产品制造之前，通过大数据技术的分析和预测来完成半成品制造方案的制定，从而使得产品的制造和销售能够更加高效地运行。因为，企业能够制造销售在国际市场中最需要的产品，使得资源得到合理高效地利用。但是想要完全做到这些并不容易，这需要全球各个国家的积极参与，通过大数据技术来创造新型制造销售模式，从而使得相应的制造、销售、物流得到最大程度的优化。

3. 大数据技术丰富了企业参与国际贸易的行为活动

国际贸易活动包含了许许多多行为活动，其中主要有：商品的交易、服务的配套、要素的流动等。对于传统的贸易活动而言，确实具有一定的数据信息，但是这些数据信息只是一些简单的数据统计，其中主要是关于在国际贸易中流动的商品的数据统计。但是大数据的应用，彻彻底底地改善了这种情况，能够建立完全不同于以往的贸易模式，不只是单纯地对商品数据信息的简单统计，而是将国际贸易活动中包含的多种行为活动都放在相同重要的位置上，能够使得参与国际贸易的企业更加充分利用以前不可能使用到的数据信息，对贸易过程进行规划、预测、执行，从而使得国际贸易活动更加高效地开展。许多迹象表明，越来越多的企业将海量的数据信息运用到国际贸易的活动中，通过对这些信息的分析和整理，企业的国际贸易活动也变得前所未有地高效。

同时，在过去的几十年间，随着无线通信技术和互联网技术的快速发展，信息传输速度和信息储存能力成几何倍数增长。同时，大数据技术的应用，可以加强人们对于碎片化信息的处理，如果将其应用到国际贸易中，那么将会使得国际贸易方式、国际贸易内容、国际贸易种类、国际贸易主体都发生不同程度的变化，在充分丰富这些细分领域的同时，也使得各个国家的国际贸易活动更加多元化，主要包括以下两个部分。

（1）大数据技术的运用使得国际贸易内容更加多元化。

对于传统的国际贸易内容而言，单向的物流是其主要内容，但是随着大数据技术的不断应用，国际贸易的内容不仅包括了单向的物流，另外还包括了资金的流动、商业内容的流动，以及信息的流动。在大数据技术的环境下面，这四种流动构成的复杂流动网络替代之前的单向物流，从而这种物流方式能够构成了新的国家企业与国家企业之间贸易的主体和重要内容。在传统的国际贸易方式中，存在各种各样的限制，参与国际贸易活动的商品主要是一些具备特殊特点的货物，这些特点包括：储存时间长、容易搬运、方便运输等。除此之外，由于空间地理的限制，一个国家贸易往来最为频繁的对象往往是地理上的邻近国家。但是由于大数据技术在国际贸易中的使用，使得这些限制都或多或少地得到了缓解甚至解决，从而使得国与国之间的贸易内容和主体更加多元化。

（2）大数据技术的运用使得企业参与国际贸易的方式更加多元化。

在传统的国际贸易方式中，存在着一些非常繁琐但又无法省去的流程，并且其中的某些环节存在着大量的业务交流、业务往来、业务追踪，这些环节需要有大量的劳动力专门负责，不仅给企业和国家带来了较大的负担，还由于这种工作重复性高，机械性强的特点，导致工作中出现失误的概率比较大。但是大数据技术的使用，可以使得交易双方利用各种网络平台进行沟通，自动回复、记录及计算应该购买和销售商品的数量，自动推荐购买商品的种类，自动完成大量机械重复性地工作，在提高工作效率的同时，也大大加强了贸易双方的效率，以及获得信息、记录信息。在此基础上，国际贸易方式的多元化也由国际贸易内容多元化决定。

4. 大数据技术创造了新的国际贸易格局

在过去的一个世纪中，西方的发达国家在国际贸易方面具有先发优势，并且在专业化技术和资源丰富程度方面也具有显著优势，因此其在国际贸易中始终占据着首位，这些优势随着时间的推移得到了良好保持。但是，随着发展中国家在政治，经济，文化方面的不断发展，发展中国家也逐渐认识到科学技术进步带来国际贸易活动的重要性，因此发展中国家将越来越多的资源倾注到国家贸易活动中，希望改善西方发达国家持续领先的局面，但是多年下来都收效甚微。大数据技术作为一项新兴的技术，由于其对国际贸易发展的推动作用，在发展中国家得到了良好的应用。这些发展中国家不断对大数据技术中所需要的内容、方法、技巧进行研究开发，从而能够实现在国际贸易中的资源优化配置，使得资源配置尽可能高效，从而在国际贸易竞争中占有竞争力，使得发展中国家和西方发达国家更好地平衡了国际贸易中的地位。

5. 大数据技术提升了服务作为商品的可贸易性

2021年，世界贸易组织发布了一组数据：发展中国家有超过一半的就业来自于第三产业，发达国家中有将近80%的就业来自于服务业，总体而言，在全球范围内服务业所占生产总值的比重达到了65%。这无疑表明，服务业已经成为全球经济的龙头产业。随着5G技术和大数据技术的应用，越来越多以前无法想象的远程服务性业务进入了大众的视野，比如说线上教育、远程医疗、平台直播消费等的需求量和供给量越来越大。这主要是因为大数据及云计算具有强大的信息收集、提取、分析作用，从而能够最大限度地提高交易双方的供给和需求的匹配度，从而大大提升国际贸易活动的效率，提升服务作为商品的可贸易性。

14.1.2 大数据在全球国际贸易应用中带来的挑战

毫无疑问，大数据技术的引入对于国际贸易发展是百年一遇的机遇，但是任何事物都有两面性。因此，大数据技术普及既是机遇也是挑战。大数据在全球国际贸易应用中的挑战主要包括以下四个方面。

（1）大数据技术增加了国际贸易活动的风险性。

在过去的一段时间里，大数据技术的发展速度超出了我们的想象，这些数据信息在国际贸易活动中产生都是成几何倍数的，国际贸易活动的数据管理工作难度会随着时间的推移加大。数据本身具有两个重要的特点，即开放性和交互性，同时大数据作为一种流动信号，具有广泛的传播性。因此在这种情况下，数据内部大量的资源信息和经济价值可能会被泄露、盗取、恶意传播、剽窃，从而给国家、政府、跨国企业造成经济损失和信誉损失。更为严重的是，如果是涉及国家和群众隐私的数据，可能会对政府和广大人民群众的生命安全产生威胁，一旦这些信息泄露，对于一个国家社会必然是沉重的打击。因此，数据安全风险是大数据技术在国际贸易活动应用中所遇到的最大挑战。

（2）大数据技术改写了传统的商业法则和国际贸易规则。

基于互联网的商业模式和传统的商业模式之间有很大不同，在互联网的冲击下，传统商业模式思路和竞争力都被大大削弱，传统的商业法则亟须创新。比如，随着互联网时代的到来，越来越多的商家追求数据的获得数量，盲目追求用户量、成交额，无数的竞争者野蛮生长，市场恶行竞争事件层出不穷，这既不符合市场公平竞争的原则，也损害千万消费者的利益，因此需要商业法则扩大防范，维护市场的秩序。此外，由于商家掌握、分析、出售了大量用户数据，商家对于各个用户的个人信息了如指掌，在网络上用户几乎没有隐私可言，商业法也应该加大对于用户隐私的保护。

大数据技术的出现，使得商家开发了许多新的盈利模式和营销方案，这些新的模式在国际贸易活动中发挥着越来越重要的作用，也使得传统的国际贸易规则面对前所未有的挑战。

另外，大数据技术的运用固然能提升跨国企业的国际竞争力，但是处理大数据并非一件容易的事情，需要专业的技术人员、大量的存储和运行设备，这都无疑大大增加了一个企业的作业成本。其次，互联网技术的发展会提高生产效率，同时也会带来垄断的问题，大数据技术的发展同样如此。根据跨境电商平台显示，仅仅2020年的上半年，全球出口量增加了28.7%，进口量增加了24.4%，2020年跨境电商增长速度也远远高于过去五年的平均值。如果这种发展趋势得以延续，那么可以预测在不久的将来，跨境电商平台将垄断全球市场。届时，商家采用大数据杀熟的方式可以在消费者身上获得更多的利润。因此，大数据技术的发展需要在管控中稳步前行。最后，由于大数据技术的发展，越来越多端到端的交易产生，使得产品的贸易链缩短，这将会大大减少国际贸易活动的中间环节，也使得越来越多的中小微企业和个体商户难以生存。

（3）大数据技术对国际贸易物流提出发展革新要求。

对于那些参加国际贸易活动的传统跨国企业而言，他们十分熟悉并且已经习惯了传统国际贸易活动的物流模式。但是随着大数据技术不断发展和成熟，端到端的物流模式越来越多地实际使用在当前国际贸易活动中，这在以前是不常见的。这对于跨国企业的产品生产方式、产品配送方式都提出了新的要求，想要在国际竞争中保持竞争力，跨国企业需要采用和积极跟进新的物流模式，十分具有挑战性，同时也悄无声息地促进了国际贸易活动的物流发展和革新。

(4) 大数据技术挑战了企业的自主创新能力。

创新是对于一家企业的高标准要求，具有强大创新能力的企业并不多见。因此，在大数据技术发展不成熟、企业接触大数据技术时间较短、经济全球化日新月异的情况下，企业想要恰当地利用大数据技术为自己在国际贸易活动中取得竞争优势并不是一件容易的事情。实际情况是，许多跨国企业，甚至是本土企业，都拥有海量的数据信息，但是对于如何使用这些数据为企业自身产生经济价值都还没有摸索出一条可行道路，因此这些数据只是暂时占用了企业大量存储空间和存储成本的"无用品"。想要在国际竞争中相对于其他企业产生优势，那么企业需要研究如何有效地使用数据，只有这样，才能更加进一步运用大数据技术做到科学预测市场发展情况、规避市场系统性风险、管理企业内部员工，从而为客户、企业乃至整个社会创造价值。所以，企业还需要不断提升自身自主创新能力，不断探索大数据的运用方法，从而提升企业的收益。

14.2 大数据国际贸易的风险监管和转型升级

最近 10 年来，大数据、云计算等词汇被越来越多的企业提及，也普遍运用到商业实践之中。毫无疑问，依托于最新信息技术的商业模式在国际贸易中具有竞争力，因此将大数据技术运用到国际贸易中是时代发展不可避免的趋势，如何进行风险监管和促进国际贸易转型升级成为重要问题。

14.2.1 政府利用大数据对跨境进口电商的风险进行监管

随着互联网技术的发展，网络购物因为其便捷性，低价性成为一种不可避免的趋势。近年来，中国跨境进出口电商也因其优势取得了突飞猛进的进步。根据中国海关统计的数据显示，2018 年通过跨境进出口电商平台贸易的总交易额已经超过了 1300 亿元人民币，相比于 2019 年的贸易额增加了 50%以上，并且呈现出持续增长的趋势。

跨境进口电商产业蓬勃发展的同时，也给各个国家的海关监管部门带来了很多挑战和风险。跨境进口电商贸易不同于传统的进口贸易，它具有一些新特征：单次贸易数额更小、贸易参与主体更多、交易频率大大提高。传统的监管模式是对每一批产品进行抽样检查，但是这些新特征使得传统监管模式难以适应这种指数级别增长的商品量，这些特点给政府部门监管工作带来了前所未有的挑战。由于监管难以到位，就会产生各种各样的风险，比如：税收收入的大幅度流失、违禁商品进入海关的可能性增加、违法交易行为难以确定追责主体、食品和药品安全性问题大大凸显、逃汇套汇和洗钱的可能性增加等，这些都会给国家、社会、消费者造成不同程度利益上的损害，对于一个国家的经济发展是极为不利的，因此解决此类风险势在必行。

政府逐渐构建和完善以大数据技术为核心的风险监测系统来应对由跨境进口电商新特征造成的监管风险，使得风险被限制在一个可控范围内。这个智能化风险监测系统具有数字化程度高、收集数据体量大、分析处理数据能力强的特点，监测了产品从生产到交易再到运输，最后完成交易的过程，通过监测过程中收集到的信息链条，带入到已经设定好的风险模型中，模型经过自我迭代计算以及调整不同参数，可以实现全程自动化的跨境商品审核过程，在审核效率上面远远高于人工审核，并且出错率和成本远远低于人工。如果审核到具有风险的产品，将会通过信息系统对相关部门进行风险提示。

为了做好大数据风险监管系统，专家团队通过数据的整合和链接来更好地处理存在的多源大数据。风险预测模型的建立是重中之重，因为模型的好坏直接决定了大数据风险预测系统监测商品的准确性，通过机器学习的方法来构造了风险预测模型，保证了监测系统的有效性监测，在监测到违禁物品的时候，自动提示风险。

风险预测模型的构建不是一蹴而就的，而是需要随着时间的推移不断将其完善，基于此，专家团队采用了机器学习的方法，机器学习的资料来自于监管实践中不断产生的数据，依靠这些数据，使得风险预测模型不断校正和优化。

但是，风险监测系统的构建是一个长期艰巨的工程，在短期内想要通过风险监测系统来监测全域商品不是一件现实的事情。在跨境进口电商的业务中，C2C（consumer to consumer）模式，是个人与个人之间通过互联网进行直接交易的一种全新电子商务模式，其风险是最高的。首先，因为 C2C 模式的交易中经常出现各种违禁物品，这些违禁物品一般存在生物安全问题、质量问题或者走私问题，并且，由于是个体作为交易中的卖家，他们往往没有在跨境电商平台上进行备案，一旦发生风险问题，难以追责。另外，这也是风险监测系统比较容易切入的一个领域，通过大数据技术的运用，使得海关系统各个部门之间都能够加强数据共享，从而可以实时掌握每个个体商家的基本情况，如果风险监测系统监测到有未注册的个体电商，那么系统会自动通过逐渐升级的方式，包括但不限于温馨提示、初次警示、最终警告来督促未注册的个体商户进行注册，真正做到各个部门的"穿透式监管"。

14.2.2 大数据技术促进数字经济发展，促使国际贸易转型升级

随着大数据技术的广泛应用，数字经济前进的步伐也越来越快，同时深刻推动着国际贸易进程。主要体现在以下三个方面。

(1) 国际贸易的主体结构发生变化。

在传统国际贸易活动中，跨国企业巨头垄断了大部分的交易额，但是随着数字经济的发展，单个市场覆盖的国家和地区数量增多，不同国家和地区之间对于商品需求的差异非常大。在这种情况下，由于有大数据技术作为支撑，中小微企业灵活性高的优势逐渐凸显出来，中小微企业在国际贸易中所占的份额得到大幅度提升。

(2) 各种国际贸易平台层出不穷。

过去的 20 年间，国际贸易平台快速发展，经历了三个阶段。第一阶段的国际贸易平台主要是以贸易信息展示为主，比如具有代表性的阿里巴巴集团的黄页模式，买卖双方可以在平台上进行交谈，但是无法在平台上面达成交易。第二阶段的国际贸易平台主要解决了之前无法通过平台交易的问题，主要是 B2C 和 B2B 模式，参与交易的对象多数是中小微企业，它们通过国际贸易平台开发的线上支付工具，直接进行线上金融交易，使得交易时间大大缩短，在保证交易安全性的同时提高了交易效率。第三阶段的国际贸易平台除了能够在线交易以外，还加入其他各种服务，使得整个平台功能综合化。比如具有代表性的敦煌网 DTC（数字贸易中心），他们通过大数据技术在平台上加入了金融投资、物流管理、营销分析等多元化服务，大大增加了平台的增值服务收入能力，也使得用户体验得到了优化。

(3) 商业化的国际贸易操作软件蓬勃发展。

伴随着大数据技术的不断发展，国际贸易活动持续繁荣，助力国际贸易的商业化操作软件也如同雨后春笋般涌现出来。比如：①安装在商家端的操作系统，使商家在售卖商品的同时，能够通过商家端的操作系统了解到商品销售的情况和趋势，通过对已有销售商品的分析，能快速匹配到对应用户的不同需求。同时，平台的数字化管理模式也大大优于传统的库存管理模式，商家能够通过操作系统更加快捷、灵活、精细化地管理自己的库存。②金融支付。金融支付操作软件不仅能提供线上交易支付服务，还能提供多种金融产品，可以满足不同使用者的需求，这些服务使得金融市场的信息流通速度加快，社会经济运行效率提升。

14.3 大数据在国际贸易应用中的发展前景展望

大数据作为国际贸易应用核心，其发展成为国际贸易应用未来发展的双翼。未来大数据在国际贸易应用中发展趋势大致有以下几个方面：

首先，国际贸易中数据分析的作用越来越重要。前文提到，数据的可获得性是十分重要的，但获取数据只是第一步，将数据进行精准分析以得到我们需要的信息才是获取数据的主要目标。通过数据分析所获得的结果应用于国际贸易各个领域，优化国际贸易决策，制定最佳方案，充分发挥大数据在国际贸易应用中的作用。

其次，国际贸易应用中逐渐建立数据共享平台。目前各应用、各地区乃至各国之间的数据传输仍存在明显的壁垒，这不仅降低了数据使用效率，也阻碍了各国（地区）之间的经贸交流。建立共享的数据处理平台，使得大数据分析结果更加完善和准确，更好的支撑国际贸易发展。

再次，全球经济发展自由化进一步加强。国际经济与贸易的基础是世界各国之间基于全球化发展的经济交流和贸易交流。在大数据加持下，各国之间信息会更加开放，经济贸易中国家间的限制作用也会渐渐弱化，各国都以相互合作，促进了国际经济与贸易自由化，使得世界各国之间的联系日渐紧密。

最后，经济体的利益矛盾日渐尖锐。大数据是把双刃剑，在为国际贸易提供服务的同时，也带来了些许困难。部分国家由于技术落后或人才缺乏，无法很好地利用大数据服务本国的经济贸易活动，逐渐在国际市场丧失竞争优势，并慢慢地退出激烈的国际竞争队列，进而影响国内经济发展。而对于具有人才和技术优势的国家，充分利用大数据获得市场利益，两类经济利益团体的角量和对比下，市场各经济体之间的利益矛盾更加尖锐，进而引起国际局势动荡，不利于国际经济与贸易稳健发展。

本章小结

本章详细分析了大数据在国际贸易应用中的价值与挑战、商业智能以及大数据在国际贸易应用中的发展前景展望。指出大数据国际贸易的风险监管和转型升级，提出政府利用大数据对跨境进口电商的风险进行监管；大数据技术促进数字经济发展，从而带来国际贸易的转型升级。目前大数据在国际贸易领域发展的现状是机遇与挑战并存。基于以上内容，进一步展望了未来大数据在国际贸易应用中的发展趋势。

参考文献

[1] 颜恬. 欧盟个人数据跨境流动法律规制研究 [D]. 上海：上海师范大学, 2020.

[2] 牛李斌. 大数据背景下国际贸易面临的挑战及对策分析 [J]. 经济师, 2021, (10)：78-79.

[3] 卞其翀. 大数据背景下国际贸易面临的挑战与对策研究 [J]. 北京印刷学院学报, 2021, 29 (04)：25-27.

[4] 刘洋. 大数据背景下国际经济贸易面临的挑战与应对策略 [J]. 中小企业管理与科技, 2021, (08)：50-51.

[5] 李春霞. 大数据对国际经济贸易的影响与措施 [J]. 全国流通经济, 2020, (26)：32-34.

[6] 张杰，胡嘉妮. 大数据时代背景下的国际贸易与国际市场营销策略的转变研究 [J]. 营销界, 2020, (42)：34-35.

[7] 周丽梅. 经济全球化背景下大数据对企业国际贸易的影响分析 [J]. 现代营销（经营版）, 2019, (08)：43.

[8] 汪晓文，宫文昌. 国外数字贸易发展经验及其启示 [J]. 贵州社会科学, 2020, (03)：132-138.

[9] 李薇薇. 电子商务对国际贸易多元化的影响分析 [J]. 商业经济研究, 2015, (17)：64-65.

［10］周健.经济全球化环境下大数据对企业国际贸易的影响［J］.商场现代化,2020,(18):97-99.

［11］金杨倩,林航,吴龙珠.新科技革命对国际贸易格局的影响［J］.对外经贸实务,2021,(10):39-42.

［12］王晓红,朱福林,夏友仁."十三五"时期中国数字服务贸易发展及"十四五"展望［J］.首都经济贸易大学学报,2020,22(06):28-42.

［13］孙晋,阿力木江·阿布都克尤木,徐则林.中国数字贸易规制的现状、挑战及重塑——以竞争中立原则为中心［J］.国外社会科学,2020,(04):45-57.

［14］林诗慧,陈皓欣.2018年中国商业十大热点展望之四——人工智能催生零售新业态,智慧商业模式成商业蓝海［J］.商业经济研究,2018,(09):2.

［15］万顾钧.大数据时代外贸企业商业模式与会计模式的创新——以香港利丰集团为例［J］.国际商务财会,2019,(06):43-46.

［16］冯彦杰,齐佳音.基于大数据的跨境进口电商风险监测研究［J］.国际商务研究,2019,40(06):32-43.

［17］李海晓.数字经济推动国际贸易转型升级的策略分析［J］.商讯,2020,(06):78-79.